초등학생을 위한
친절한 한국사 ③

조선 건국부터 조선 후기까지

친절한 한국사 3
조선 건국부터 조선 후기까지

초판 1쇄 발행	2023년 2월 10일
초판 2쇄 발행	2023년 11월 15일

지은이	노하선
감　수	윤병훈 황재연
펴낸이	한승수
펴낸곳	하늘을나는교실

편　집	박일귀
마케팅	박건원
디자인	디자인우디, 박소윤

등록번호	제395-2009-000086호
주　소	서울특별시 마포구 동교로 27길 53 지남빌딩 309호
전　화	02 338 0084
팩　스	02 338 0087
E-mail	hvline@naver.com

I S B N	978-89-94757-57-5 (74900)
	978-89-94757-54-4 (세트)

* 이 책에 대한 번역·출판·판매 등의 모든 권한은 하늘을나는교실에 있습니다.
간단한 서평을 제외하고는 하늘을나는교실의 서면 허락 없이 이 책의 내용을
인용·촬영·녹음·재편집하거나 전자문서 등으로 변환할 수 없습니다.

* 책값은 뒤표지에 있습니다.
* 잘못된 책은 구입처에서 교환해 드립니다.

어린이제품안전특별법에 의한 제품 표시
제조자명 하늘을나는교실 | **제조년월** 2022년 6월 | **제조국** 대한민국 | **사용연령** 6세 이상 어린이 |
제품 주소 및 연락처 서울시 마포구 동교로 27길 53 지남빌딩 309호 (02)338-0084

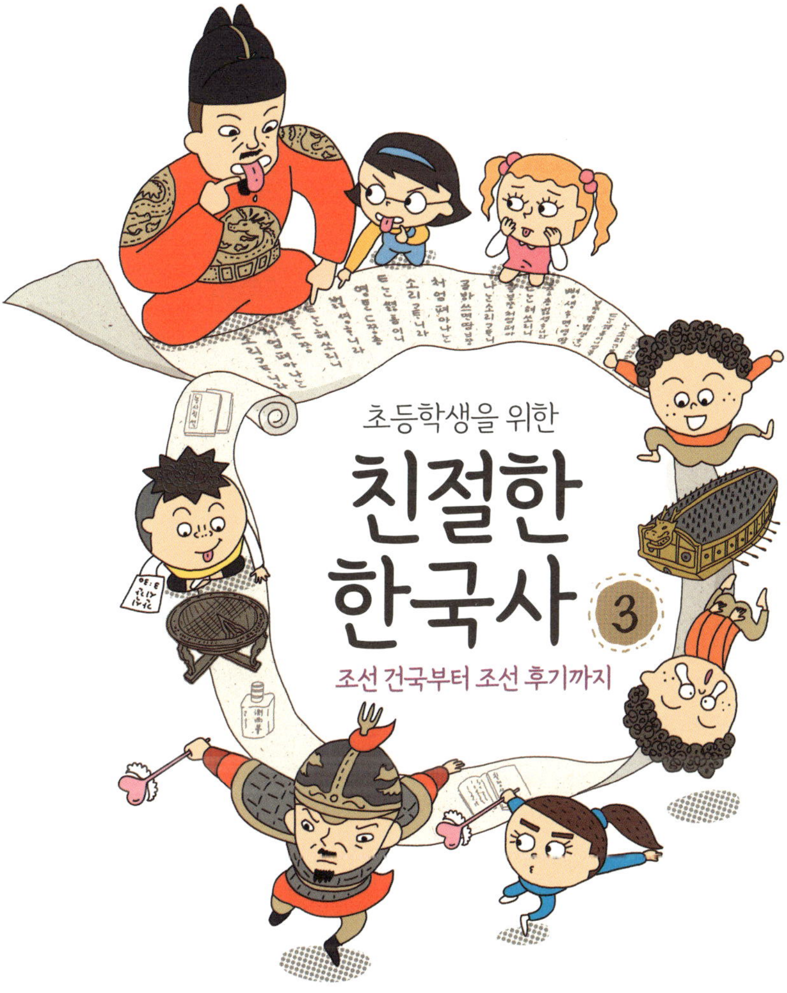

초등학생을 위한

친절한
한국사 ③

조선 건국부터 조선 후기까지

글 노하선 | 감수 윤병훈·황재연 | 그림 우디크리에이티브스

냉장고에 붙여 놓은 한국사

　지금은 잘 안 쓰지만 암기 과목이란 말이 있습니다. 교과목 가운데 외워야 하는 과목을 이르는 말이죠. 시험을 위해 달달 외워야 하니, 억지로 먹는 음식처럼 느꼈을 사람 많았을 거예요. 그 대표적 과목이 한국사였어요.
　그렇게 한 공부니 머리에 잘 들어오지도 않고 용케 외웠다 하더라도 얼마 안 가 기억이 가물가물. 연대며 인물들, 사건들이 얽히고설킨 걸 외워서 익히려 하니 그럴 밖에요.
　21세기, 아이들에게 한국사는 지금도 그런 과목입니다. 그렇다고 한국사를 제쳐 놓자니 성적보다 중요한 의미가 있어 마음이 놓이질 않죠.
　역사는 사회의 기록이고 개인에게 있어 기억과도 같잖아요. 기억을 잃으면 자신에게 일어난 일을 모르니 자신이 누구인지도, 자신과 세상의 관계도 알 수 없죠. 따라서 자기 눈앞에서 벌어지는 일을 이해하지 못할 테고 갑자기 시력을 잃은 사람처럼 한 발자국도 나아가지 못할 거예요.
　역사 역시 마찬가지입니다. 자신이 발 딛고 있는 지금의 우리 사회가 지나온 시간들을 모르니, 지금 나타나고 있는 사회 현상을 이해하지 못하고, 앞으로 어떻게 사회가 변할지 도통 알 수가 없겠죠.
　대충 남들 따라 사는 게 아니라, 미래를 보고 앞서 나가는 아이로 키우려면 한국사 공부는 꼭 필요합니다.
　그래서 고민했습니다. 무작정 외우기말고, 이해하고 느끼고 상상할 수 있는 한국사 공부, 어떻게 가능할까?

그러다 문득 생각했어요. 아이가 어릴 적 한글을 익히려 집안 사물에 이름 적힌 스티커를 붙여 놓잖아요? 냉장고 문엔 '냉장고', 의자 위엔 '의자', 텔레버전 옆엔 '텔레비전' 이렇게 말이에요. 생활하면서 자연스럽게 한글을 익히게 한 거죠.

그래서 한국사도 그렇게 해 보았습니다. 일상생활 곳곳에 한국사를 붙여 놓는 식이죠.

경주 김씨 파래가 랩을 하면서 김유신을 소환하고, 아이들이 둘러앉아 만두를 빚다 말고 고려의 왕들을 줄줄이 불러냈죠. 또 점심 간식으로 떡볶이, 어묵, 라면 가운데 무얼 먹을까 실랑이하다 후삼국 통일의 장면을 떠올렸어요.

태권소녀 시루를 아내로 맞겠다는 까불이 파래의 엉뚱한 사랑 고백에서는 공민왕과 노국대장공주가 등장하고요. 정조대왕과 마주앉아 소갈비를 구워먹었다는 마토의 얼토당토 않은 지난 주말 이야기에서는 정약용이 거중기로 수원화성을 쌓아올립니다.

이렇듯 역사적 인물과 사건이 일상생활을 통해 현실로 친근하게 다가옵니다. 당연히 역사적 상황에 대한 이해가 쉬워지고 이걸 바탕으로 '지금 나라면?' '만약 이렇게 바꾸어 본다면?' 하며 이런저런 상상도 해볼 수 있게 되죠. 암기라는 공부 방식에서는 엄두도 못 내던, 역사적 상상력이 가능해집니다.

이 책을 통해 역사를 공부가 아닌 여행이나 놀이처럼 즐거운 일로 만들어 보세요. 책 속 등장인물들처럼 음식도 함께 만들어 보고 학교 앞 분식집도 가보면 어떨까요? 역사 속 인물들을 떠올리면서 말이죠. 날씨가 좋으면 전철이나 버스를 타고, 살고 있는 지역의 유적지나 박물관을 가보는 것도 좋겠어요. 물론 맛있는 도시락은 기본이겠죠. '역사가 이렇게 재미있는 거였어!' 하고 새삼 놀라실 거예요.

봄날을 만들어준 사람들의 모든 노고에 감사드리며
우디크리에이티브스 노하선

1부

새로운 나라 조선을 세우다

새 나라의 기틀을 다진 사람들　12
위대한 성군 세종　62
업적을 이을 왕의 실종　86

2부

유교적 질서로 안정을 이루다

왕권을 강화하고 나라의 통치 체제를 만들기 시작하다　102
애써 다진 기틀이 흔들리다　126

3부

왜란과 호란을 극복하다

붕당이 시작되고 일본이 쳐들어오다   154

청나라가 쳐들어오다   184

전쟁을 극복하다   194

붕당을 극복하려는 움직임   208

4부

조선을 다시 세우려 한 사람들

전쟁의 피해를 이겨 내려 노력하다   230

서민 문화의 발달   240

정조가 화성으로 간 이유   256

실학은 어떻게 조선의 문제를 해결하려고 했나   284

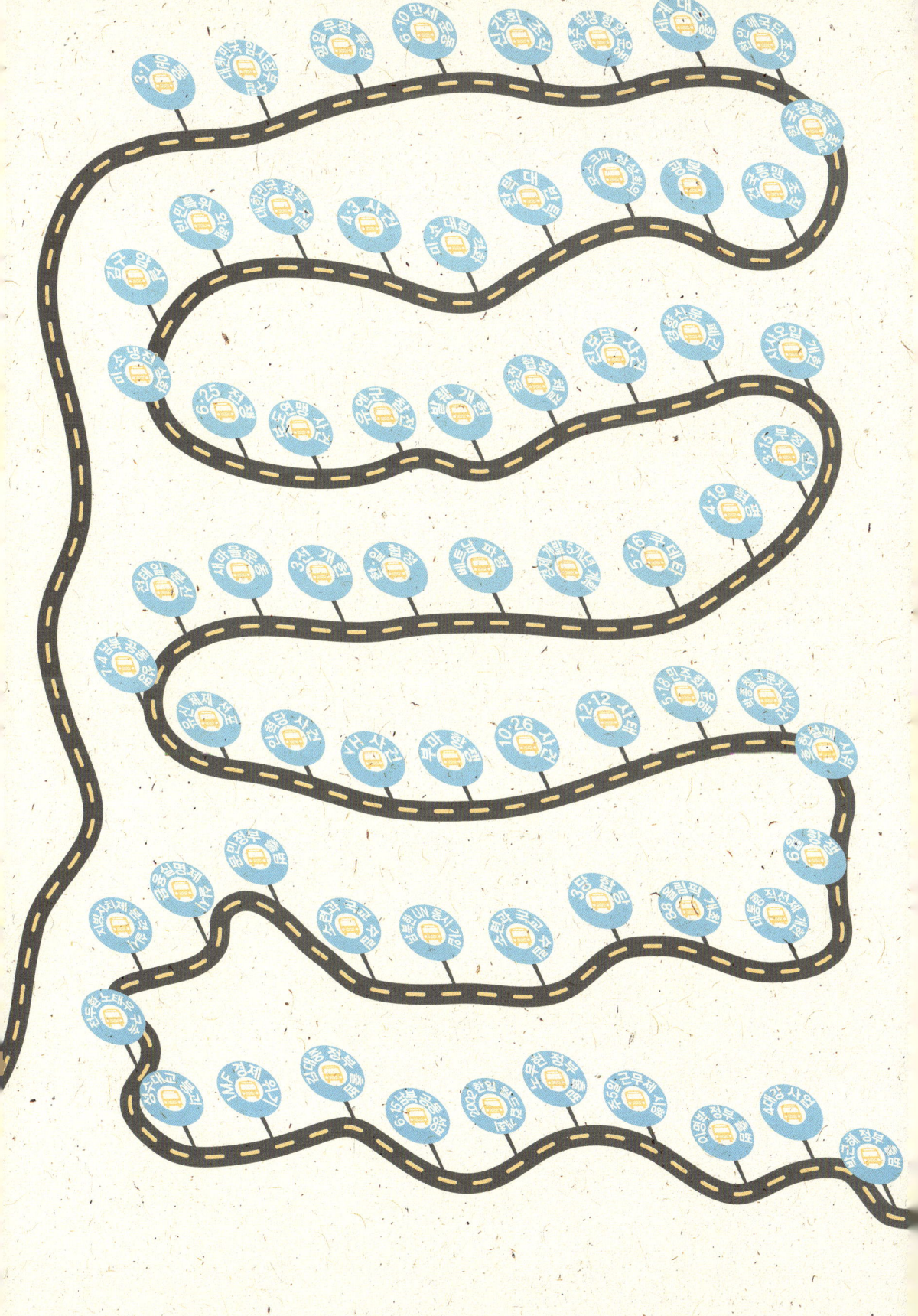

새 나라의 기틀을 다진 사람들

BC700000▶AD2000▶

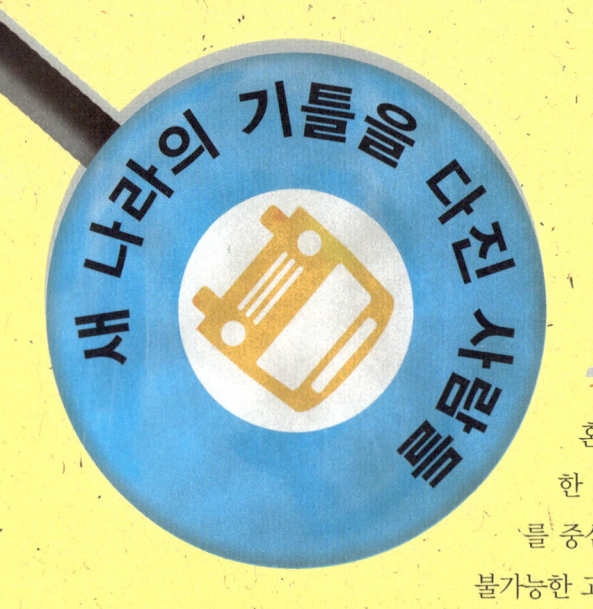

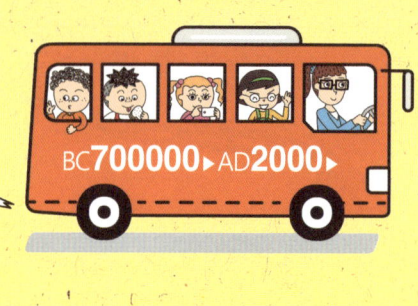

혼란스러운 고려 말, 성리학을 공부한 정도전 등의 신진 사대부와 이성계를 중심으로 한 신흥 무인 세력은 개혁이 불가능한 고려를 무너뜨리고 새로운 나라 조선을 세웠어.

조선 건국의 일등 공신인 정도전은 유교의 가르침을 기본 정신으로 삼아 새로운 나라의 도읍 한양을 설계했지.

태조 이성계의 뒤를 이은 태종 이방원은 왕권을 강화하기 위해 여러 정책을 시행하였고 혼란스러웠던 사회를 안정시켰어.

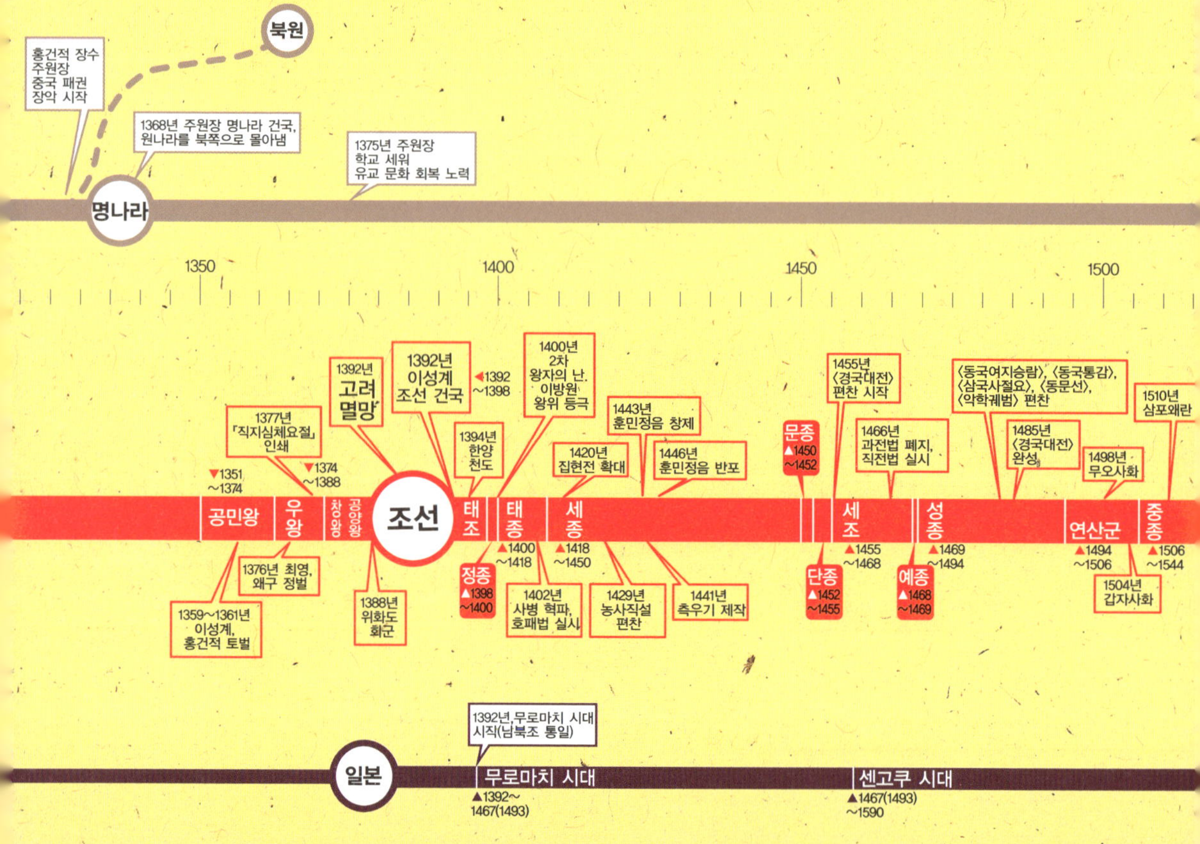

북원
홍건적 장수 주원장 중국 패권 장악 시작
1368년 주원장 명나라 건국, 원나라를 북쪽으로 몰아냄
1375년 주원장 학교 세워 유교 문화 회복 노력
명나라
1350
1400
1450
1500
1377년 「직지심체요절」 인쇄
1392년 고려 멸망
1392년 이성계 조선 건국
◀1392 ~1398
1400년 2차 왕자의 난. 이방원 왕위 등극
1394년 한양 천도
1420년 집현전 확대
1443년 훈민정음 창제
1446년 훈민정음 반포
▼1351 ~1374
▼1374 ~1388
공민왕
우왕
창왕
공양왕
조선
태조
태종
세종
▲1400 ~1418
▲1418 ~1450
1376년 최영, 왜구 정벌
1359~1361년 이성계, 홍건적 토벌
1388년 위화도 회군
정종 ▲1398 ~1400
1402년 사병 혁파, 호패법 실시
1429년 농사직설 편찬
1441년 측우기 제작
문종 ▲1450 ~1452
1455년 〈경국대전〉 편찬 시작
1466년 과전법 폐지, 직전법 실시
〈동국여지승람〉, 〈동국통감〉, 〈삼국사절요〉, 〈동문선〉, 〈악학궤범〉 편찬
1485년 〈경국대전〉 완성
1498년 무오사화
1510년 삼포왜란
세조
성종
연산군
중종
▲1455 ~1468
▲1469 ~1494
▲1494 ~1506
▲1506 ~1544
단종 ▲1452 ~1455
예종 ▲1468 ~1469
1504년 갑자사화
1392년,무로마치 시대 시작(남북조 통일)
일본
무로마치 시대
▲1392~ 1467(1493)
센고쿠 시대
▲1467(1493) ~1590

태종은 왕의 권위에 도전할 만한 세력들을 제거했는데, 여기에는 그의 형제들도 있었지. 태종이 피도 눈물도 없는 잔인한 사람이라고? 그렇게 생각할 수도 있지만, 그 행동의 결과를 보면 태종을 나쁘게만 말할 수 없어. 무슨 얘기냐고? 궁금하면 책을 넘겨 보렴.

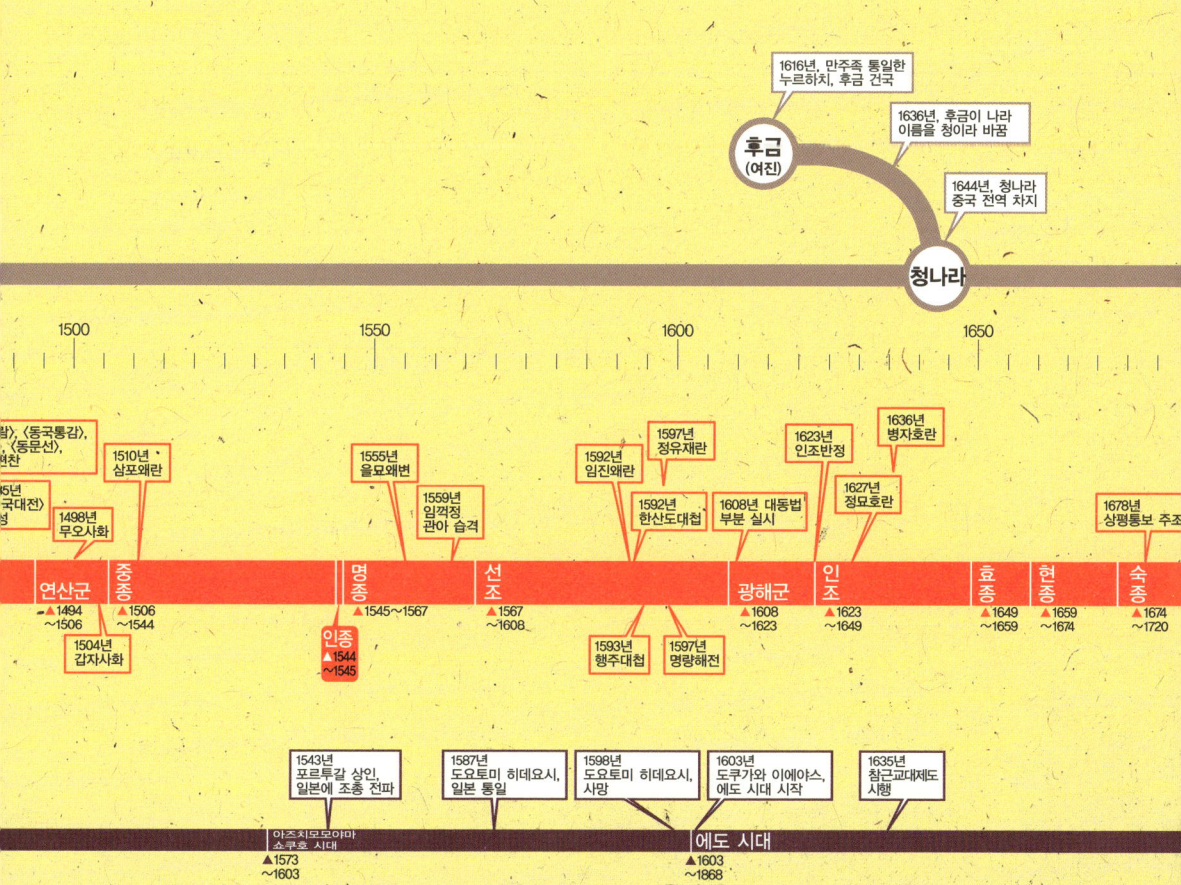

1부 새로운 나라 조선을 세우다

악동들의 음모

　토요일 이른 오전 시간. 꿈틀 안에 누군가 있었다. 원래 토요일과 일요일에 지역 아동 센터 꿈틀은 문을 닫는다. 그런데 인기척이라니. 혹시 도둑? 그러나 꿈틀 안에 있는 사람들은 다름 아닌 빡쌤과 아이들이었다.

　원래 한국사 공부는 수요일 오후에 있다. 그런데 이번 주 수요일에 꿈틀 수리 공사를 하는 바람에 토요일 오전으로 시간을 옮긴 것이다.

　오늘 공부 주제는 고려사. 이야기는 이제 막바지에 이르러 고려가 망하는 대목으로 넘어가는 중이다.

　그런데 파래의 표정이 심상치 않았다. 얼굴은 시뻘게지고 코로는 킥킥 하는 이상한 소리를 내뿜고 있었다. 터져 나오는 웃음을 참지 못해서였다. 나라가 망하는데 웃다니. 아이들은 그런 파래를 노려보았다. 그러나 아이들이 화를 내는 건 역사 때문이 아니었다. 결코 들켜서는 안 되는 비밀 때문이었다.

　"그만해라."

　시루가 눈을 흘기며 낮은 목소리로 말했다. 하지만 파래의 표정은 점점 더 일그러지고 있었다. 이렇게 재미있는 일 앞에서 어떻게 웃음을 참으란 말인가. 까불이 파래로서는 도저히 할 수 없는 일이었다.

　지금으로부터 5분 전. 마치 눈치 빠른 잠자리를 잡듯 몰래몰래 해야 할 일이 아이들에게 생겨 버렸다. 그것은…….

　고려 공민왕의 개혁 실패 부분을 이야기하던 중 빡쌤의 휴대폰이 울렸다. 빡쌤은 잠시 말을 멈추고 스마트폰을 들여다보았다.

　"얘들아, 미안. 나 잠깐 전화 좀 받고 올게. 조금만 기다려."

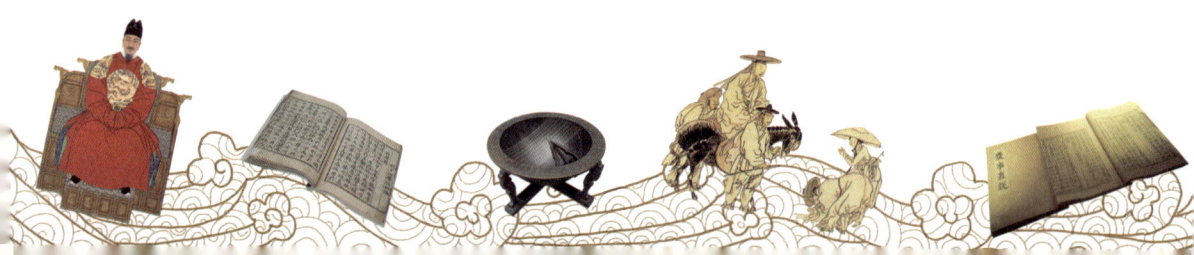

새 나라의 기틀을 다진 사람들

빡쌤이 전화를 들고 2층 도서실로 올라가자 아이들은 벽시계를 쳐다보았다. 워낙 수업을 일찍 시작해 아직 12시도 안 되었다.

"공민왕 죽는 얘기가 나오는 것 보니 고려사 수업도 다 끝나가는 것 같네."

고려에 대한 책을 미리 읽어 보고 온 은지가 말했다.

"아, 수업 끝나면 집에 가야 하잖아. 집에 아무도 없는데."

파래가 빈집에 가기 싫어 투덜거렸다. 꿈틀 아이들 부모님 대부분은 초과 연장 근무를 하는 경우가 많아 휴일에도 출근하기 일쑤였다.

"후유, 이렇게 좋은 날 텔레비전 재방송이나 보며 허비하기엔 초딩 시절이 너무 아까운데."

마리도 화창한 창밖 풍경을 보며 한숨을 쉬었다.

"우리 집 가서 게임 할래?"

마토가 아이들을 둘러보며 말했지만 다들 마뜩잖은 표정이었다.

"야, 오랜만에 미세 먼지도 없이 날씨가 이렇게 좋은데 고작 방구석이냐?"

아닌 게 아니라 이번 달 들어 처음으로 공기가 깨끗했다. 게다가 날도 화창하고 바람도 살랑살랑 불었다.

"쌤은 어디 놀러 갈 건가 봐. 아까부터 스마트폰 흘끔거리더라."

파래의 말에 아이들의 입에선 동시에 "좋겠다~!" 하며 부러움과 아쉬움의 소리가 터져 나왔다.

그때 은지가 눈을 반짝였다.

"야, 우리 쌤 놀러 가는 데 따라갈까?"

"말도 안 돼. 쌤이 우릴 데려가겠냐?"

파래가 손사래를 쳤다. 다른 아이들도 역시나 시무룩한 표정으로 고개를 흔들었다.

"나한테 좋은 생각이 있어. 이리 모여 봐."

은지가 아이들을 탁자 위로 모았다. 아이들은 서로 머리를 맞대고 은지의 말에 귀를 기울였다. 은지는 아주 작은 목소리로 거사* 계획을 말했다. 아이들은 은지의 말에 입이 귀에 걸렸다. 무료한 하루를 알차게 보낼 수 있는 훌륭한 작전이었다.

*거사
나라를 뒤바꿀 만큼 커다랗게 벌이는 일을 말해.

"너희들 무슨 역적모의라도 하니?"

빡쌤이 앉으며 아이들을 둘러보자 아이들은 시치미를 떼고 딴청을 피웠다. 웃음을 참지 못한 파래는 콧구멍까지 벌렁거렸다. 아이들은 음모가 탄로 날까 봐 조바심을 냈다. 그런 파래의 위험천만한 행동은 시루의 한 방이 날아가고서야 멈췄다.

"녀석들 무슨 꿍꿍이야. 고려 이야기 계속하자."

고려의 멸망

"공민왕의 죽음과 함께 무너지는 고려를 바로잡으려던 노력은 없던 일로 돼 버렸어. 다시 힘을 얻은 귀족들은 온갖 방법으로 백성들을 쥐어짜 재산을 늘려 갔어. 백성들의 마음을 달래 주어야 할 불교의 절 역시 땅을 늘리고 돈놀이를 하며 백성들의 삶을 야금야금 갉아먹었어. 게다가 홍건적이나 왜구 등이 쳐들어와 가뜩이나 힘든 백성들을 약탈했지.

고려라는 나라는 백성들을 지킬 힘도 의지도 없었어. 마치 통일 신라의 말기처럼 말이야. 고려의 모든 땅에서 백성들의 원한과 고통의 목소리가 끊이지 않았지. 공민왕이 죽었듯이 고려도 그 명을 다해 가고 있었던 거야.

그런데 공민왕의 개혁이 고려에 남긴 게 있었어. 바로 유교를 공부하고 자신의 능력으로 과거를 통해 관리가 된 신진 사대부들이야. 이들은 원나라의 간섭을 물리치고 백성들을 약탈하는 권문세족의 힘을 빼앗아야만 고려를 살릴 수 있다고 생각했어.

그러나 그들에겐 힘, 즉 군대가 없었어. 어느 날 정도전이란 신진 사대부가 장군 이성계를 찾아갔단다. 정도전은 신진 사대부의 리더 역할을 하던 사람 중에 하나야. 이성계는 홍건적과 왜구를 물리치고 백성들에게 영웅처럼 여겨지고 있었지. 정도전은 그런 이성계와 손잡고 고려를 개혁하려고 한 거야.

이성계는 변방인 함경도 함흥 출신으로 자신의 능력만으로 장군이 된 사람이야. 신진 사대부처럼 말이지. 대대로 벼슬과 재산을 대물림하며 집안의 힘으로 한자리를 차지한 귀족들과는 뿌리가 다른 사람들이었던 거야. 고려의 앞날을 걱정해 오던 이성계는 정도전과 자기 생각이 다르지 않다는 걸 알고 함께하기로 해.

그런데 이 무렵 원나라를 밀어내고 중국을 차지한 명나라가 철령 이북 지방이 자기네 땅이라며 돌려 달라고 억지를 부렸어. 철령 이북 지방은 원래 우리 땅이었는데 원나라가 빼앗아 갔었어. 이걸 공민왕이 되찾은 거거든. 힘들게 되찾은 영토를 순순히 돌려줄 수는 없는 노릇이었지. 우왕과 최영은 이성계로 하여금 요동으로 가서 명나라를 공격하라고 명령했어.

이성계의 생각은 달랐어. 명나라는 새로이 중국을 차

정도전
신진 사대부의 리더 역할을 한 정도전은 이성계와 함께 고려를 개혁하려고 했어.

지할 정도로 기운이 넘쳐나는 나라였거든. 강한 나라와 전쟁을 벌이는 것은 백성들을 사지에 몰아넣는 것이나 마찬가지였지. 결국 전쟁은 백성들이 치르는 것이니까. 왕이야 기분대로 명령이나 하면 되지만 말이야.

이성계라고 해서 어렵게 되찾은 철령 이북 땅을 명나라에게 주고 싶진 않았지. 특히 그 땅은 이성계의 아버지 이자춘이 공민왕을 도와 찾아온 땅이었거든. 이성계에겐 특별한 의미가 있었지. 아깝고 속상하기로 따지면 우왕보다 이성계 쪽이 더 했을 거야.

이성계는 전쟁을 하면 안 되는 네 가지 이유(4불가론)를 들어 반대해. 그러나 우왕과 최영의 고집을 꺾을 순 없었어. 이성계는 할 수 없이 명나라를 공격하기 위해 떠났어. 그러나 압록강 안에 있는 위화도라는 섬에서 길을 멈추고 고민에 빠졌어.

결국 이성계는 명나라를 공격하는 걸 그만두고 위화도에서 말머리를 돌려

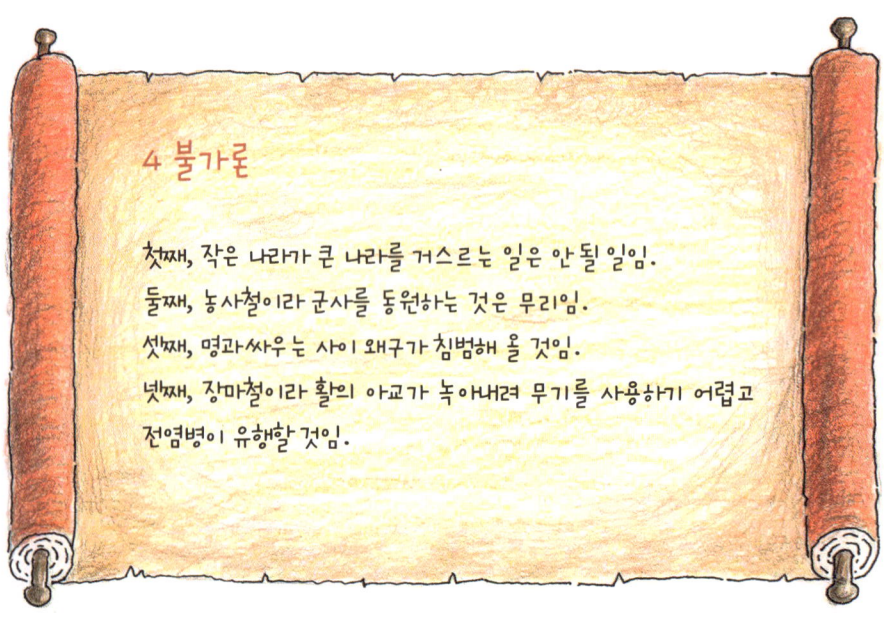

4 불가론

첫째, 작은 나라가 큰 나라를 거스르는 일은 안 될 일임.
둘째, 농사철이라 군사를 동원하는 것은 무리임.
셋째, 명과 싸우는 사이 왜구가 침범해 올 것임.
넷째, 장마철이라 활의 아교가 녹아내려 무기를 사용하기 어렵고 전염병이 유행할 것임.

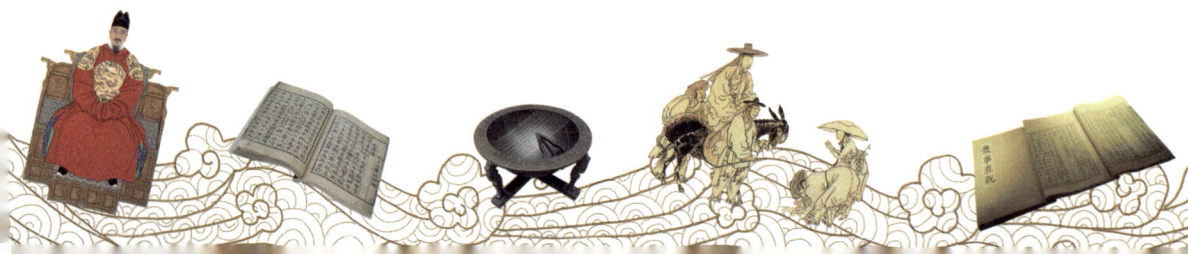

새 나라의 기틀을 다진 사람들

위화도
이성계는 압록강의 위화도에서 명나라를 공격하지 않고 군사를 돌려 개경으로 돌아갔어. 결국 이성계는 우왕을 폐위시키고 정권을 장악했단다.

개경으로 향해. 이것을 위화도 회군이라고 불러. 이는 돌아올 수 없는 강을 건넌 것과 같아. 왕명을 어긴 것은 반역이나 마찬가지. 이제 왕과 그를 둘러싼 세력이 죽든지 이성계가 죽든지 길은 둘 중 하나밖에 없게 된 거야.

 최영은 순식간에 개경으로 들이닥친 이성계 군대를 막으려고 온 힘을 다해. 패하면 결국 반역죄로 죽음을 면치 못하는 걸 아는 이성계 군대는 결사적이었어. 결국 싸움에서 진 우왕과 최영은 제거됐지. 최영의 죽음에 많은 백성이 안타까움에 눈물을 흘렸어. 최영이 비록 출신부터 권문세족과 가까운 사람이었고 심지어 딸을 우왕의 왕비로 들인 최고의 권력층이었지만 그들처럼 탐욕스러운 사람은 아니었거든. 무엇보다도 최영은 홍건적과 왜적

들의 칼날에서 백성들을 구한 영웅이었지. 하지만 최영은 개혁 세력의 반대편에서 우왕을 지키려 했고 싸움에서 패한 이상 죽음 외에 선택할 게 없었지. 최영은 목이 날아가는 순간까지도 자세를 흐트러뜨리지 않고 당당하게 죽음을 받아들여. 나라를 구하기 위해 온몸을 바친 대장군이자 싸움에 나가 한 번도 패하지 않은 전투의 신다운 모습이었지. 그래서 훗날 백성들은 최영을 악한 기운을 물리치는 신으로 떠받들기도 해.

최영
최영은 이성계와 같은 신흥 무인 세력이었지만 끝까지 고려 왕실에 충성하다가 이성계에게 죽임을 당해.

권력을 잡은 이성계는 정도전 등 신진 사대부와 함께 개혁을 시작해. 첫 번째 개혁은 권문세족들이 백성들로부터 빼앗은 땅을 거둬들여 나라의 땅으로 삼는 거였어. 그리고 그 땅을 관리들의 녹봉(봉급)으로 주는데 땅 자체를 주는 게 아니라 농민들이 그 땅에서 농사를 짓게 하고 거기서 거둬들인 것을 세금으로 받을 권리를 준 거야. 그리고 백성들이 낼 세금도 낮춰 주었어. 그럼으로써 백성들은 농사지을 땅이 생기고 신진 사대부들은 먹고살 봉급을 받게 된 거지. 그 전엔 권문세족들이 모든 땅을 차지해 권문세족이 아닌 관리들은 형편없이 낮은 봉급을 받

정몽주
새로운 나라를 꿈꾼 정도전과 달리 정몽주는 고려를 그대로 둔 채 나라를 개혁해 바로잡고자 했어.

을 수밖에 없었고 나라 살림이 엉망이었거든. 이 개혁으로 신진 사대부는 힘을 얻었고, 나라를 자기들의 이익대로 쥐고 흔들었던 권문세족은 힘을 잃었어. 백성들은 이전처럼 가혹한 착취가 없는 상태에서 농사지을 땅을 얻게 된 거고. 이렇게 나라 살림이 안정되고 백성들의 삶도 나아졌어. 그러자 이성계와 정도전은 이미 기울어진 고려 대신 새로운 나라를 세울 생각을 해.

　그러나 신진 사대부들 중에는 정도전처럼 새로운 나라를 꿈꾸는 사람들과 생각이 다른 사람들도 있었어. 그들은 고려라는 나라를 그대로 둔 채 개혁을 통해 바로잡아 나가면 된다고 생각했어. 이런 사람들의 리더가 바로 고려의

〈하여가〉와 〈단심가〉

이런들 어떠하리 저런들 어떠하리
만수산 드렁칡이 얽혀진들 어떠하리
우리도 이같이 얽혀 백 년까지 누리리라

이미 생명이 다한 고려를 포기하고 함께 힘을 모아 새로운 나라를 세우자는 이방원의 뜻이 담긴 시조 〈하여가〉야. 이에 정몽주는 자신은 고려의 신하이므로 그 충성을 거둘 수 없다며 아래 있는 〈단심가〉라는 시조로 답해.

이 몸이 죽고 죽어 일백 번 고쳐 죽어
백골이 진토되어 넋이라도 있고 없고
임 향한 일편단심이야 가실 줄이 있으랴

선죽교
이방원은 새로운 나라를 건설하려는 세력과 뜻을 같이하지 않는 정몽주를 결국 선죽교에서 제거했어.

마지막 충신 정몽주야. 이성계의 아들 이방원은 그런 정몽주에게 새로운 나라를 세우자고 설득해. 그들의 생각을 담은 시조가 〈하여가〉와 〈단심가〉야.
   정몽주의 생각이 변하지 않을 것을 눈치 챈 이방원은 부하를 시켜 선죽교에서 정몽주를 죽이고 공양왕을 왕위에서 끌어내려 얼마 후 없애 버리지. 이로써 고려는 멸망하고 이성계가 왕이 되어 새로운 나라가 세워진단다."

꿈틀, 조선의 궁궐로 들어가다

"오늘 이야기는 여기까지!"

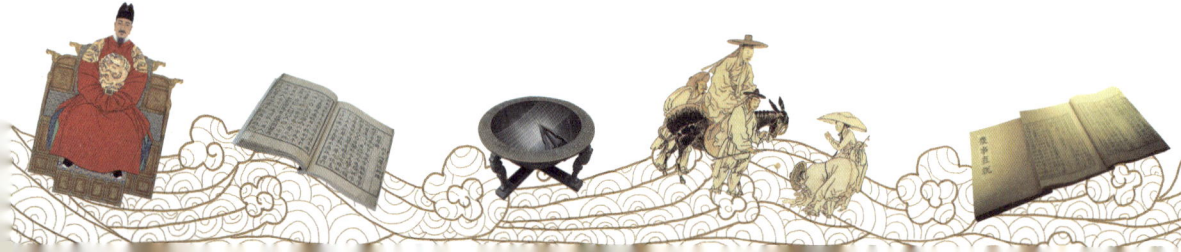

빡쌤은 말을 마치자마자 벽시계를 보았다. 그러고는 얼른 책을 챙겨 가방에 넣었다. 아이들도 빡쌤을 따라 재빨리 공책과 책을 가방에 넣었다.

"그럼 다음 주 수요일에 보자."

빡쌤이 일어나자 아이들은 서로 윙크로 신호를 보내며 우르르 같이 일어났다. 아이들은 이성계보다 더 거대한 계획을 실행에 옮길 참이었다.

"쌤, 이야기를 하다 말고 가면 어떡해요?"

계획을 세운 은지가 빡쌤에게 따지듯 말했다.

"고려사 이야기 다 끝났잖니?"

"고려사는 끝났지만 정작 우리가 듣고 싶은 이야기는 빠졌다고요."

"맞아요. 우린 조선 시대 세종 대왕 이야기를 듣고 싶단 말이에요."

"조선사는 다음 주에 하기로 했잖아. 미안, 쌤은 친구랑 약속이 있어서 지금 가봐야 해."

꿈틀 현관을 향하는 빡쌤에게 아이들은 찰거머리처럼 달라붙었다.

빡쌤은 한국사 공부를 더 하고 싶은 아이들을 뒤로하고 가기가 미안해 발길이 떨어지지 않았다. 그러나 이미 2주 전에 한 고등학교 단짝과의 약속을 미룰 순 없는 노릇이었다.

빡쌤은 서둘러 신발을 신고 현관문 손잡이를 잡았다. 그러자 치맛자락을 붙들고 늘어지던 마리가 쌜쭉하며 돌아섰다.

"쌤, 남친 만나는 게 그렇게 중요해요?"

"남친이라니? 아냐, 그냥 여자 친구야! 얘네가 갑자기 무슨 소리야?"

이때 은지가 무심하게 한마디 툭 던졌다.

"하긴 고조선 공부할 때 보니 쌤도 결혼이 꽤 급하신 거 같던데. 우리가 쌤을 양보하자, 누군지 모를 아저씨한테."

"허참, 그 무슨 황당한. 어머, 얘 정말 허참."

빡쌤은 어이가 없어 '허참 허참' 하며 말을 잇지 못했다.

"쌤은 좋으시겠다, 이렇게 좋은 날 남친이랑 데이트하고. 불쌍한 노총각 캡틴은 지금 냄새나는 양말이나 빨고 계시겠지."

시루가 슬픈 표정으로 가슴을 움켜쥐었다.

"얘, 거기서 왜 민 선배 얘기가 나와? 캡틴 양말이랑 나랑 뭔 상관이라고."

순간 아이들은 흔들리는 빡쌤의 눈빛을 보았다.

"누가 상관 있대요? 그저 이렇게 좋은 날 데이트하는 쌤과 꼬질꼬질한 캡틴의 모습이 너무 대조적이라서요. 마치 고려 말 권문세족과 가난한 백성들처럼."

이번에 파래가 입술을 앙다물고 천정을 올려다보았다. 그 모습은 마치 터져 나오려는 눈물을 애써 참으려는 드라마 속 주인공 같았다.

"우리 캡틴 불쌍해서 어떡해~!"

파래의 연기가 얼마나 리얼했으면 다 짜고 하는 상황인데도 마리는 감정에 북받쳐 울음을 터트리고 말았다.

"야, 진짜 남자 친구 아니라니까. 내가 전화 바꿔줄 테니 너희가 직접 통화해 봐."

빡쌤은 허둥지둥 단짝에게 전화를 걸었다. 그러나 전화는 통화 중이었고 시계는 약속 시간을 향해 거침없이 달려가고 있었다.

"얘들아, 안 되겠다. 쌤 진짜 가야 해. 그리고 진짜 남자 아냐. 알았지? 오해하지 마."

현관을 밀치고 뛰어나가는 빡쌤의 목덜미를 은지의 한마디가 잡아챘다.

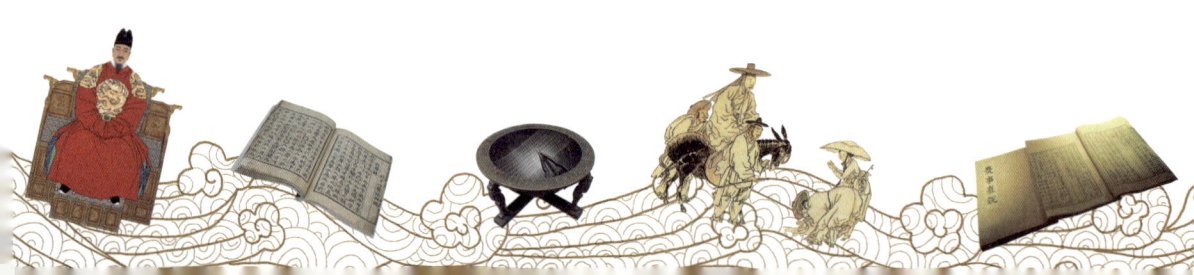

"우린 불쌍한 캡틴 집에 가서 라면이나 끓여 먹자. 의리 없게 빡쌤 혼자만 남친이랑 놀러 갔다고 하면서."

사실 아이들은 그동안 빡쌤이 캡틴 앞에서 얼굴이 붉어지는 걸 여러 차례 보았다. 그리고 아이들은 초등학교 4학년이다. 어른들이 생각하는 것처럼 꼬맹이가 아니다. 알 건 다 안다.

아이들에게 마음을 들킨 줄도 모르는 빡쌤은 크게 숨을 들이마시고는 이렇게 말했다.

"좋아, 이 녀석들. 여자 친군지 남자 친군지 너희가 직접 가서 확인해 봐."

빡쌤은 씩씩거리며 앞장서 걸었다. 아이들은 자기들끼리 소리 안 나게 킥킥거리며 하이파이브를 했다. 파래는 신나는 마음을 주체하지 못하고 펄쩍 뛰어올라 발 박수를 치려다 넘어져 비명을 지를 뻔했다. 그러나 아이들은 서둘러 파래의 입을 막아 위기를 모면했다.

아이들은 새끼 오리들처럼 빡쌤 뒤를 졸졸 따라갔다. 4호선 지하철을 타고서도 빡쌤 좌우로 바싹 붙어 앉아 빡쌤의 눈치를 살폈다. 빡쌤은 아이들이 고약한 장난을 치고 있다는 생각이 들었지만, 캡틴에게 남자 친구가 있다는 공연한 오해를 사고 싶진 않아 묵묵히 참고 있었다. 그러다가 아이들에게 복수할 좋은 생각이 떠올랐다. 빡쌤은 즉시 단짝에게 전화를 걸었다.

"난데, 미안하지만 약속 장소를 바꿨으면 해서. 응, 광화문. 미안. 응, 그래. 9번 출구에서. 그래, 미안."

영문을 모르는 아이들은 눈만 꿈뻑거리며 빡쌤을 쳐다보았다. 빡쌤과 아이들은 동대문역사문화공원역에서 5호선으로 갈아타고 광화문역에 내렸다.

"쌤, 왜 약속 장소를 갑자기 광화문으로 바꾸셨어요?"

은지가 고개를 갸웃거리며 물었다.

"왜긴, 한국사를 공부하고 싶어 안달 난 우리 기특한 제자들에게 오종일 공부시켜 주려 그러지."

"엥? 공부요?"

"친구랑 놀러 가시는 거 아니었어요?"

느닷없는 소리에 아이들은 눈이 휘둥그레졌다.

"그러려고 했는데 일정을 바꿨어. 너희들 공부시키는 걸로."

쌤과 그의 단짝을 따라다니며 놀 생각이었던 아이들은 졸지에 토요일 오후에 공부를 하게 되자 당황해 어쩔 줄 몰랐다. 아이들은 은지에게 어떻게 해 보라는 눈길을 보냈다. 그러나 은지 역시 예상치 못한 빡쌤의 반격에 당황하긴 마찬가지였다. 그런 아이들의 모습에 빡쌤은 회심의 미소를 지었다.

"저희 그냥 집에 갈래요. 소중한 쌤의 시간을 빼앗으면 안 될 것 같아요."

파래가 아이들의 어깨를 잡고 왔던 길로 돌아가려 하자 빡쌤이 파래를 붙잡았다.

"어딜 가려고. 여기까지 데려와서 너희끼리 돌아가게 하는 건 선생님의 도리가 아니지. 얼마나 무서운 세상인데."

"저희 4학년이에요. 자기 집 정도는 찾아갈 수 있다고요. 그럼 좋은 시간 보내세요."

아이들은 꾸벅 인사를 하고 돌아서려 했지만 그냥 둘 빡쌤이 아니었다.

"그럼 세종 대왕 이야기 듣고 싶다고 한 말 다 거짓말이었던 거야?"

빡쌤이 짐짓 화난 표정으로 말하자 아이들은 빠져나갈 구멍이 없다는 걸 깨달았다.

"잔소리 말고 따라와."

아이들은 별수 없이 빡쌤의 뒤를 쫓아갔다. 공연히 잔꾀를 부렸다가 된통

당하게 생긴 아이들은 도살장 끌려가는 소의 심정이었다. 하지만 그런 마음은 곧 날아가 버렸다.

몇 계단을 올라가자 마치 스키 슬로프처럼 넓고 쭉 뻗은 길이 나타났기 때문이다. 완만한 오르막길 끝에는 이순신 장군 동상이 우뚝 서 있었고 그 너머 맑고 푸른 하늘이 시원하게 펼쳐져 있었다.

"와아아아~!"

아이들은 누가 먼저랄 것도 없이 동시에 환호성을 지르며 오르막길을 뛰어 올라갔다.

"야, 이순신 장군님이다."

파래가 이순신 장군 동상을 감격에 겨운 눈으로 쳐다보았다. 신라 공부 시간에 자신이 왕자는 아니지만 장군의 후손임을 안 뒤부터 파래는 장군이란 단어만 나오면 눈을 반짝였다.

"이순신 장군이 아니라 백 원 장군 아냐?"

시루의 말에 파래는 머리를 긁적거렸다. 신라사를 공부하면서 파래는 십 원짜리 동전에 새겨진 다보탑을 십 원 탑이라고 해서 아이들의 웃음거리가 된 적이 있었다. 그때 시루는 그럼 백 원짜리 동전에 새겨진 이순신 장군은 백 원 장군이냐며 놀렸다.

"하하하, 파래 너 오늘 백 원 장군님한테 혼 좀 나야겠다."

뒤따라온 빡쌤이 크게 웃었다.

"네가 말한 애들이 얘들이야?"

이순신 장군 동상과 백 원 동전 앞면
위는 광화문 광장에서 세워진 이순신 장군 동상이고, 아래는 백 원 동전 앞면에 새겨진 이순신의 모습이야.

빡쌤 옆에는 빡쌤의 고등학교 때 단짝이 서 있었다. 단짝은 빡쌤과 달리 모델처럼 키도 크고 아주 아름답게 생긴 '여성'이었다.

"응, 너랑 만나는 자리를 망치러 온 악당들이지."

빡쌤의 대답에 단짝은 장난스러운 얼굴로 말했다.

"흠, 오늘 만나는 사람이 남잔지 여잔지 알고 싶었다며? 나 남자 같니, 여자 같니?"

갑작스러운 단짝의 등장에 아이들의 눈이 호기심으로 가득 찼다.

"남자요."

모든 상황을 장난으로 대하는 파래가 나섰다.

"네가 다보탑을 십 원 탑이라고 하고, 조상님들이 망했다고 만세 부른 아이구나. 아무리 모르는 게 많아도 여자를 남자로 보다니. 앞으로 여자 친구 사귀기 힘들겠다, 너."

"맞아요. 우리 학교에서 얘 좋아하는 여자애 하나도 없어요. 맨날 장난만 친다고."

마리가 파래를 흘겨보며 말했다. 마리는 사람을 좋아하는 마음이 푸들 꼬리처럼 가볍게 흔들리는 파래를 못마땅해하던 참이었다. 사랑은 운명적이며 어떤 것에도 흔들려서는 안 된다고 생각하는 마리었다.

"왜 그러셔. 시루는 안 그렇다 뭐."

파래의 능청스러운 눈빛이 시루 얼굴에 닿자 시루는 지체 없이 주먹을 날렸다. 파래는 아프지도 않으면서 할리우드 액션으로 비틀거리다 무심코 빡쌤 단짝에게 부딪혔다.

"네 말 듣고 설마 했는데. 이 녀석들 정말 장난 아닌데? 아유, 귀여워!"

빡쌤의 단짝이 파래의 볼따구를 잡고 흔들며 귀여워 죽겠다는 표정을 지었

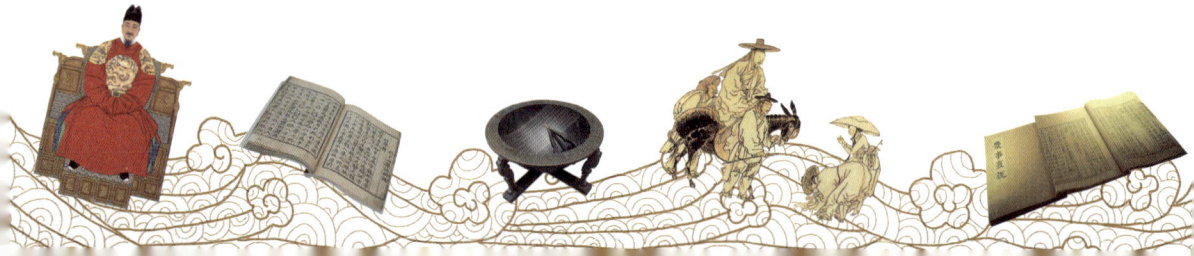

광화문
광화문역에서 나오면 이순신 장군 동상과 세종로가 나타나. 조선 시대에 육조 거리가 있던 곳이지. 그리고 멀리 경복궁의 정문인 웅장한 광화문이 보여.

다. 파래는 뭔가 부끄러워 얼굴이 빨개졌다.

"야, 서두르자. 경복궁은 넓어서 꾸물대다간 다 못 본다고."

빡쌤은 서둘러 아이들을 병아리 몰 듯 광화문 쪽으로 이끌었다. 빡쌤의 단짝은 그것도 우스운지 깔깔거리며 무리를 따랐다.

무리는 3분도 지나지 않아 광화문 앞에 이르렀다. 아이들은 어마어마하게 큰 광화문과 그 옆 높다란 궁궐 담을 보고 입을 다물지 못했다.

"자, 이제 광화문을 통해 조선의 임금님들을 만나러 가자."

아이들은 조선 시대 왕들을 만난다고 하자 갑자기 긴장감과 기대감이 한꺼

번에 몰려왔다.

"그런데 그 전에 질문 하나. 조선은 언제 세워졌을까?"

"고려가 망하자마자겠죠."

빡쌤의 질문에 아이들은 당연하다는 듯이 대답했다.

"그럼 도읍지를 한양으로 삼은 시기는?"

"그것도 조선을 세우자마자겠죠."

아이들은 별 싱거운 질문이 다 있나 싶었다.

"땡! 틀렸어."

빡쌤의 말에 아이들은 따지듯 물었다.

"고려가 망했으면 바로 조선이 세워지는 게 당연한 거죠. 나라가 망했는데 다른 나라가 서지 않았다는 말씀이에요?"

"그게 그렇게 간단한 문제가 아니었어."

광화문 앞에서 태조 이성계를 만나다

"이성계는 나라 이름을 그대로 고려로 하고 도읍지도 그대로 개경으로 두었어. 공양왕을 죽이고 왕이 된 이성계에 대해 백성들이 좋지 않게 생각하고 있는 상황에서, 섣불리 나라 이름을 바꾸고 도읍지를 옮기면 민심이 돌아설까 봐 염려한 거야. 그러나 새로운 나라를 세운 마당에 언제까지 망한 나라의 이름과 도읍지를 그대로 쓸 수는 없었어."

"당연히 그렇죠. 새 술은 새 부대에 담으란 말도 있잖아요."

시루가 한마디 거들었다. 아이들은 고개를 끄덕였지만, 파래는 부대는 군

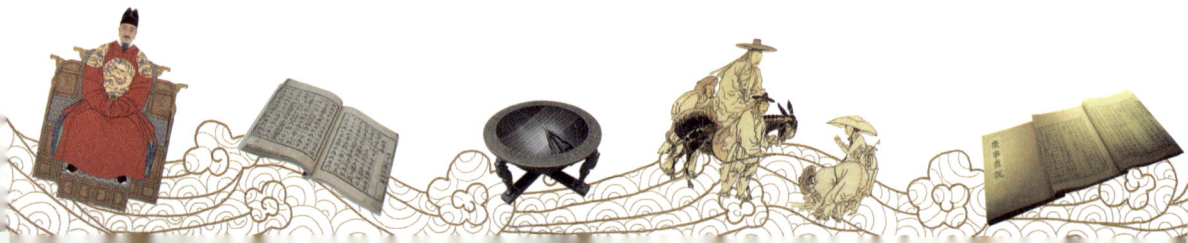

인들이 있는 곳인데 어떻게 거기다 술을 담는다는 건지 도통 알 수 없었다.

"이성계는 나라 이름을 조선으로 정하고 오늘날의 서울인 한양을 도읍지로 삼았어."

"조선은 우리 민족이 처음으로 세운 나라잖아요."

"그렇지. 조선이란 이름은 이성계가 세운 나라가 그 옛날 고조선을 이어받은 정통성 있는 나라라는 걸 주장하기 위해 지은 거야. 그리고 한양을 도읍지로 삼은 이유는 말이야. 자, 아까 지하철역에서 나오면서 보니까 광화문 뒤로 뭐가 있었지?"

"산이요."

"맞아. 한양의 북쪽으로는 커다란 산이 있어 외적의 침입을 막기 좋았어. 또 남쪽에는 한강이라는 큰 강이 흘러 전국에서 거둬들인 세금을 옮기기 좋고 넓은 평야가 펼쳐져 있어 농사짓기도 좋았지. 그리고 무엇보다 고려 때부터 한양이 새 도읍지가 된다는 예언이 퍼져 백성들로부터 새 도읍지를 인정받기 쉽다는 점도 선택의 조건이 되었어."

태조 이성계
새로운 나라를 건국한 태조 이성계는 나라 이름을 조선으로 정하고 한양을 도읍지로 삼았어.

"삼국과 가야를 공부할 때도 한강을 차지한 나라가 주도권을 잡고 크게 발전했죠."

은지가 예전에 배운 내용을 떠올리며 말하자 아이들도 한강이 역사적으로 중요한 곳이었음을 새삼 깨달았다.

"옳지. 바로 그거야. 역사적으로 거대한 문명이나 나라는 큰 강을 중심으로 세워졌어."

빡쌤의 칭찬에 은지가 어깨를 으쓱했다.

"자, 도읍지를 정했으니 다음은 성을 쌓고 궁궐을 지어야겠지. 이성계를 도와 조선을 세운 정도전이 새 도읍지의 설계를 맡았어. 정도전은 고려 시대 수많은 잘못을 저지른 불교를 버리고 유교를 나라의 근본 정신으로 삼아야겠다고 생각했어. 그래서 성과 궁궐을 유교의 가르침에 따라 지었지. 광화문을 등지고 우리가 걸어온 길을 돌아볼까?"

한양도성도
옛 한양의 모습을 정밀하게 그린 지도야. 정도전이 설계한 새 도읍지의 모습을 한눈에 볼 수 있어. 도성의 동서남북에는 각각 성의 대문이 있고 도성 내에는 경복궁을 비롯해 창덕궁과 창경궁이 보이는구나.

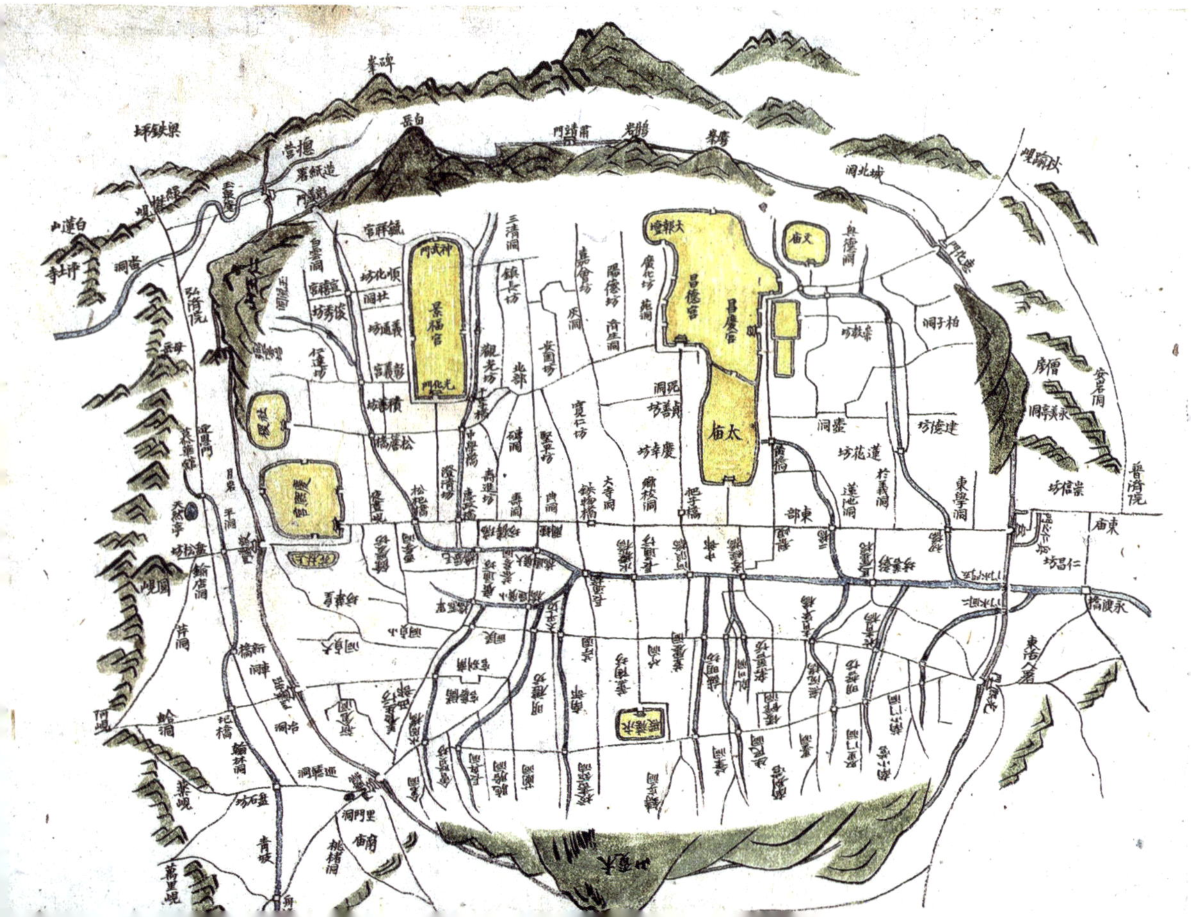

새 나라의 기틀을 다진 사람들

세종로에 서 있는 세종 대왕 동상
종로구에서 광화문에 이르는 도로를 세종로라고 해. 세종로에는 광화문 광장이 있고 거기에는 세종 대왕 동상이 서 있지. 세종 대왕 동상 뒤로 저 멀리 광화문과 북악산이 보여.

무리는 빡쌤의 말에 따라 세종 대왕 동상과 이순신 동상이 있는 커다란 길을 돌아보았다.

"이 길은 세종로인데, 폭이 100미터로 우리나라에서 가장 넓은 도로야."

"세종로라면 세종 대왕 동상이 있어서 그런 이름이 붙었나요?"

"세종로라는 이름은 1946년 해방 후에 생긴 거야. 이 근처인 종로구 옥인동에서 세종 대왕이 탄생해 세종로라고 이름을 붙였지. 세종 대왕 동상은 2009년에 세워진 거고."

"아까 쌤이 서두르는 바람에 세종 대왕 동상을 제대로 못 봤어요."

파래는 동상 앞을 그냥 지나친 게 아쉬웠고 다른 아이들도 마찬가지였다.

"동상은 경복궁을 둘러보고 나오는 길에 자세히 살펴보자. 사진도 찍고."

광화문 광장의 이순신 장군 동상

광화문역에서 나오면 이순신 장군 동상과 세종로가 나타나. 조선 시대에 육조 거리가 있던 곳이야. 지금은 양옆으로 종합정부청사, 미국 대사관 등이 들어서 있어.

아이들은 세종 대왕 동상의 뒷모습을 보며 아쉬움을 달랬다.

"세종로는 조선 시대에도 있던 길이었어. 그때 이름은 세종로가 아니라 육조 거리라고 불렀어. 육조 거리는 이조, 호조, 예조, 병조, 형조, 공조 등 여섯 관청이 있었던 거리라는 뜻이야. 그 외에도 의정부, 한성부, 사헌부, 중추부, 기로소 등도 육조 거리에 있었어. 한마디로 조선을 움직이는 관청들이 모두 이 거리의 양쪽으로 늘어서 있었던 거야."

"와, 그 옛날에도 이 길이 그대로 있었다니 신기해요."

"그럼, 영의정, 병조판서 뭐 그런 사람들이 '에헴' 하며 막 지나다녔다는

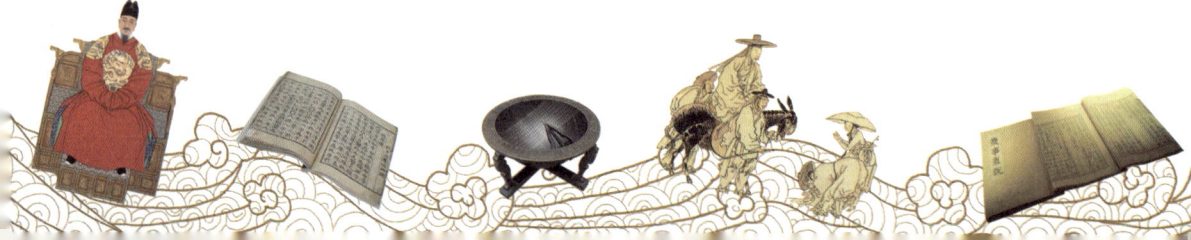

거잖아요, 바로 이 길에서."

파래가 배를 불룩 내밀고 수염을 쓸어내리는 시늉을 했다. 아이들은 파래의 올챙이 배를 보고 웃음을 터뜨렸다.

"그렇지. 수많은 관리가 서류를 들고 바쁘게 돌아다녔겠지."

"쌤, 그런데 육조 거리랑 유교랑 무슨 상관이에요?"

은지가 고개를 갸웃거렸다.

"이 길을 따라 계속 가면 서울 시청과 덕수궁이 나와. 그리고 더 가면 성문이 하나 나오지. 어떤 문일까?"

아이들은 답을 몰라 서로의 얼굴만 바라보았다. 그때 마리가 자신 있게 대답했다.

"남대문이요."

"오, 어떻게 알았어?"

"전에 엄마랑 옷 사러 남대문 시장에 갔었거든요."

은지가 아닌 마리가 대답하자 아이들은 '올~!' 하며 엄지를 치켜세웠다.

"역시 미래 패션 디자이너는 다르네."

빡쌤이 마리의 머리를 쓰다듬자 마리는 부끄러운지 몸을 배배 꼬았다.

"남대문의 원래 이름은 숭례문이야. 여기서 가운데 글자 '례'는 글자 사이에 있을 때 내는 발음이고, 단어의 맨 앞이나 홀로 쓰일 때는 '예'라고 읽어. 유교에선 사람이 갖춰야 할 성품으로 '인의예지'를 꼽아. 이 말의 뜻은, '인(仁)'은 어질어야 함이고, '의(義)'는 의로워야 함이며, '예(禮)'는 예의 발라야 함이고, '지(智)'는 지혜로워야 함을 이르는 거야."

"쌤, 그럼 숭례문의 숭례는 무슨 뜻이에요?"

"인의예지 중 예를 높이라는 뜻이야. 남대문이 있으니 다른 문도 있겠지?"

남대문
한양 도성의 4대문 중에 남쪽에 있는 대문이야. 원래 이름은 숭례문으로 인의예지 중에서 '예'를 높인다는 뜻이야. 국보 제1호이기도 해.

"동대문과 서대문은 알아요. 그런데 북대문은 못 들어본 것 같은데."

"북대문은 일제 강점기에 없앴어. 서대문도 일제 강점기에 길을 넓히겠다고 부숴 버려서 지금은 없고. 남은 건 남대문과 동대문 두 개야. 동대문의 원래 이름은 흥인지문인데 인을 흥하게 하라는 뜻이고, 서대문의 원래 이름은 돈의문으로 의를 깊이 새기라는 뜻이야. 북대문의 원래 이름은 소지문*으로 지(혜)를 밝히라는 뜻이지. 정도전은 한양을 성으로 두르고 네 방향에 문을 낸 뒤 이렇게 유교의 덕목을 이름에 넣어 조선이 유교 사상으로 세워진 나라임을 널리 알린 거야. 한양으로 들어오려면 이 문들을 꼭 거쳐야 했으니 모든 사람이 유교의 덕목을 마음에 새길 수 있었을 거야."

*소지문
나중에 숙정문으로 바뀌었어.

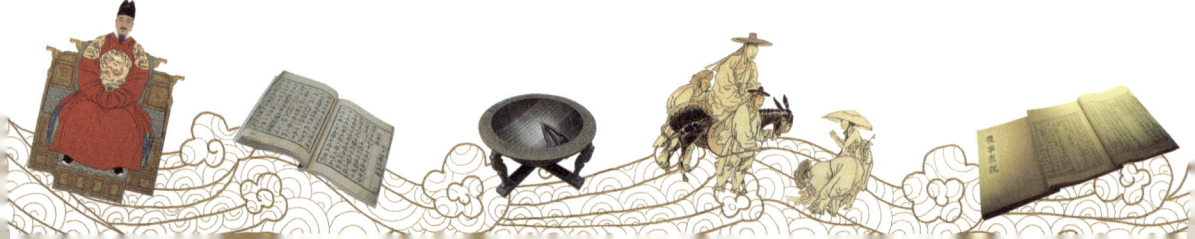

동대문
한양 도성의 4대문 중에 동쪽에 있는 대문으로 흥인지문이라고 불러. 인의예지 중에서 '인'을 흥하게 하라는 뜻이 담겨 있단다. 보물 제1호이기도 하지.

"그럼 옛날 사람들은 지금처럼 동대문, 남대문 이렇게 말하지 않고 흥인지문, 숭례문 이렇게 말했어요?"

"옛날에도 동서남북 대문으로 말하기도 했어. 한자를 모르는 백성들에겐 흥인지문이니 돈의문이니 하는 말은 아무래도 어려웠을 테니까. 그러나 조선이 어떤 뜻과 생각으로 세워졌는지를 알려면 그 문들의 원래 이름을 알아야겠지. 자, 그럼 본격적으로 조선 시대 임금님을 만나러 가자."

꿈틀 무리는 육조 거리를 등지고 광화문 앞에 다시 섰다.

"광화문은 경복궁의 정문인데, 경복궁은 여러 궁궐 가운데 으뜸 궁궐이야. 광화란 말의 뜻은 '임금의 덕이 빛처럼 널리 퍼져 세상 사람들을 올바르게 살도록 만든다'라는 뜻이야. 한양의 성문 가운데 숭례문이 남쪽 문이듯 광

화문은 경복궁의 남쪽에 있는 문이지. 여기 광화문의 가운데 문 천장에 있는 그림을 보렴."

빡쌤의 손끝을 따라 아이들은 일제히 천장을 올려다보았다. 빡쌤의 단짝도 아이들처럼 천장을 쳐다보았다.

"뭐가 보이니?"

"무슨 새 같은데요?"

"새는 맞아. 새 중에서도 상상 속의 동물인 주작인데, 남쪽을 상징하는 동물이지. 너희 좌청룡우백호란 말 들어봤니?"

"풍수지리에서 나오는 말 같은데요?"

"그래. 풍수지리에서 좋은 집터를 명당이라고 하는데 명당은 주변에 좋은 지리적 환경 안에 있는 땅이지. 흔히들 명당을 배산임수라고 해. 뒤쪽이 산으로 둘러싸여 나쁜 기운을 막아주고 앞쪽으로는 멀찌감치 물이 흘러 시야가 열린 땅을 말해. 한양은 북쪽으로는 주산*인 북악산, 동쪽으로는 대학로 뒤에 있는 낙산, 서쪽으로는 인왕산, 남쪽으로는 남산이 있어. 그리고 궁궐의 정문 위치로 커다란 한강이 흘러 시야가 탁 트이지. 이렇게 동서남북은 각기 상징하는 동물이 있는데, 동쪽은 청룡, 서쪽은 백호, 남쪽은 주작, 북쪽은 현무야."

"그럼 경복궁을 둘러싼 궁궐 담에도 문이 네 개 있어요?"

광화문 천장에 있는 주작
광화문 가운데 문 천장을 올려다보면 주작이 그려져 있단다. 다른 문에는 각각 기린과 거북이 그려져 있어.

*주산
집터를 둘러싼 산 가운데 중심이 되는 산을 가리켜.

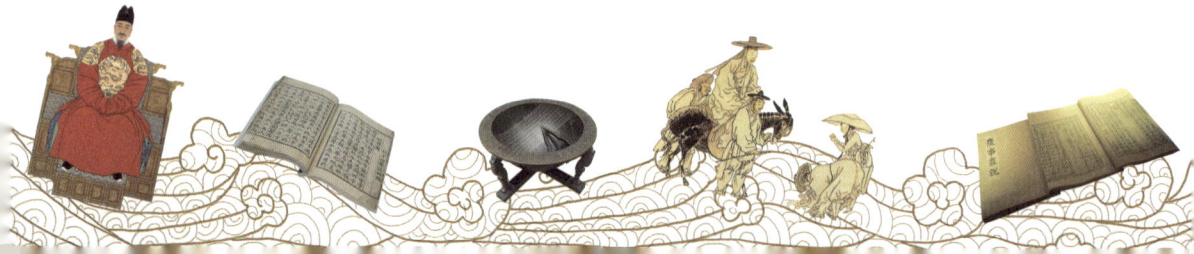

"그래. 정문이자 남쪽에 있는 문은 지금 여기 있는 광화문, 북쪽에 있는 문은 신무문, 동쪽에 있는 문은 건춘문, 서쪽에 있는 문은 영추문이라고 불러. 그리고 남쪽 문인 광화문 천장에 주작을 그려 넣었듯이 신무문에는 현무를, 건춘문에는 청룡을, 영추문에는 백호를 그려 넣었지."

"이야, 문마다 다 뜻이 있다니 대단해요!"

"어느 하나라도 소홀히 하지 않고 궁궐을 정성껏 지었다는 걸 알 수 있지?"

"네, 그럼 광화문처럼 다른 문들의 이름에도 뜻이 있겠네요?"

"신무문은 북쪽을 상징하는 동물인 현무에서 따온 건데 아주 뛰어난 무예를 의미하기도 해. 북쪽의 거친 기운을 막으라는 의미야.

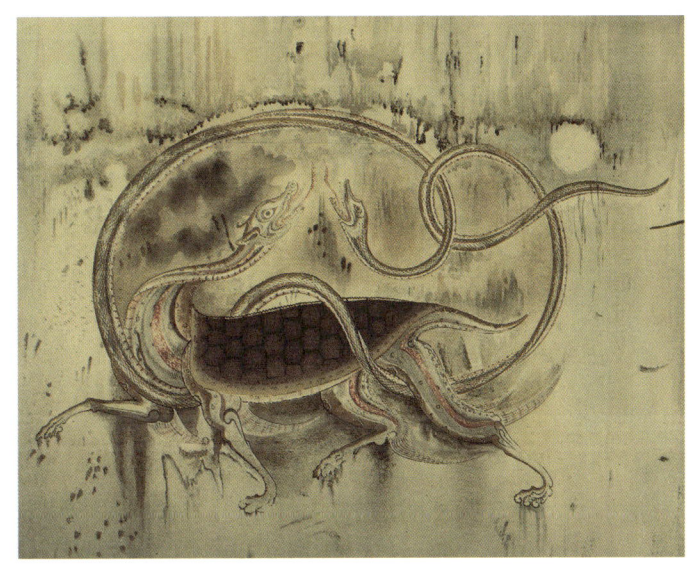

현무
풍수지리설의 4신 중 하나로 북방을 지키는 신을 가리켜.

건춘문은 봄을 세운다는 뜻으로, 동풍이 불어와 땅속에 있던 따뜻한 생명의 기운이 일어서는 걸 의미하지. 영추문은 가을을 맞이한다는 뜻이니, 말 그대로 더운 여름이 가고 오곡이 무르익는 풍요의 가을을 맞이하는 문이야."

"오, 자연의 모든 시간이 궁궐에 녹아 익는 셈이구나."

단짝은 어느새 아이들과 같은 학생이 되어 빡쌤의 설명을 열심히 듣고 있

었다.

"맞아. 정도전은 유교의 가르침과 자연의 섭리를 잘 생각해 조선이 영원히 번창하기를 바라는 마음으로 한양과 궁궐을 건설한 거야."

"그 말씀을 듣고 광화문을 보니 태조 이성계와 정도전이 광화문 앞에 서 있는 장면이 상상돼요. 자신들이 세운 나라를 흐뭇하게 바라보고 있었을 것 같아요."

은지가 제법 어른스럽게 말하자 아이들도 괜히 경건한 표정으로 세종로를 바라보았다.

"태조를 만났으니 이제 다음 임금님을 만나러 가야지. 들어가자!"

왕에게 이르는 길

광화문을 지나니 넓은 마당이 나왔다. 마당에는 많은 사람이 경복궁을 보기 위해 들어와 있었다. 그중에는 한복을 곱게 차려입은 사람들도 있었고 외국인도 많이 보였다.

"궁궐은 왕과 왕실 가족들이 살고 또 왕과 신하들이 나랏일을 보는 건물이야. 경복궁은 조선의 법궁인데, 법궁이란 궁궐 가운데 으뜸 궁궐을 말하지. 경복궁에서 임금님은 나랏일을 돌보며 생활했어. 물론 왕비나 왕자, 공주 등 왕의 가족을 모시는 내관과 궁녀도 살았지."

"경복궁은 무슨 뜻이에요?"

"아차, 경복궁의 뜻을 아직 말해주지 않았구나. 경사스럽고 복된 일을 누리라는 뜻이야. 지금 우리가 통과한 문이 광화문인데 저쪽을 봐. 문이 또 있지.

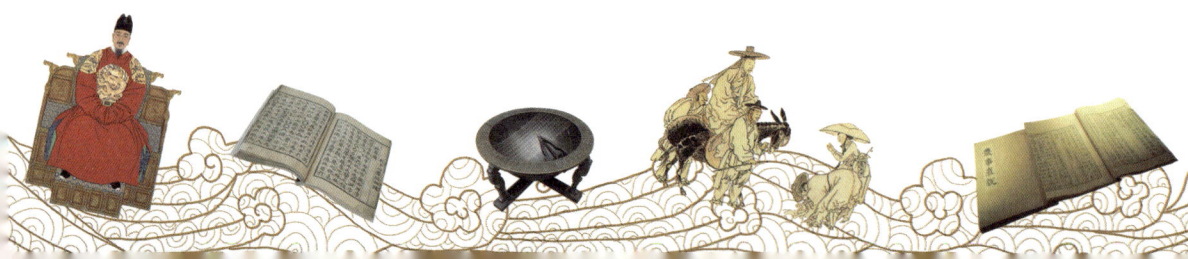

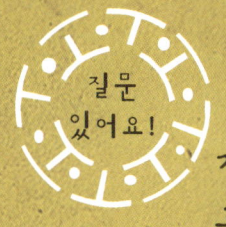

질문 있어요!
경복궁의 동쪽과 서쪽에 조상과 신에게 제사 지내던 곳이 있다던데요?

경복궁의 동쪽에 있는 건물은 종묘이고, 서쪽에 있는 계단식 단은 사직단이야. 종묘는 왕의 조상들에게 제사를 지내는 곳이야. 즉, 조상이라면 곧 대를 올라가 부모의 부모, 또 그 부모의 부모를 말하는 것이니 종묘는 부모에게 효도를 다하는 모습을 왕이 몸소 보여주는 곳이지. 조선은 유교의 가르침을 따르는 나라잖아? 유교에서 효는 모든 도덕과 규범의 기초라고 가르치거든.

사직단은 땅의 신과 곡식의 신에게 제사를 지내던 곳이야. 조선은 농업 국가야. 사회를 유지하는 에너지를 대부분 농업에서 얻는 나라라는 것이지. 농업이 잘못되면 나라가 위험해지는 사회이니 농사가 잘되길 비는 것은 왕에게 아주 중요한 일이었어.

종묘
조선 시대 역대 왕과 왕비의 신위를 모시고 제사 지내던 사당이야.

사직단
나라에서 땅의 신과 곡식의 신에게 제사를 지내던 제단이야.

저 문은 흥례문이야. 경복궁은 이렇게 각 건물이 있는 곳마다 문이 있어. 그리고 각 건물은 남쪽에서 북쪽으로 일직선으로 쭉 이어져 있지. 그래서 왕을 만나려면 여러 문을 지나야 했어."

일행은 흥례문을 지났다. 그러자 돌로 만들어진 다리가 하나 나왔다.

"이 다리는 영제교야. 북악산에서 내려온 물이 서쪽에서 동쪽으로 흘러가는데 이 개울을 금천이라고 불렀어. 금천을 경계로 세상은 왕이 머무는 공간과 그 외의 공간을 나뉘었지. 그래서 금천은 나쁜 기운이 궁궐로 들어오는 것을 막아 주는 역할을 했단다. 중요한 역할을 하다 보니 금천을 넘는 영제교에도 나쁜 기운을 막는 동물의 석상을 만들어 놓았어. 저기 난간에 있는 건 이무기야. 그 외에 다른 동물도 있어. 개울을 따라 세워진 석벽 위를 봐."

영제교
광화문을 지나 흥례문과 근정문 사이에 놓여 있는 다리야. 다리 밑으로는 금천이 흐르는데, 금천은 왕의 공간과 바깥세상의 공간을 나누는 경계 역할을 하지.

아이들은 눈을 크게 뜨고 주위를 두리번거렸다.

"아, 저기 있다. 저거 아까 광화문 앞에서도 본 건데요?"

"광화문 앞에 있던 건 해치라는 상상 속 동물이야. 해치는 사람의 마음을 들여다보는 능력이 있어 나쁜 마음을 먹은 사람은 들어오지 못하게 막아. 그런데 이 동물은 해치가 아니라 천록이야. 물론 이것도 상상 속 동물이지. 천록은 물길을 통해 들어오는 나쁜 기운을 막는 역할을 해."

"쌤, 저기 천록은 표정이 정말 웃겨요."

파래가 천록 하나를 가리키며 혀를 내밀고 킥킥거렸다. 파래의 손끝을 따라가니 혀를 내밀고 엎드린 천록이 있었는데 그 익살스러운 얼굴에 모두 웃음을 터뜨렸다.

"이렇게 상상의 동물까지 동원해 왕을 보호했으니 아무도 왕을 건드리지 못했을 것 같아요."

"그렇게 되길 간절히 바랐겠

해치
광화문 앞에 있는 해치라는 동물이야. 옳고 그름, 선과 악을 판단할 줄 아는 상상 속의 동물이지.

천록
영제교에 있는 천록이야. 해태와 비슷해 보이지만 자세히 보면 다르게 생겼단다. 금천을 통해 들어오는 나쁜 기운을 막아줘.

지. 그러나 현실은 전혀 아니었어. 사실 조선을 세운 태조 이성계도 스스로 왕위에서 물러난 게 아니라 거의 반강제로 쫓겨났거든."

"나라를 세우자마자 쫓겨났으면 조선은 망한 거네요?"

"다행인지 불행인지 왕의 자리를 빼앗은 게 아들이니까 결과적으로 물려준 셈이지."

"세상에, 아버지를 내쫓고 왕이 되다니! 조선이 유교 사상을 바탕으로 세워졌다더니 사실이 아닌가 봐요. 유교의 기본은 '효'잖아요. 그래서 종묘를 만들어 조상에게 잘 모시는 모범을 백성들에게 보인 거고."

은지가 뭔가 말이 안 된다면서 팔을 휘저으며 말했다.

"바로 그것 때문에 조선 제2대 왕 정종이 등장하는 거야. 정종은 동생이 무서워서 왕이 된 사람이거든."

"그럼 왕이 되기 싫었는데 어쩔 수 없이 왕이 되었단 말이에요?"

아이들은 어이가 없다는 듯 고개를 갸우뚱했다.

동생이 무서워서 왕이 된 정종

"황당하게 들릴지 모르지만 듣고 나면 이해가 될 거야. 잘 들어 봐.

새 나라 조선의 도읍지를 건설한 정도전은 새 나라에 걸맞은 제도들을 만들어 나갔어. 정도전은 유교의 가르침으로 나라를 다스려야 한다고 생각했어. 핵심은 임금을 만드는 하늘이 바로 백성이라고 하면서, 백성들의 뜻을 잘 아는 재상이 정치를 이끌어야 한다고 주장했지. 정도전은 신하가 중심이 되어 나라를 이끌어야 한다고 생각한 거야. 그러자 왕실에서는 조선이 "이씨의

나라냐, 정씨의 나라냐"라며 불만을 터뜨렸지. 특히 조선을 세우는 데 큰 역할을 한 태조 이성계의 다섯째 아들 이방원의 분노는 상상을 초월할 정도였어. 그는 태조를 이어 왕이 될 사람이 자기라고 생각했지. 그런데 신하들이 나라를 좌지우지한다면 자기는 허수아비 왕이 될 테니 화가 날 만도 해.

이런 상황에서 이방원의 분노에 기름을 붓는 일이 생겨. 이성계는 정도전의 주장을 받아들여 여덟 아들 가운데 막내인 이방석을 세자로 삼아. 더는 참지 못한 이방원은 군사를 일으켜 방석을 세자로 삼는 데 뜻을 같이한 정도전, 남은, 심효생(세자 방석의 장인) 등을 죽여 버려. 게다가 자기 동생들인 세자 방석과 세자의 형 방번 역시 죽이지. 이방원의 손에 자신의 측근을 모두 잃어버린 이성계는 어쩌지 못하고 왕위에서 물러날 수밖에 없었어. 그러자 이방원은 자기 형인 이방과를 왕으로 세우는데, 그가 바로 조선의 제2대 왕인 정종이야."

"그렇게 오르고 싶었던 왕위가 자기 앞에 놓였는데 왜 형에게 양보해요?"

"이방원은 동생들을 죽이고 아버지를 내쫓은 불효막심한 사람이잖아. 그런 사람이 왕이 된다면 백성들이 어떻게 생각하겠어. 그래서 백성들이 난리를 잊을 만한 시간을 좀 벌자는 속셈이었지. 정종은 피비린내 나는 왕위에 앉고 싶지 않았지만 동생의 말을 안 들었다간 무슨 일이 생길지 몰라 할 수 없이 왕이 되었어.

얼마 지나 넷째 방간이 왕이 되고자 방원을 없애려 했어. 하지만 되려 이방원에게 죽임을 당해. 정종 이방과는 피비린내 나는 형제간 싸움에 질려 왕위를 이방원에게 넘기려 하지. 그러나 방원은 여러 차례 사양해. 자기가 왕 자리가 탐나서 동생을 죽이고 아버지를 쫓아낸 게 아니란 걸 사람들에게 보이려 한 거지. 정종은 어서 왕 자리에서 도망가고 싶어 방원에게 제발 왕이 되

조선의 법궁, 경복궁을 가다!

공조　형조　병조　사헌부　중추부　삼군부

요즘 꾀가 나는지 지각이 잦다 합니다. 전하께 말씀드려 혼쭐을 내십시오, 나리. 참고로 육조 거리 출근 일등은 항상 저랍니다, 하하하.

에헴, 영의정 파래님 나가신다. 이조판서 빡쌤은 아직 출근 안 했나?

광화문

기로소　한성부　호조　이조　예조　의정부

경복궁은 조선이 세워지면서 만든 궁궐로, 여기서 임금님이 나랏일을 돌보고 생활도 했어. 따라서 궁궐에는 임금님과 그 가족을 모시는 내관과 궁녀들도 함께 살았지. 궁궐 앞에는 나라가 운영되는 데 필요한 여러 관청이 들어서 있었고, 수많은 관리들이 업무를 보느라 분주했단다.
경복궁의 대문인 광화문 앞의 세종로는 조선 시대에도 지금처럼 넓은 길이 나 있었는데 육조를 포함한 관청들이 늘어서 있었어. 그래서 이 길을 육조 거리라고 불렀지.
자, 그럼 조선 시대 임금님들을 만나러 육조 거리를 걸어 경복궁 안으로 들어가 보자.
어, 이 녀석들 다 어디 갔어?

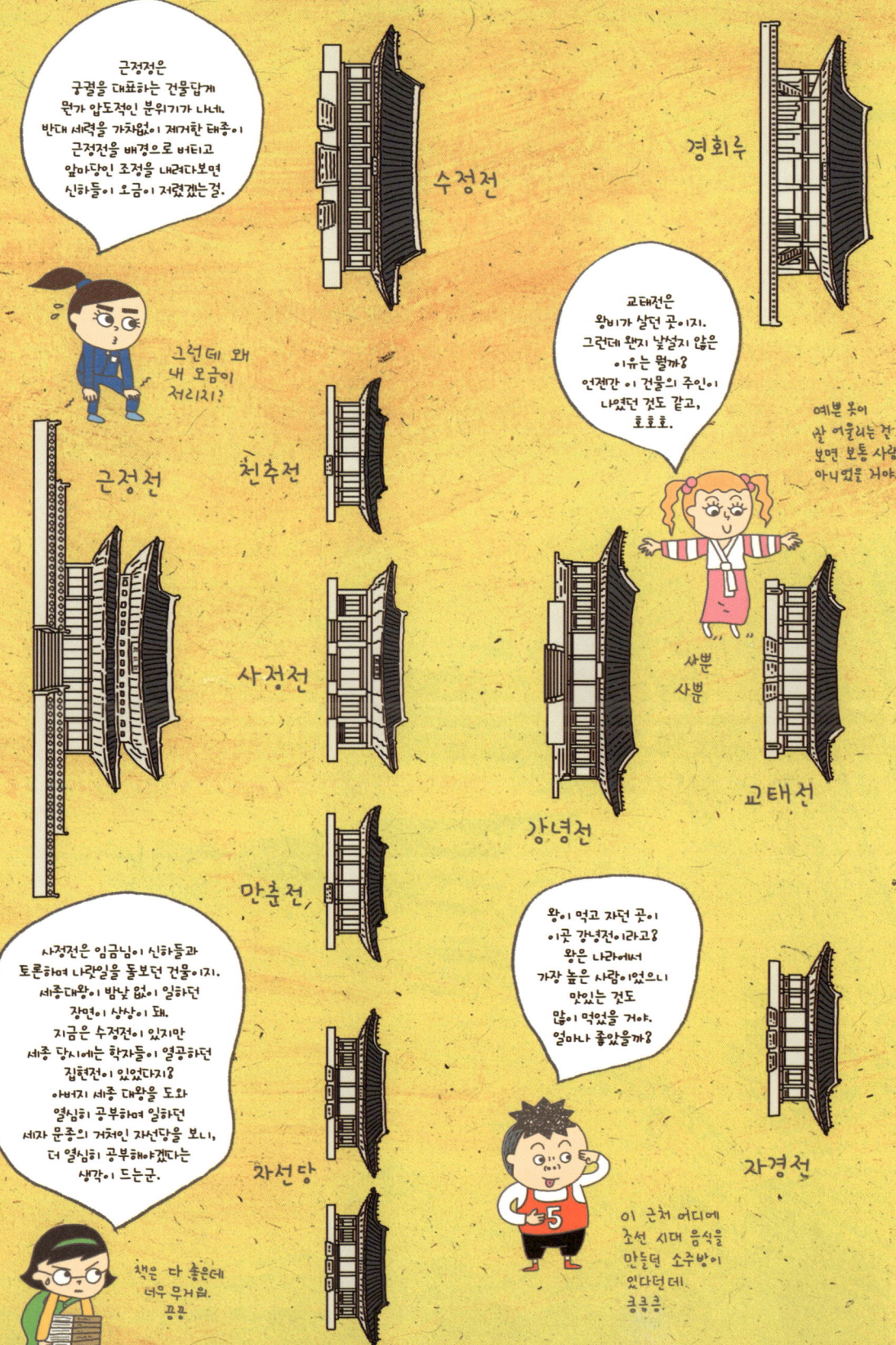

어 달라고 사정해. 그제야 방원은 어쩔 수 없다는 듯 왕 자리를 받아들이지.

왕 자리에서 물러난 정종은 격구*를 즐기고 풍경 좋은 곳으로 놀러 다니며 하늘이 준 목숨이 다하도록 행복하게 살았어. 원치 않는 왕 자리에 앉아 동생이 언제 칼을 겨눌지 몰라 눈치만 보던 생활을 내려놓으니 그야말로 살 만했겠지. 어때, 동생이 무서워 왕이 되었단 말이 이해가 되지?"

"그런 왕 자리라면 아무리 맛있는 걸 많이 먹을 수 있어도 사양하겠어요."

마토가 무서운지 팔로 제 몸을 감싸고 덜덜 떨면서 말했다.

"와, 정몽주를 죽일 때 알아봤지만 그 정도로 무서운 사람인 줄은 몰랐어요."

은지가 자기 앞에서 이방원이 쇠몽둥이를 들고 있는 걸 보고 있는 듯이 말했다. 그러자 아이들도 무서워 진저리를 쳤다.

"이렇게 해서 이방원이 왕이 되는데 그가 바로 조선 제3대 왕 태종이야."

*격구
말을 타고 편을 나눠 막대기로 공을 쳐서 상대방 골대에 넣는 놀이야. 삼국 시대 때부터 해 왔는데 말 위에서 자유롭게 움직여야 하므로 나중엔 무예로 인정받았고 조선 시대엔 무과 과목 중 하나가 돼.

근정전에서 태종을 만나다

태종 이야기를 하며 일행은 영제교를 건넜다. 그런 다음 근정문을 통과해 근정전 앞에 섰다.

아이들은 커다란 돌로 바닥이 깔린 넓은 광장 끝에 우뚝 선 근정전을 바라보며 입이 떡 벌어졌다.

"와, 이 건물은 마치 사람들을 내려다보듯이 앞에 서 있는 사람을 압도하

근정전
경복궁에서 가장 중심에 있는 으뜸가는 건물인 정전이야. 근정전의 '근정'은 열심히 나랏일을 보라는 뜻이지. 이곳에서는 주로 왕의 즉위식이나 사신 접대 등 다양한 행사를 열었어.

는 느낌이에요."

"건물 앞에 마치 왕이 앉아 있어 상대방을 움츠러들게 만드는 것 같아."

아이늘은 근정전의 위풍당당한 모습에 제각각 한마디씩 했다.

"경복궁의 정전인 근정전이야. 정전은 궁 안에서 가장 으뜸가는 건물이지. 누구에게도 고개를 숙이지 않는 제왕의 위엄과 기상이 담겨 있어."

"직접 보니 텔레비전에서 보던 거랑 완전히 달라요. 이렇게 웅장한지 몰랐어요."

시루는 입을 떡 벌린 채 침이 흐르는지도 모르고 근정전을 바라보았다.

"근정전 앞 광장을 조정이라고 해. 사극에서 보면 관리들이 조정에 든다는 말을 하지? 바로 여기로 들어온다는 말이야. 그리고 근정문의 좌우와 동서에 기둥으로 받쳐진 지붕 있는 통로가 있지? 이것은 사실 통로가 아니라 행각이

라고 해. 기둥을 자세히 보면 나무로 덧댄 부분이 보이지? 원래 이곳에 나무 판자를 대서 칸막이를 했어. 문 좌우로 있는 방들은 창고로 쓰였고, 광장 동서로 늘어선 방들에서는 관리들이 업무를 보았어.

근정전 가운데 높이 걸려 있는 편액을 보렴. 저기서 '근정'이란 열심히 나랏일을 보라는 뜻이야. 왕이나 궁으로 출근한 관리들은 편액을 보고 마음을 다잡았을 거야."

"그러면 여기서 왕과 신하들이 일을 했나요?"

"왕의 일반적 업무는 근정전 뒤에 있는 사정전에서 보았고, 여기선 공식적인 행사를 치렀어. 왕이 즉위식을 하거나 외국 사신을 맞고, 또 기념식 같은 큰일들을 여기서 진행했지. 바닥에 깔린 돌은 화강암이라는 아주 단단한 돌이야. 웬만한 큰일에는 꿈쩍도 안 할 정도로 튼튼해 보이지?"

"그런데 조선 시대에는 삼국 시대보다 돌을 다듬는 실력이 떨어졌나 봐요. 바닥 돌의 표면이 거칠어요."

"시간이 몇백 년이나 지났는데 기술이 후퇴할 리가 있나. 이렇게 만든 것도 다 이유가 있어. 돌을 매끄럽게 다듬으면 비가 올 때 미끄러져 다치기

근정전 행각
원래는 통로가 아니라 칸막이를 막아 관리들이 업무를 보던 곳이야. 지금은 기둥이 죽 늘어서 있어 사진 찍기에 아주 예쁘지.

쉽잖아. 또 표면이 반들거려 햇빛에 눈이 부실 걱정도 없고. 그래서 일부러 거칠게 다듬은 거야."

"이건 돌을 들어 올리려고 박아 놓은 건가 봐요."

"그럼 이걸 들면 비밀 통로가 나오려나?"

마토가 바닥 돌에 박힌 쇠고리를 들어 올리는 시늉을 하자 파래가 옆에서 거들었다.

"하하. 너희들 〈인디애나 존스〉 같은 모험 영화를 너무 많이 본 것 같구나. 그건 햇빛이나 비를 피하고자 천막을 칠 때 고정하기 위해 달아 놓은 거야."

"그런데 근정전이 2층으로 화강암을 쌓은 단 위에 지어져 있어요. 빗물이 찰까 봐 그랬나?"

"마리의 눈썰미가 보통이 아니구나. 저걸 월대라고 하는데 건물을 더 높게 보일 목적으로 만든 거야."

"아, 그래서 건물이 높은 산처럼 웅장해 보인 거군요."

"그래. 그리고 근정전을 향해 쭉 늘어선 비석 같은 돌들은 품계석이라고 해. 신하들이 계급별로 서 있을 위치를 정해 놓은 거야. 너희들이 품계석에 맞춰 선 신하라고 생각하고, 근정전 앞에 태종이 떡하니 앉아서 내려다보고 있다면 어떤 느낌일까?"

"아휴, 무서워서 고개도 못 들 것 같아요."

"그렇지? 태종은 조선 역사에서 가장 강력한 왕권을 행사한 왕이야. 그가 왕권 강화를 위해 한 일들을 알아보자.

태종은 왕위에 오르자마자 서둘러 왕권 강화를 위한 정책들을 펼쳐 나가. 왕권 강화를 위해 가장 먼저 한 것은 공신들이나 왕족들의 사병을 없앤 거야. 사병은 나라의 소속이 아닌 개인이 거느린 군사를 말해. 태종은 사병이 왕권

근정전 앞마당의 품계석과 박석 고리
근정전 앞마당에는 정1품부터 종9품까지 18등급의 품계석이 두 줄로 나란히 늘어서 있어. 천막을 칠 때 이용한 박석 고리도 그대로 남아 있지. 바닥은 미끄럽거나 눈이 부시지 않게 울퉁불퉁하게 만들었어.

에 얼마나 위험한 것인지 누구보다 잘 알고 있었지. 아버지 태조도 사병을 토대로 고려를 멸망시켰고, 태종 자신도 사병으로 반대 세력인 세자 방석과 정도전 등을 죽이고 왕이 되었거든. 그러니 다른 누가 사병을 데리고 있다면 자기에게 목숨을 빼앗긴 사람들처럼 자기도 당할 수 있었지. 태종은 사병을 해산하고 그들을 관군*에 집어넣음으로써 왕권을 강화시켰어.

군대를 손안에 쥔 태종은 다음으로 신하들을 다잡을 궁리를 해. 그래서 정도전이 신하들 중심으로 정치를 펼치기 위해 취한 의정부 서사제를 6조 직계제로 바꿔 버리지.

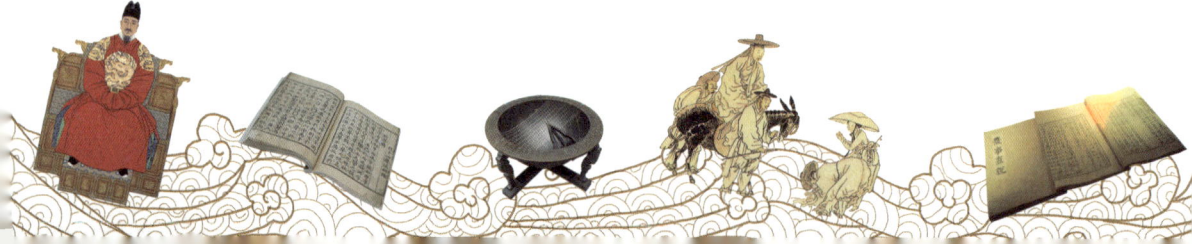

의정부 서사제란 국가 기관 가운데 가장 높은 곳인 의정부에서 6조의 보고를 받아 검토한 뒤 왕에게 보고하는 체계야. 왕은 의정부가 결정한 결과만 듣고 따를 수밖에 없지. 즉, 왕의 힘이 약해지는 거야.

반대로 6조 직계제란 6조에서 이런저런 나랏일을 왕에게 직접 보고하고 왕이 직접 처리하는 체제야. 가장 높은 자리를 차지한 의정부 정승들은 나랏일에 관해 결정할 수 없게 돼. 정치적 힘이란 나라의 일에 관해 결정할 수 있는 권한에서 나오는데 그게 없으니 신하들의 힘이 크게 약해질 수밖에 없지. 결국 왕이 펼치려는 정책에 대해 이래라저래라 못 하게 되는 거야.

*관군
나라에 소속된 정규 군대를 말해.
*군현
조선 시대 지방 행정 단위로 오늘날의 시나 군 등에 해당돼.

군대와 관리들을 왕의 권위 아래 두게 된 태종은 전국을 8도로 나눈 뒤 모든 군현*에 왕의 명령을 받들어 백성들을 다스릴 지방관을 보내. 전국 방방곡곡 왕의 힘이 미치지 않는 곳이 없도록 한 거야.

그리고 16세 이상 남자에게 호패를 가지고 다니게 해. 이것은 오늘날 주민등록증과 비슷한데 나무나 상아, 사슴뿔 등으로 만들었어. 호패에는 이름, 신분, 사는 곳, 하는 일 등이 표시되어 있었어. 이것은 전국의 인구를 파악하여 세금을 거두고, 군대로 데려가고, 요역*을 시키는 데 이용했어. 누가 어디에 사는지 샅샅이 다 알고 있으니

호패
16세 이상의 남자가 차고 다녔는데, 신분에 따라 재질과 모양이 달랐어.

세금을 안 내거나 군대나 공사장에 끌려가서 일을 안 할 도리가 없었지. 백성들 입장에서는 죽을 노릇이었겠지만, 왕이 권력을 유지하고 나라를 이끌어 나가기에 이만큼 좋은 것도 없었어. 이렇게 중요한 목적이 있는 신분증이었으므로 호패를 가지지 않고 다니거나 다른 사람에게 빌려주었다가는 아주 큰 벌을 받았단다."

요역
보통 남자가 나라를 위해 일해야 하는 의무를 말해. 나라가 필요로 하면 각종 공사 등에 불려 나가 아무런 대가 없이 일해야 했어.

조선의 기틀을 다진 태종

"이렇듯 태종은 왕권을 강화하고 왕이 나라를 다스리는 데 문제가 없도록 많은 제도를 만들고 또 바꿨어. 태종은 여기서 멈추지 않고 나중에 걸림돌이 될 만한 세력들을 제거했지. 다음에 자기 아들이 왕이 되어 나라를 다스릴 때 왕에게 간섭할지 모를 사람들을 없앤 거야.

태종이 왕이 되기 전 자기 형제들을 없앤 것은 알고 있지? 태종은 왕권을 위협할 세력이 다름 아닌 외척, 즉 왕의 외가 쪽 사람들이라고 생각했어. 그래서 나중에 왕이 될 왕자 충녕대군의 어머니이자 자신의 아내인 원경왕후의 남동생 네 명을 차례로 제거했어. 그리고 그들의 아내와 아이들 모두 다시는 한양 땅에 발을 디디지 못하도록 조선의 북쪽 끝인 두만강으로 내쫓아 버렸어.

세종(충녕대군)에게 왕권을 넘기고 뒤로 물러서 있던 태종은 세종의 장인이자 왕비 소헌왕후의 아버지인 심온에게 의심의 눈길을 보냈어. 당시 영의정인 심온이 명나라에 사신으로 갈 때 조정 대신과 양반들이 몰려가 배웅했거든. 이게 무슨 문제냐고? 왕의 장인이자 영의정이라면 최고 권력자라고 할

질문 있어요! 조선 시대에도 대학이 있었나요?

조선 시대 최고의 교육 기관은 성균관이야. 지금의 국립 대학에 해당하지. 성균관은 고려 시대에도 있었는데, 처음엔 국자감이라고 불렸다가 고려 말에 성균관으로 불렸고 이것이 조선 시대로 이어진 거야.

성균관은 나랏일을 맡을 인재를 키워내기 위해 한양에 세운 최고의 교육 기관이었어.

성균관에 들어갈 수 있는 조건은, 과거에서 1차 시험을 통과하거나 사학 출신 중 일정한 시험을 통과한 사람, 학문적으로 상당한 수준에 이르렀거나 할아버지나 아버지가 나라에 공을 세운 사람 등으로 상당히 까다로웠는데 양반 사대부가 아니면 들어갈 수 없었지. 성균관 유생들은 열심히 학교 생활을 하면 과거에서 특별한 혜택을 받을 수 있었고, 추천을 받아 관리가 될 수도 있었어. 성균관은 재학 기간이나 졸업하는 날이 정해져 있지 않았어. 대과(문과)에 합격하는 날이 바로 졸업 날이었지.

성균관은 공자의 제사를 지내는 대성전, 학생들이 공부하는 명륜당, 기숙사인 동재와 서재 등으로 구성되어 있었어.

성균관친림강론도
임금이 친히 성균관 대성전에 들어와 유생들의 공부를 살피고자 경서 강론과 문답을 실시하는 모습이 그려져 있어.

태종은 백성의 목소리를 듣기 위해 무엇을 했나요?

태종은 왕권 강화뿐만 아니라 백성들의 목소리를 듣는 데도 소홀하지 않았어. 사실 백성들의 마음을 읽어서 정치하는 것이야말로 나라를 튼튼히 하는 기반이 되니, 이것 역시 왕권 강화의 중요한 부분이겠지. 그래서 큰북을 갖다 놓고 백성들이 억울한 일을 당했을 때 북을 울려 하소연할 수 있도록 했지. 이것을 신문고 제도라고 해. 백성들이 억울한 일을 당해도 그것을 풀어 주지 않는다면 백성들은 나라가 하는 일을 믿지 않을 거야. 백성들이 나라가 하는 명령을 순순히 따르는 것은 나라가 자신들을 보호해 준다는 믿음이 있어서야. 그런데 자신들이 나라의 보호를 받지 못한다면 나라에서 무슨 일을 시켜도 진심으로 따르지는 않을 거야. 성을 쌓아도 대충 쌓을 거고 전쟁터에 나가서도 자기 목숨 구할 궁리를 먼저 하겠지. 백성들이 이런 생각을 하는 나라는 앞서 공부한 여러 나라에서 보았듯이 결국 망하고 말 거야. 그런데 아쉽게도 좋은 취지로 만들어 놓은 신문고 제도지만 백성들의 목소리를 제대로 듣기는 어려웠어. 신문고가 설치된 곳이 죄인들을 잡는 무시무시한 의금부 안이었거든. 일반 백성 입장에서는 의금부 앞에만 가도 겁이 나 오줌을 지릴 정도였지. 게다가 신문고를 울리려면 아주 복잡한 방법과 과정을 거쳐야 했어. 대부분 까막눈이었던 백성들에겐 엄두도 나지 않을 일이었겠지? 그러나 백성들의 어려움을 직접 듣겠다는 생각만큼은 훌륭하다고 할 수 있어.

질문 있어요! 조선 시대 벼슬을 얻으려면 어떻게 해야 했나요?

벼슬을 얻으려면 과거에 합격해야 했어. 과거는 원칙적으로 천민이 아니면 누구나 볼 수 있었지. 그런데 온종일 힘겹게 일을 해야 겨우 먹고사는 일반 백성들이 공부를 해서 과거를 본다는 건 거의 불가능했지. 또 사회적으로 교육을 받을 기회도 없고 부모도 배운 것이 없는 마당에 과거란 그림의 떡보다 가망 없는 일이었어. 따라서 과거는 결국 기득권을 가진 양반들을 위한 제도였던 셈이야.

과거 시험에는 문과, 무과, 잡과가 있었어. 문과는 문반 관리가 되기 위한 시험으로 주로 양반 자제들이 응시했어. 유교 경전을 외우거나 글을 짓는 것으로 시험을 보았지. 무과는 무반 관리가 되기 위한 시험으로 조선 시대에 생긴 거야. 고려 시대엔 문과만 있었지. 무과 시험은 주로 양반, 서얼, 상민들이 응시했어. 활쏘기, 말 타며 활쏘기, 말 타며 창 다루기 등 주로 전투에서 사용할 무술 실력을 평가해 뽑았어. 잡과는 의학, 통역, 천문학을 맡아보는 기술관을 뽑는 시험이야. 주로 중인들이 응시했지.

과거 시험은 3년에 한 번씩 치러졌는데 필요에 따라 특별 시험도 수시로 치러졌어. 과거는 예비 시험인 소과와 본 시험인 대과가 있었어. 소과에 합격해야만 대과를 볼 수 있었고, 대과에 합격하면 관리가 되었어.

과거 시험을 재현하는 장면

수 있고, 그에게 사람들이 모인다면 힘이 자칫 왕이 아닌 심온에게 쏠릴 위험이 있거든. 왕권 강화가 인생의 목표인 태종 입장에선 가만히 두고 볼 문제가 아니었지. 그래서 태종은 명나라에서 돌아오는 심온을 잡아다 억울한 누명을 씌워 죽여 버리지. 여기서 그치지 않고 심온의 아내인 소헌왕후의 어머니와 형제들을 모두 노비로 만들었어. 심지어 소헌왕후도 왕후 자리에서 내쫓으려 했고. 이에 세종은 왕위까지 내놓을 각오로 아버지 태종의 뜻을 거두어 달라 간청하지. 자신의 뜻에 반대하는 사람은 형제마저도 없애 버렸던 태종이지만 아들 중 왕으로서 자질이 가장 뛰어난 세종만은 어쩔 수 없었어. 태종은 외척을 향하던 칼날을 그만 거두어들였고 세종은 겨우 왕비를 지켜낼 수 있었어.

그럼 왕비의 어머니와 형제들은 어떻게 되었냐고? 뒤늦게 노비에서 풀려났지만 평민 신분으로 살다가 생을 마감해. 그래서 소헌왕후는 평생을 눈물로 보낼 수밖에 없었지. 물론 태종이 죽은 뒤엔 몰래 어머니와 형제를 만나곤 했지만 말이야.

이렇게 거침없이 모진 행동을 하던 태종은 세종에게 왕위를 넘겨준 뒤 이렇게 말했다고 해. "모든 악한 일은 내가 다 짊어지고 갈 테니, 너는 태평성대를 열어라."

태종이 훌륭한 나라를 만들어 나가는 길에 장애물이 될 만한 것은 모두 치워 준 덕분에 세종은 빛나는 업적을 세울 수 있었어."

![혼일강리역대국도지도]

혼일강리역대국도지도
조선 태종 때 만든 세계 지도로 중국과 조선은 실제보다 크게, 일본은 작게 그렸어. 이 지도에는 중국과 조선 중심의 세계관이 반영되어 있지.

1부 새로운 나라 조선을 세우다

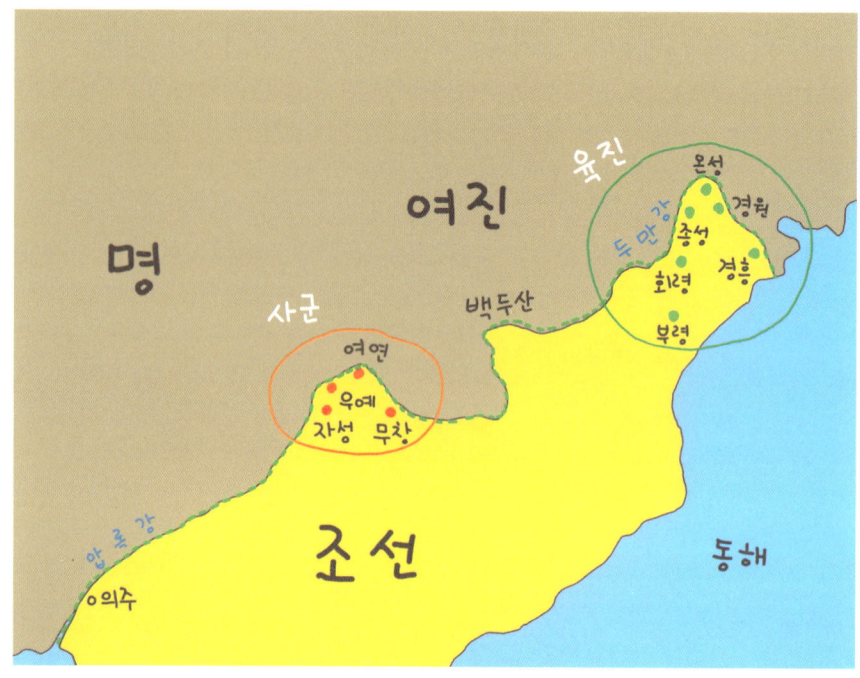

4군 6진
조선은 초기에는 여진과 좋은 관계를 유지했어. 하지만 여진족은 부족한 식량과 생활필수품을 얻기 위해 자주 국경을 넘어와 조선 사람들의 생명과 재산을 빼앗았어. 이에 세종은 여진을 정벌해 압록강 유역에 4군을, 두만강 유역에 6진을 설치하고 조선의 영토를 압록강과 두만강까지 넓혔어.

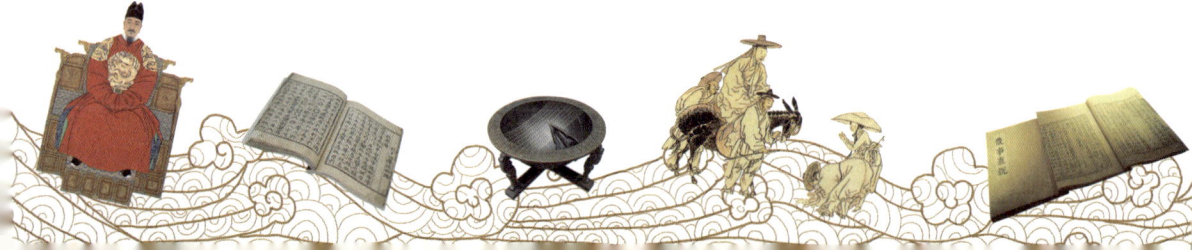

밑줄 쫙! 은지의 한국사 노트

1. 고려 말 유교를 공부하고 자신의 능력으로 과거를 통해 관리가 된 사람을 □□ □□□라 한다. 이들은 원나라의 간섭을 물리치고 백성들을 약탈하는 □□□□의 힘을 빼앗아야만 고려를 살릴 수 있다고 생각했다.
신진 사대부, 권문세가

2. □□□는 변방인 함경도 함흥 출신으로 신진 사대부처럼 스스로의 능력만으로 장군이 된 사람이다.
이성계

3. □□□는 원나라를 밀어내고 중국 대륙을 차지한 후 □□ 이북 지방이 자기네 땅이라며 돌려 달라고 억지를 부렸다. 이에 우왕과 최영은 이성계로 하여금 요동으로 가서 명나라를 공격하라고 명령했다.
명나라, 철령

5. 이성계는 명나라를 공격하는 걸 그만두고 위화도에서 말머리를 돌려 개경으로 향했다. 이것을 □□□ □□이라고 한다.
위화도 회군

6. □□□의 앞 두 글자 □□은 경사스럽고 복된 일을 누리라는 뜻이다.
경복궁, 경복

7. □□은 전국을 □□로 나눈 뒤 모든 군현에 왕의 명령을 받들어 백성들을 다스릴 □□□을 보내서 전국 방방곡곡 왕의 힘이 미치지 않는 곳이 없도록 했다.
관찰사, 8도, 세종

우리나라 역사에서 가장 위대한 위인을 뽑는다면 누가 있을까? 드넓은 영토를 차지한 광개토 대왕, 수나라의 대군을 물리치고 나라를 위기에서 구한 을지문덕 장군, 당나라 군대를 몰아내고 마침내 삼국 통일을 이룩한 문무왕, 몽골군을 두 번이나 격파한 승려 김윤후…….
좋아, 좋아. 다들 마음에 둔 위인들이 한 명씩은 있겠지. 그런데 누구보다도 이분의 이름을 들으면 다들 엄지를 치켜들고 고개를 끄덕일 거야.

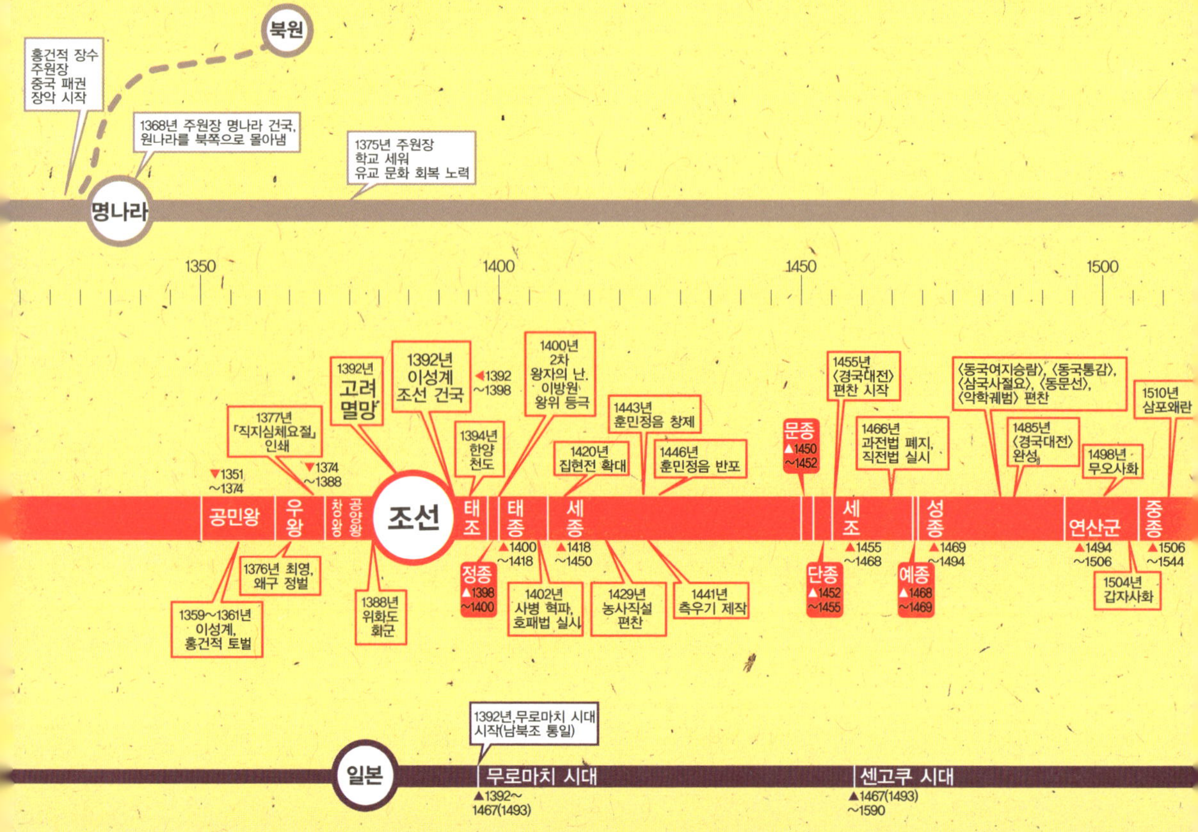

명나라
- 홍건적 장수 주원장 중국 패권 장악 시작 → 북원
- 1368년 주원장 명나라 건국, 원나라를 북쪽으로 몰아냄
- 1375년 주원장 학교 세워 유교 문화 회복 노력

1350 — 1400 — 1450 — 1500

조선
- 공민왕
  - 1359~1361년 이성계, 홍건적 토벌
- 우왕
  - 1377년 『직지심체요절』 인쇄 ▼1374
  - 1376년 최영, 왜구 정벌
  - ▼1351~1374
- 창왕 / 공양왕 ~1388
- 1388년 위화도 회군
- 1392년 고려 멸망
- 1392년 이성계 조선 건국 ▲1392~1398
- 태조
  - 1394년 한양 천도
- 정종 ▲1398~1400
- 태종 ▲1400~1418
  - 1400년 2차 왕자의 난, 이방원 왕위 등극
  - 1402년 사병 혁파, 호패법 실시
- 세종 ▲1418~1450
  - 1420년 집현전 확대
  - 1429년 『농사직설』 편찬
  - 1441년 측우기 제작
  - 1443년 훈민정음 창제
  - 1446년 훈민정음 반포
- 문종 ▲1450~1452
- 단종 ▲1452~1455
- 세조 ▲1455~1468
  - 1455년 〈경국대전〉 편찬 시작
  - 1466년 과전법 폐지, 직전법 실시
- 예종 ▲1468~1469
- 성종 ▲1469~1494
  - 〈동국여지승람〉, 〈동국통감〉, 〈삼국사절요〉, 〈동문선〉, 〈악학궤범〉 편찬
  - 1485년 〈경국대전〉 완성
- 연산군 ▲1494~1506
  - 1498년 무오사화
  - 1504년 갑자사화
- 중종 ▲1506~1544
  - 1510년 삼포왜란

일본
- 1392년, 무로마치 시대 시작(남북조 통일)
- 무로마치 시대 ▲1392~1467(1493)
- 센고쿠 시대 ▲1467(1493)~1590

누구냐고? 바로 세종 대왕!
세종 대왕이 없었다면 이렇게 우리의 글자로 만들어진 책을 읽을 수도 없었을 거야. 조선의 제4대 왕인 세종 대왕은 조선의 문화와 과학, 경제, 예술 등 사회 전 분야를 크게 발전시켰어. 한글은 그의 업적 가운데 가장 위대한 작품에 속하지. 세종 대왕, 그가 누구이고 어떤 일들을 해냈는지 구체적으로 알아보자.

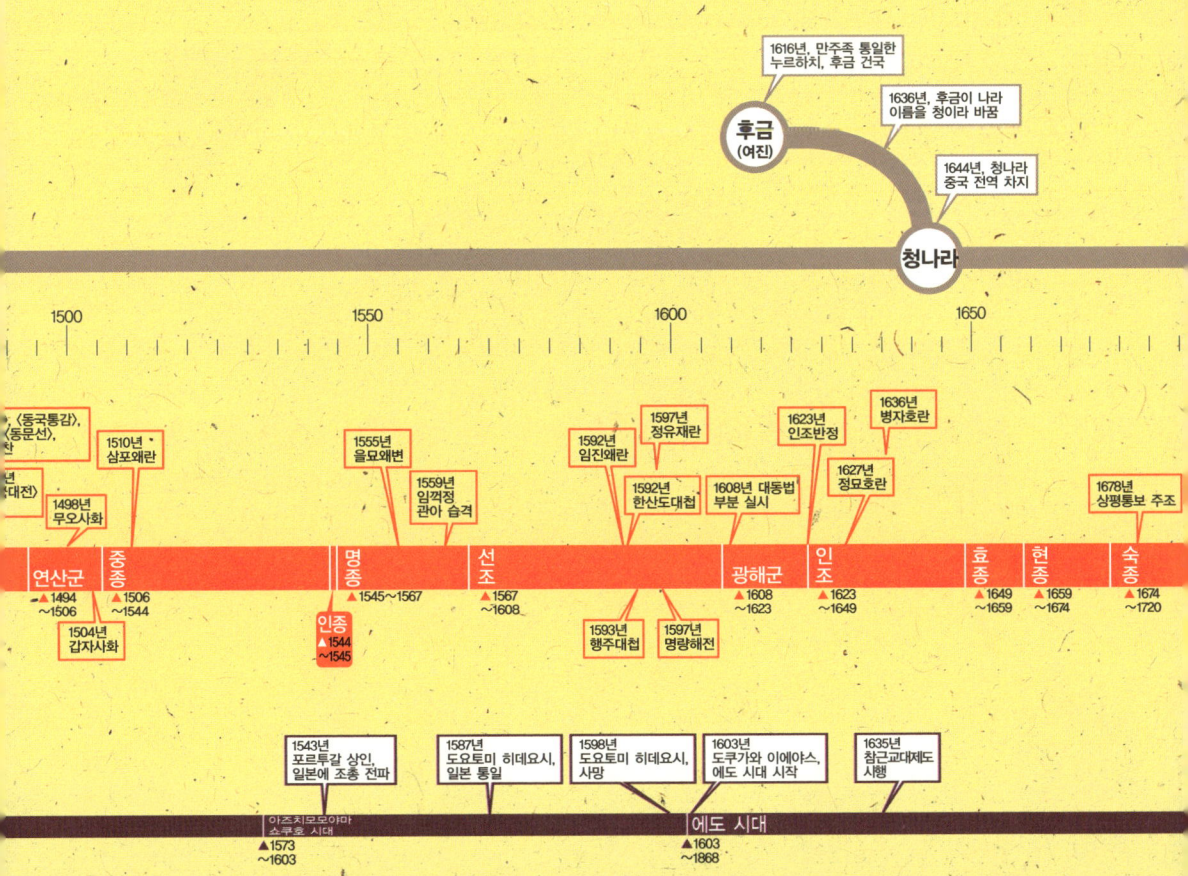

1부 새로운 나라 조선을 세우다

사정전에서 세종을 만나다

근정전 내부를 구경한 꿈틀 일행은 근정전 뒤로 돌아 문을 하나 통과한 후 또 다른 건물 앞에 섰다.

"여긴 사정전이라는 건물이야. 사정이란 말은 깊이 생각하고 나랏일을 한다는 뜻이야. 이곳은 왕이 평소에 나랏일을 맡아보는 공간이야. 근정전이 크고 중요한 행사를 하는 공간인 만큼 왕의 위엄을 보일 수 있도록 크고 웅장하게 지었다면, 이곳은 일하기 편하게 실용적으로 구성했어. 왕은 이곳에서 상소*문을 검토하고, 신하들과 나랏일에 대한 의견을 나누고, 신하들과 경연*을 하기도 했지. 사정전에서 가장 많은 일을 한 왕은 아마 세종이었을 거야."

"세종 대왕 말씀하시는 거죠?"

*상소
나라가 돌아가는 모양을 왕에게 알리려 올리는 일을 말해.

*경연
왕과 신하들이 둘러앉아 학문에 대해 논하는 일을 말해.

사정전
근정전 바로 뒤편에 있는 건물이야. 큰 행사를 치르는 근정전과는 다르게 왕이 평소에 나랏일을 보는 공간인 만큼 실용적으로 구성되었어.

"그래. 너희도 알다시피 세종은 우리 역사상 가장 많은 업적을 남긴 왕이지. 그렇게 많은 업적은 그냥 이루어진 게 아니고 열심히 일했기 때문에 남길 수 있었어. 세종은 책벌레라고 할 만큼 학문에 관심이 많았고 열심히 책을 읽었어. 얼마나 열심히 했냐 하면 아버지 태종이 밤까지 책을 읽는 걸 금지할 정도였지. 밤새워 책을 읽다 자칫 건강을 해칠까 걱정한 거야. 세종은 자신이 깨우친 학문을 신하들과 토론하는 걸 좋아했어. 그리고 신하들이 학문을 게을리하면 공부 좀 하라고 잔소리를 아끼지 않았다고 해."

"신하들이 정말 피곤했겠다."

"그냥 잔소리가 아니야. 강한 나라를 만들고 백성들을 잘살게 하려면 나랏일에 최선을 다해야 한다고 생각한 거야. 관리는 백성들이 힘들게 일해서 바친 세금으로 먹고사는 것이니 열심히 일해서 밥값을 하라는 거지."

아이들은 마음을 경건하게 하고 사정전 안을 들여다보았다. 사정전 안은 굵은 기둥이 중간중간 서 있는 마루방이었는데 널찍하고 사방이 창호지 문으로 되어 훤했다. 가운데는 왕이 앉는 어좌가 있고 그 뒤엔 해와 달이 그

오봉일월도
해와 달 그리고 다섯 산봉우리를 그린 그림이야. 이것은 동양 철학의 음양오행설을 나타내는 것으로, 왕의 통치가 우주의 원리를 따름으로써 나라의 안녕과 질서가 유지된다는 의미가 있어.

려진 그림이 있었다.

"저기 가운데 세종이 앉으면 좌우로 신하들이 앉아서 토론했을 거야. 왕좌 뒤에 있는 그림은 오봉일월도야. 왕이 머무는 곳이면 어디든지 왕좌 뒤에 놓이는 그림이지. 나라가 우주의 원리에 맞게 잘 유지되길 바라는 의미를 담고 있어. 그런데 특이한 그림이 오봉일월도 위에 있지? 저건 운룡도라고 해. 용과 구름이 어우러진 그림이란 뜻이야. 용은 왕을, 구름은 신하를 의미해. 왕과 신하가 조화를 이루어 나라를 잘 다스리라는 뜻이지. 운룡도에서처럼 세종은 신하들과 끝없이 소통하며 힘을 모아 나라를 발전시키기 위해 노력했어. 그래서 태종이 왕권을 강화하기 위해 실시한 육조 직계제를 의정부 서사제로 바꿔. 신하들에게 왕의 힘을 나눠준 거지.

힘이 생긴 신하들은 대부분 왕의 권한을 넘어서려고 하는 경우가 많아. 그러나 세종 때 신하들은 그렇지 않았어. 세종은 나라를 튼튼하게 만들기 위해 누구보다 많은 책을 읽고 열심히 연구했거든. 왕이라고 해서 시키기만 한 것이 아니라 솔선수범하는 모범을 보인 거야. 또 신하들이 왕의 생각과 반대되는 의견을 내면 충분히 자기 생각을 이해시키려 노력했어. 그러다 신하들의 생각이 옳다고 판단되면 주저 없이 받아들였지. 신하들의 의견을 존중한 거야. 신하들의 재능을 잘 파악해서 그들이 자신의 능력을 충분히 펼칠 수 있도록 도왔고 열심히 일하는 신하들을 자식처럼 아꼈어. 이러니 신하들이 일을 대충 하거나 제멋대로 할 수 있었겠니? 신하들도 왕이 하듯 밤낮을 가리지 않고 열심히 일을 했어. 심지어 과로로 세상을 떠나는 관리가 있을 정도였지. 안타까운 일이지만 그 정도로 신하들은 세종과 함께 나라를 발전시키는 데 온 힘을 쏟았지.

세종은 더 많은 인재들을 키워내야 한다고 생각했어. 그래서 사정전 옆에

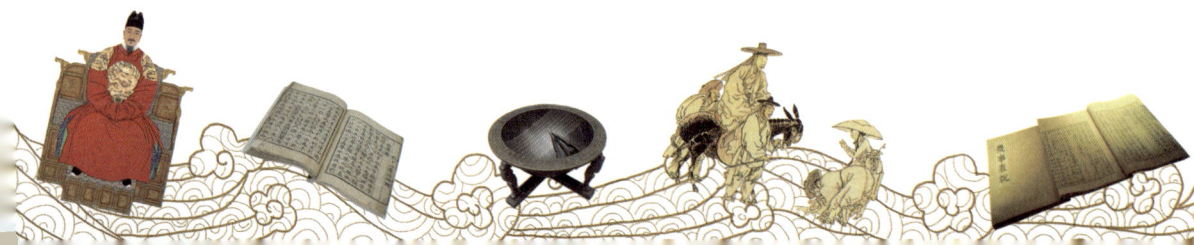

학자들이 모여 학문을 연구할 수 있는 공간을 만들었어. 그곳으로 가보자."

학문 연구와 인재 양성의 요람, 집현전

사정전의 서쪽으로 자리를 옮기자 높은 월대 위에 지어진 커다란 건물이 나타났다.

"이 건물은 수정전이야. 이 자리에는 젊은 학자들이 학문 연구에 전념할 수 있도록 만든 집현전이 있었어. 집현전 학자들은 여러 분야의 연구를 함께 해서 수많은 성과를 냈단다. 그런데 연구한 내용이 아무리 많아도 그것을 기록으로 남기지 못하면 아무 소용 없겠지. 그래서 세종은 갑인자라는 금속활자를 만들게 해.

수정전
집현전이 있던 자리에 지은 수정전이야. 집현전은 세조 때 폐지되었는데 이후 전각은 예문관으로 사용되었지. 그러다가 임진왜란이 일어나면서 불타 없어졌어. 지금 이 건물은 고종 때 다시 지은 거야.

"쌤, 금속활자는 고려 시대에도 있었잖아요?"

은지가 오전에 공부한 내용을 떠올리며 물었다.

"맞아. 세계 최초로 금속활자를 만든 것이 우리 민족이지. 금속활자는 더 보기 좋은 글자 모양으로 더 많은 책을 만들기 위해 발전을 거듭했어. 세종의 아버지 태종도 주자소를 세우고 계미자라는 금속활자를 만들게 했어. 그런데 계미자는 기술적 문제로 글자가 가지런하지 못하고 비뚤어지는 경우가 많았지. 세종은 쇠를 잘 다루던 무인 출신 과학자 이천을 시켜 더욱 효율적이고 단정하며 아름다운 활자를 만들었는데 그것이 바로 갑인자야.

세종은 한층 발달된 인쇄 기술로 역사책인 『고려사』와 『고려사절요』, 지리

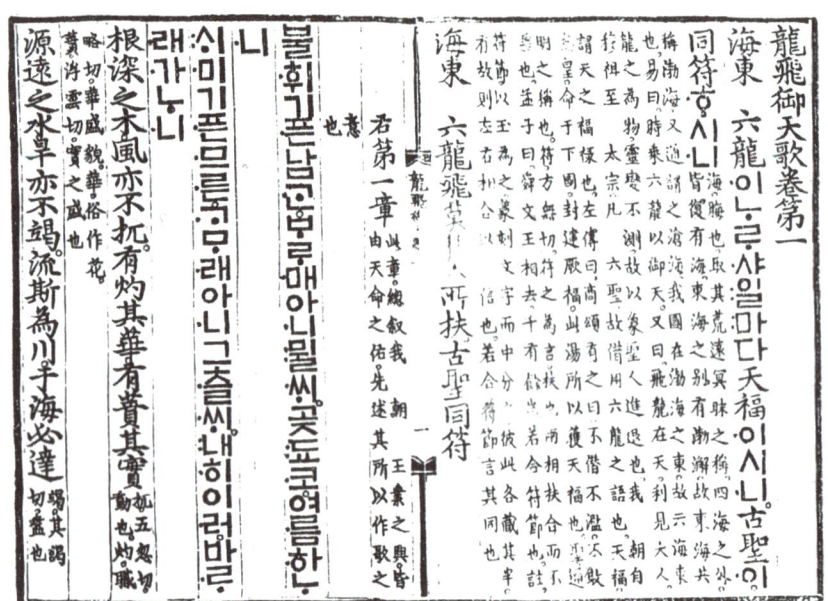

용비어천가
세종은 신하들에게 선대왕들의 업적을 찬양하는 시를 짓도록 했어. 한글로 시를 짓고 그 뜻을 풀이한 한시를 덧붙였지.

책인 『팔도지리지』, 도덕책인 『삼강행실도』, 농업 기술 책인 『농사직설』, 의학 책인 『향약집성방』 등 다양한 분야의 책을 펴냈어. 또 한글이 창제된 이후에는 일종의 시집인 『용비어천가』, 『월인천강지곡』을, 언어학 책인 『훈민정음』, 『훈민정음해례』 등을 펴냈지.

이러한 학문 연구와 인쇄 기술의 발달은 다음 왕들에게도 이어져 『조선왕조실록』, 『경국대전』, 『악학궤범』, 『동국여지승람』 등 역사적으로 중요한 책들이 발간돼.

세종이 다스리던 때는 그야말로 문화가 활짝 꽃핀 시대였어. 눈을 감고 경복궁의 바람을 느껴 봐. 건물을 이룬 나무와 돌과 기와와 벽돌의 냄새를 맡아 봐. 그리고 세종 시대 집현전에서 학자들이 함께 공부하고 토론하고 일하던 모습을 떠올려 보렴."

아이들은 눈을 감고 오래된 궁궐의 냄새와 온몸을 휘감는 공기를 느꼈다. 그러자 마치 집현전 학자들이 바삐 걸을 때 나는 옷자락 소리와 바람결이 느껴지는 것 같았다. 그 느낌이 얼마나 생생했던지 마리는 '어머나!' 하며 놀라 소리쳤다. 다른 아이들 역시 당시 사람들의 숨결이 느껴지

집현전 학사도
세종은 집현전을 세우고 젊고 유능한 학자들을 모아 학문을 연구하게 했어.

는 듯했다.

"쌤, 그럼 다음으로 만날 왕은 누구죠?"

"벌써 다음이라니? 지금까지 이야기한 건 세종의 업적 가운데 10퍼센트도 안 되는데."

빡쌤이 정색을 하자 아이들의 눈이 휘둥그레졌다.

"아까 본 사정전으로 가서 세종의 다른 업적을 알아보자."

과학 기술의 발전

집현전(수정전)에서 다시 사정전으로 돌아오니 오래전부터 봤던 건물처럼 친근했다. 빡쌤은 사정전 계단 오른쪽 난간 위 청동으로 만든 그릇을 가리키며 말했다.

"여기 이게 뭘까?"

"고기 구워 먹는 화로요."

오늘은 웬일로 조용하던 마토가 자신 있게 대답했다. 먹는 것 외에는 특별히 관심이 없는 마토의 말에 아이들은 마토다운 대답이라고 일제히 고개를 끄덕였다. 그런데 아닌 게 아니라 가마솥처럼 생긴 반구형 그릇을 받침대 네 개가 받치고 있는 모양새가 영락없는 화로였다.

"땡! 이건 시계야."

"에이, 농담이죠? 이걸로 어떻게 시간을 알아요?"

"여기 오목한 안쪽에 세로로 일곱 개 선이 새겨져 있어. 이걸 시각선이라고 해. 해가 저기 동쪽의 건춘문 쪽에서 서쪽의 영추문 쪽으로 움직이면, 여기

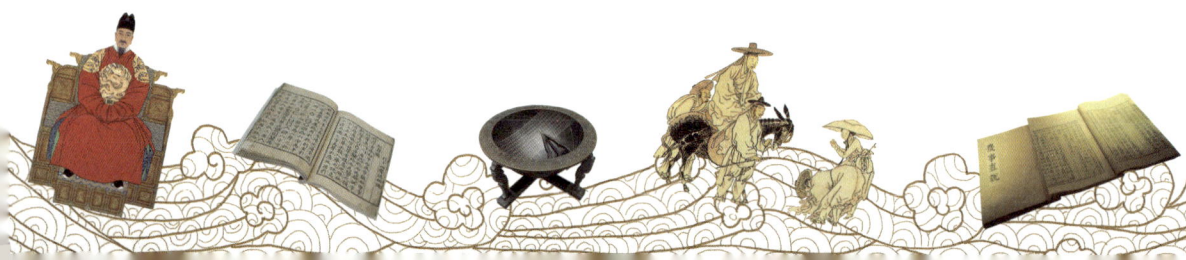

꼬챙이를 모아 놓은 것 같은 시곗바늘을 통해 그릇 바닥에 그림자를 만들지. 그 그림자와 시각선이 만나는 점이 바로 그 순간의 시간이야."

"아하, 해시계군요."

은지가 금방 알아듣고 말하자 다른 아이들도 고개를 끄덕였다.

"맞아. 세종이 조선 시대 최고의 기술자 장영실에게 명해서 만든 것인데 이름은 앙부일구라고 해. 앙부일구는 시간뿐만 아니라 24절기도 알 수 있는 시계야. 세로로 새겨진 시각선을 가로지르는 가로줄 열세 개가 보이지? 여기서 제일 바깥쪽 줄은 동지 때 해 그림자가 지나가는 길이고, 맨 아래 줄은 하지 때 해 그림자가 지나가는 길이야. 이것만 봐도 절기와 시간을 한꺼번에 알 수 있는 거지."

"날짜와 시간, 연도가 다 나오는 요즘의 시계와 거의 똑같네요."

"오우, 대단해!"

"쌤, 아까 금속활자를 만든 사람이 무신 출신 이천이라고 하셨잖아요? 그럼 장영실도 무신 출신이었나요?"

"아니, 장영실은 천민 출신이었어."

"조선은 엄격한 계급 사회인데 어떻게 천민 출신이 궁에 들어와 이런 엄청난 물건을 만들 수 있었죠?"

"세종은 장영실의 출신이 아니라 능력을 본 거야. 세종은 장영실이 자기 능

앙부일구
세종이 장영실 등 과학자들에게 만들게 한 해시계야. 바늘의 그림자가 가리키는 눈금에 따라 시각을 알 수 있어.

력을 충분히 발휘할 수 있도록 천민 신분에서 풀어 주고 벼슬도 내려줬단다."

"우와, 이분 뭐죠? 어떻게 600년 전 사람이 이렇게 생각이 열려 있을 수 있어요? 21세기인 지금도 학벌이나 출신을 따지며 능력 있는 사람을 밀어내기 바쁜데."

은지는 평소에도 세종 대왕을 존경했지만 이 정도로 훌륭한 분일 줄은 몰랐다. 은지는 가슴속에서 뭔가 벅차오르는 걸 느꼈다.

"세종이 우리 역사상 가장 뛰어난 위인으로 존경받는 이유도 여기에 있어. 세종은 인재를 귀하게 여길 줄 알았고 사람이 저마다 가진 재능을 아꼈어. 사람마다 가진 능력의 쓰임도 정확히 꿰뚫어 볼 수 있어서 그 능력이 가장 잘 발휘될 수 있는 곳에서 마음껏 일할 수 있게 했지. 게다가 세종은 다방면에 걸쳐 깊이 공부한 전문가니까 그 사람이 능력을 발휘할 수 있도록 제대로 된 조언도 할 수 있었지.

세종은 개인의 능력을 정확하게 알아보았을 뿐만 아니라 각기 다른 능력을 갖춘 사람들 중 서로 보완하고 협력할 때 시너지 효과가 날

세종 대왕
누구보다도 탁월한 리더십을 발휘한 군주야. 각자가 가진 재능을 잘 발휘할 수 있게 했을 뿐만 아니라 시너지 효과가 날 수 있도록 팀을 잘 조직했지.

수 있는 조합도 정확히 찾아냈어. 뛰어난 기술자인 장영실과 정초, 이순지 등을 한 팀으로 만든 것이 좋은 예야.

정초는 정3품 사간대부라는 높은 벼슬에 있던 사람이었어. 세종은 그가 다른 관리들처럼 유학만 공부한 것이 아니라 천체학, 산학(수학), 과학에도 높은 식견을 갖고 있는 걸 알았지. 즉, 학문에 대한 편견이 없었다는 거야. 여기에 당대 최고의 천문학자이자 수학자이며 역산*에 뛰어난 이순지를 나머지 팀원으로 넣었어. 이렇게 조선 최고의 과학 삼총사가 만들어진 거야. 팀장 정초, 수학과 천문학 담당 이순지, 기술 담당 장영실. 이 삼총사는 조선 시대를 통틀어 가장 빛나는 과학적 성과를 만들어 내게 돼."

역산
책력과 산술에 관한 학문을 말해.

과학 삼총사의 맹활약

"여기 앙부일구도 정초가 옛 책에서 그 원리를 연구하고 갑인자를 만든 이천과 장영실이 직접 만든 거야. 세종은 여기서 그치지 않고 흐린 날이나 밤에도 정확한 시간을 알 수 있는 시계를 만들라고 명하지. 그게 바로 물시계야. 그런데 물시계는 당시 최고의 기술이 적용된 첨단 물품이었어. 정초가 장영실에게 시계의 원리도 가르치고 설계도도 함께 그려 보았지만 쉽지 않았지. 그래서 사신이 명나라로 갈 때 장영실을 함께 보내 물시계에 대해 공부할 수 있도록 해. 손재주뿐만 아니라 눈썰미도 대단한 장영실은 명나라에서 물시계를 보고 그 원리를 단번에 깨달았어. 그리고 조선으로 돌아온 정초와 장영실은 마침내 물시계를 만들어 냈어. 이게 장영실이 만든 물시계인 자격루야."

빡쌤은 태블릿을 열어 자격루 사진을 보여 주었다.

"자격루란 스스로 울리는 물방울이란 뜻이야. 원리는 시간이 흘러 물이 차오르면 부력에 의해 떠오른 막대기가 구슬을 밀어 떨어뜨리고 그 구슬이 떨어져 지렛대를 누르면 그 힘으로 인형이 종, 북, 징을 자동으로 울리는 식이야. 좀 복잡하게 느껴진다고? 그럼 물의 힘을 이용해 자동으로 시간을 알려 주는 시계라고 생각하면 돼."

이번에도 빡쌤은 태블릿으로 둥근 물건을 보여 주었다.

"이건 혼천의라는 거야. 태양과 달 그리고 행성들이 운행하는 길과 위치를

자격루
자동으로 시간을 알려주는 물시계야. 나무 인형이 종, 북, 징을 쳐서 시간을 알려 줘.

혼천의
하늘 위에 떠 있는 태양, 달, 행성 등 천체의 운행과 위치를 알려 주는 천문 관측기구야.

관측하는 천문 기구지. 그런데 이 모든 과학적 발명의 결정판은 바로 칠정산이야."

"세종 대왕의 과학적 업적을 말하다가 왜 갑자기 이야기가 산으로 가요? 칠정산이라니?"

시루가 힘껏 노를 젓는 시늉을 하자 나머지 아이들도 어기여차 어기여차 시루의 행동을 따라 했다. 옆에 있던 빡쌤의 단짝도 얼떨결에 노를 젓는 시늉을 했다.

"칠정산은 산이 아니라 달력이야. 이전까지 우리나라는 중국의 달력을 가져다 썼어. 중국은 우리와 위도와 경도가 다르니 달력이 맞지 않지. 세종은 우리에게 맞는 달력을 만들 필요가 있다고 정초에게 말했어. 정초는 집현전 학자들과 함께 원나라, 명나라, 아라비아 등의 천문 계산법을 연구했어. 그리고 세종 시대에 발명한 앙부일구와 자격루로 정확한 시간과 절기를 재고, 혼천의로 해와 달, 행성의 움직임을 측정해 일 년과 한 달의 시간을 쟀어. 이렇게 우리의 하늘에서 벌어지는 일을 우리 입장에서 측정한 달력을 만들었으니 그것이 바로 『칠정산』이란다. 짜잔~!"

빡쌤은 자신의 이야기에 취해 우사인 볼트의 우승 세리모니를 했다.

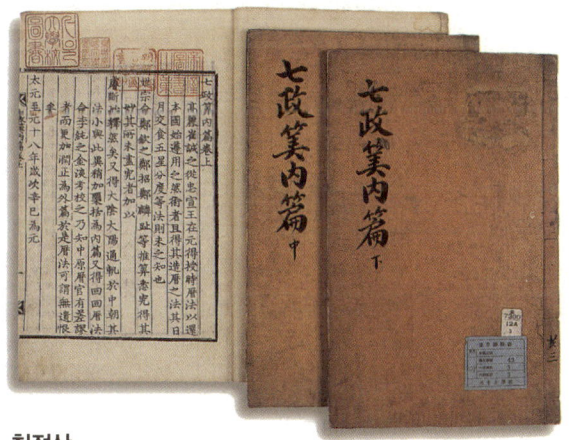

칠정산
중국의 역법을 참고하되 최초로 우리나라의 실정에 맞게 만든 역법서야. 여기서 칠정이란 해, 달과 함께 화성, 수성, 목성, 금성, 토성 다섯 행성을 가리킨단다.

"그깟 달력 하나 만들었다고 그렇게 오버하세요?"

"어머, 얘가 이게 얼마나 대단한 건데 그래."

"얼마나 대단한데요?"

"600년 전 세종 때 만들어진 『칠정산』에서는 일 년을 365.2425일로, 한 달을 29.530593일로 정했어. 이것은 일 년이 365.2425일, 한 달이 29.530588일라고 정한 오늘날의 달력과 소수점 네 자리까지 똑같아. 이렇게 정밀하게 우주와 시간을 관측하고 일 년과 한 달의 길이를 정할 수 있는 나라는 당시에 세계 최고의 과학 수준을 가진 중국과 아라비아밖에 없었어. 어때, 이게 안 대단해?"

빡쌤의 말에 그제야 아이들이 입이 떡 벌어졌다. 인공위성도 없고 컴퓨터도 없던 시절에 그토록 정밀한 작업을 했다는 게 믿어지지 않았다.

*자주적
남에게 의지하거나 남의 간섭을 받지 않고 자기 스스로 일을 결정하고 처리하는 것을 말해.

"이렇게 세종은 큰 나라의 것이라고 해서 무조건 따르는 걸 옳지 않게 생각했어. 조선을 발전시켜 튼튼한 나라로 만들려면 우리의 눈으로 우리의 환경과 현실을 잘 알아야 한다고 생각한 거지. 한마디로 자주적*으로 생각했던 거야."

"그런데 이 모든 과학적 노력이 마침내 이루고자 하는 목적은 무엇이었을까?"

"글쎄요. 노벨상은 아닌 것 같고……."

파래가 짐짓 심각하게 고민하는 표정으로 말했다.

"그것은 바로 백성이야!"

백성들의 생활에서 답을 찾다

"달력이 가장 필요한 사람이 누굴까? 그건 바로 농사를 짓는 백성들이야. 농사는 언제 씨를 뿌리고 모내기 하고 피를 뽑고 추수하는지, 또 언제 날이 더워지고 추워지는지, 일 년 중 언제 자주 비가 내리고 가무는지 등 정확한 시간과 날짜를 아는 것이 중요해. 달력을 통해 백성들은 정확한 일 년 계획을 세우고 일을 할 수 있었지. 예전에 중국 달력을 쓸 땐 중국의 절기에 맞춰져 있어 우리 농사에 쓰기에는 불편한 것이 많았단다."

농사직설
중국의 농사법이 아닌 우리나라의 자연 환경에 맞고 우리 백성이 직접 경험한 농사법을 정리한 책이야.

"세종의 자주적인 태도와 백성을 위하는 마음은 책을 펴내는 데도 나타나. 세종은 정초에게 제대로 된 농사법 책을 만들라고 지시해. 당시에도 농사법 책이 있긴 했지만 중국에서 만든 것이거나 이론만 늘어놓은 것이라 직접 농사짓는 백성들에겐 큰 쓸모가 없었지. 정초는 사람들을 나라 곳곳에 보내 곡식을 재배하는 방법을 조사해 오게 했어. 또 자신도 농민들을 직접 만나 생생한 경험담을 들었지. 이를 바탕으로 조선의 자연환경과 농사 조건에 맞고 실용적인 농사법 책을 만들었는데 그 책이 바로 『농사직설』이야.

세종이 백성들을 위해 만든 발명품에는 측우기도 있

측우기
비가 내리는 양을 정확하게 측정하기 위해 만든 기구야.

어. 측우기는 비가 내리는 양을 재는 기구야. 측우기를 통해 날마다 비 내리는 양을 기록한 것을 모아 두면 나중에는 일 년 중 비가 많이 오는 시기를 대략 짐작할 수 있지. 다시 말하지만 이것은 한 달과 일 년의 시간을 정확히 측정할 때 의미가 있어. 그렇지 않으면 비가 온 양을 재도 그 시기가 언제인지 정확히 알 수 없으니까 말이지. 이렇게 칠정산, 측우기, 앙부일구, 자격루 등 과학 발명품과 『농사직설』 같은 책 등을 통해 곡식의 생산량이 많이 늘어났어.

측우기는 세금을 거둬들이는 기준에도 이용되었어. 농사는 결국 비의 양에 크게 영향을 받지. 가물면 아무리 농사 기술이 좋아도 큰 수확을 거두어들이기 어려워. 그래서 각 지역에서 측우기로 잰 비의 양을 계산해 많이 가물어 농사짓기 어려웠던 지역에는 세금의 비율을 낮게 책정하기도 했지. 그런데 여기서도 세종이 백성을 위하는 마음이 드러난단다.

당시에 세금은 농사가 얼마나 잘되었나에 따라 정해졌는데 이걸 판단하는 사람이 그 지역의 수령이다 보니 객관적인 기준이 없었던 거야. 농사가 안 된 사람이 농사가 잘된 사람보다 세금을 더 내는 경우가 많았지. 이에 세종은 땅이 비옥한 정도, 풍년과 흉년의 정도 등을 객관적으로 등급을 매겨 세금의 양을 정하는 법을 실시하려 했어. 그런데 수령과 가까운 사이여서 세금을 적게 냈던 사람들과 그들에게서 부정하게 이익을 취했던 사람들은 이 법에 반대하지. 이렇게 찬성과 반대로 나뉘어 결론을 내지 못하자 세종은 이렇게 말해.

"농사를 직접 짓는 백성들에게 뜻을 물어라."

"그래서 지방 수령을 포함한 관리와 농사를 짓는 백성들까지 포함해 약 17만 명에게 여론 조사를 실시해. 그 결과 찬성 약 10만 명, 반대 약 7만 명이 나와 공법이 실행돼. 그런데 여론 조사에 참여한 17만 명은 당시 성인 인구가 70만 명이 안 되는 상황에서 거의 25퍼센트나 되는 인원이었어. 인터넷이

나 전화는 당연히 없었고 고을에서 다른 고을까지 가려면 온종일 걸어야 했던 당시로서는 정말 엄청난 일이었지. 그만큼 세종은 어떻게 해서든 백성들의 뜻을 나라의 법에 반영시키고 싶었던 거야."

"세종은 백성들이 건강하게 살 수 있게 하는 데도 노력을 기울였어. 세종은 『향약집성방』이란 책을 만들어 우리 땅에서 나오는 약초를 모두 모아 그 효능을 알 수 있도록 했지. 이전까지는 중국의 약재를 썼기 때문에 약값이 비싸 일반 백성들은 아파도 약을 지어 먹기 어려웠어. 그런데 이 책을 통해 우리 땅의 약재를 쓰니 더 많은 백성이 병을 고칠 수 있게 되었지. 여기 사정전에서 세종이 백성들의 삶의 질을 높이기 위해 신하들과 머리를 맞대고 고민하는 장면을 생각해 봐."

"아까는 오래된 빈집으로만 느껴졌는데 지금은 제가 직접 살았던 집처럼 친근해요."

까불이 파래가 웬일로 진지한 표정으로 말했다.

"난 왠지 가슴이 뭉클하고 눈이 시큰거려. 지금 우리에게도 세종 대왕 같은 지도자가 있었다면 지금보다 좀 더 행복하게 살 수 있을 텐데."

꿈틀에서 감수성이 가장 예민한 마리가 눈물을 찔끔거리자 다른 아이들도 처지가 크게 다르지 않은 터라 눈시울이 붉어졌다. 빡쌤의 단짝도 괜히 코끝이 시큰거리는지 코를 찔끔거렸다.

"어허, 왜들 이러시나? 이 정도에 감동하다니. 그런데 백성들을 위해 세종이 한 최고의 일이 다음에 등장해. 자, 이제 집현전으로 다시 가자."

빡쌤이 아이들과 단짝 친구를 병아리 몰듯 사정전 밖으로 밀어냈다.

민본 정치의 꽃, 훈민정음

일행은 다시 집현전(수정전) 앞에 섰다.
"백성을 위해 많은 책을 펴낸 세종이었지만 근본적으로 해결할 문제 때문에 고민해. 이거 한번 읽어 볼래?"
빡쌤은 태블릿에 글자를 띄워서 보여 주었다.

ห้ามเข้า!

"쌤, 이게 무슨 글자예요?"
"꼬불꼬불한 게 무슨 뜻인지 하나도 모르겠네."
"이건 태국어야. 자, 만약 문에 이런 글자가 있다고 치자. 그런데 뜻을 모르니까 그냥 들어갔어. 그런데 갑자기 사람들이 달려들어 끌고 나가. 그리고 감옥에 가둬. 어떨 것 같아?"
"억울하죠. 무슨 뜻인지도 모르는데 감옥이라니."
"쌤, 그게 무슨 뜻인데요?"
"들어가지 말라는 말이야."
"세종은 바로 이 문제를 고민한 거야. 아무리 백성들에게 쓸모 있는 책을 만들더라도 그걸 읽지 못하면 아무 소용이 없잖아. 특히 한자를 몰라 법률에 관한 글을 알지 못하는 경우가 큰일이었어. 몰라서 법을 어기고 벌을 받는 일이 아주 많았거든. 세종은 일단 옛날부터 있었던 표기법인 이두*로 법전을 만들어 반포*하도록 했지. 그런데 이두 역시 한자를 알아야 뜻을 이해하는 표기법이라 일반 백성이 읽기엔 너무 어려웠어."

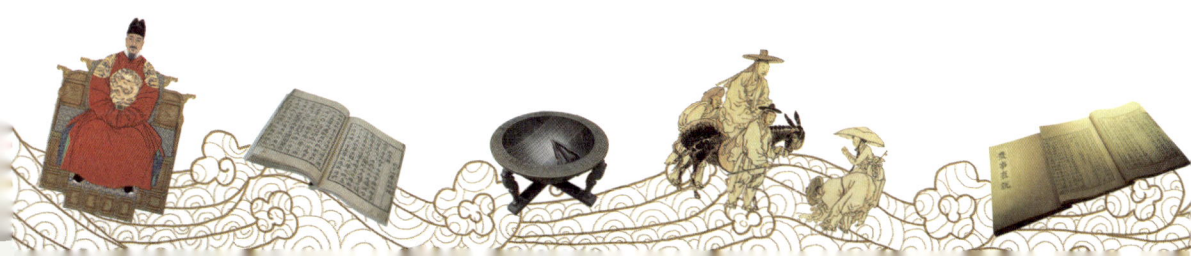

"그럼 한글로 써서 알리면 되잖아요?"

파래가 뾰족한 방법이나 되는 듯이 말했다.

"쯧쯧, 그땐 한글이 없었으니까 고민한 거지. 넌 세종 대왕이 한글을 만든 것도 모르냐?"

시루가 한심하다는 듯 혀를 찼다.

"아하, 그렇지. 그러면 답답해서 어떻게 사나? 편지도 못 보내고 도로 표지판도 못 읽어서 길을 잃을 텐데."

파래가 답답해 죽을 듯한 표정을 지으며 말했다.

"세종은 이래선 아무 일도 할 수 없다고 생각해 직접 백성들이 쉽게 읽을 수 있는 글자를 만들겠다고 다짐했지. 그런데 세종은 할 일이 너무 많았어. 어쩔 수 없이 세자에게 나랏일에 대한 문서를 결재하는 일을 맡기고 본인은 여러 언어에 대한 연구를 시작해. 그래야 언어가 어떻게 만들어지고 어떤 구조로 쓰이는지 알 수 있을 테니까. 세종은 중국, 일본, 여진, 말갈, 티베트, 인도, 아랍 등 각 나라의 언어에 대한 책을 모두 구해 무려 7년 동안이나 연구했어. 그러고는 마침내 한글, 즉 훈민정음을 완성해 내지."

"와, 세종 대왕 만세!"

파래가 기쁨을 참지 못하고 만세를 불렀다. 툭하면 만세를 불러서 학습 분위기를 망치는 파래를 못마땅해 하던 아이들

*이두
신라 때부터 한자의 음과 뜻을 빌려 우리말을 적던 차자 표기법

*반포
세상에 널리 펴서 알림

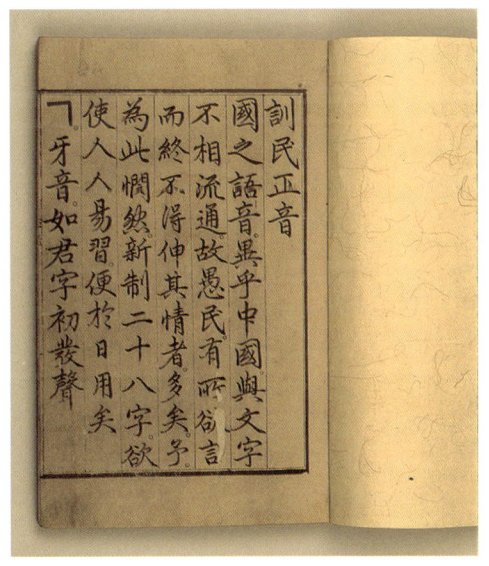

훈민정음
세종은 우리 글자를 처음으로 만들었어. 이 글자를 훈민정음이라고 불렀지.

도 이번엔 함께 만세를 불렀다. 빡쌤의 단짝 친구도 덩달아 만세에 동참했다.

"쉿, 많은 사람이 이용하는 장소에서 그렇게 떠들면 안 돼."

빡쌤이 손가락을 입에 대고 주의를 주었다. 그러자 아이들은 속삭이듯 만세를 불렀다. 빡쌤의 단짝 친구도 아이들처럼 만세를 불렀다.

"야, 너까지 왜 그래?"

빡쌤이 단짝의 옆구리를 쿡 찌르자 단짝은 머쓱한 표정으로 머리를 긁적였다. 이 모습을 본 아이들은 웃음이 터졌다. 입을 오므린 채 작은 소리로.

"그런데 문제가 생겼어. 한자를 공부한 양반들이 훈민정음을 반포하는 걸 반대했지."

"아니, 이 좋은 걸 왜 반대해요?"

"글을 아는 걸 자기들만의 특권으로 생각한 거야. 자기들보다 신분이 낮은 백성들이 글을 배워 세상의 이치를 깨닫는 게 싫었던 거지. 사람들이 어리석어야 어려운 말로 속여서 이것저것 뜯어먹기 좋을 거 아냐. 잘난 척하기도 좋고 말이야."

"나빴어."

마리가 입을 삐죽 내밀었다.

"양반들의 처지를 대변해 최만리 등 일곱 명의 집현전 학자들이 반대하는 상소를 올려. 반대하는 이유는 한글이 이상하고 천박하게 생겼으며, 백성들이 글을 통해 법을 알면 법을 피해 나쁜 짓을 한다는 거야."

"말도 안 돼. 백성들은 모두 도둑놈이나 사기꾼이란 소리나 마찬가지잖아요. 백성들은 근본적으로 악한 마음이 있어 뭔가 알기만 하면 그걸 이용해 나쁜 짓을 한다는 뜻이니까."

은지가 분해서 입을 앙다물었다.

"그렇지, 결국 그런 소리야. 세종은, 만약 백성들의 심성이 악하다면 왕과 신하가 세상을 악하게 살 수밖에 없게 만들어서 그런 것이라며 무섭게 꾸짖었어. 세종은 주위의 반대를 물리치고 마침내 훈민정음을 반포하게 돼."

"와, 세종 대왕 만세!"

이번에는 빡쌤도 아이들과 함께 만세를 불렀다. 아주 작은 소리로.

"한글이 만들어진 원리를 한번 볼까? 기본 자음인 ㄱ, ㄴ, ㅁ, ㅅ, ㅇ은 발음 기관의 모양을 본떠서 만들었고, 기본 모음인 ㅏ, ㅑ, ㅓ, ㅕ, ㅗ, ㅛ, ㅜ, ㅠ, ㅡ, ㅣ는 세상을 이루는 '천(하늘), 지(땅), 인(사람)'에서 따왔어. 이 기본 자음과 모음이 다양하게 조합되면서 모든 소리를 글로 나타낼 수 있단다. 기본 자모만 알면 되니까 배우기도 쉽지. 이렇게 과학적이고 독창적이며 배우기까지 쉬운 글자가 바로 훈민정음이야. 훈민정음의 진정한 의미는 우리만의 글자가 생겼다는 것이고, 양반뿐만 아니라 백성들도 글을 써서 자기의 생각을

훈민정음

세종이 만든 글자는 처음엔 '훈민정음'이라고 불렸어. '백성을 가르치는 바른 소리'라는 뜻이야. 훈민정음은 '언문'이라 불리기도 하고 나중엔 국문이라고 불렸지. 한글이란 이름은 국문학자이자 독립운동가인 주시경 선생님이 창립한 국어연구회의 명칭을 한글모로 바꾸고 기관지인 <한글>을 펴내면서 널리 쓰이게 되었어. 한글에서 '한'은 크고 훌륭하다는 뜻이야. 주시경 선생님은 민족이 독립하기 위해서는 우리의 말과 글을 갈고 닦아야 한다며 우리글의 위대함을 한글이란 이름으로 표현한 거지.

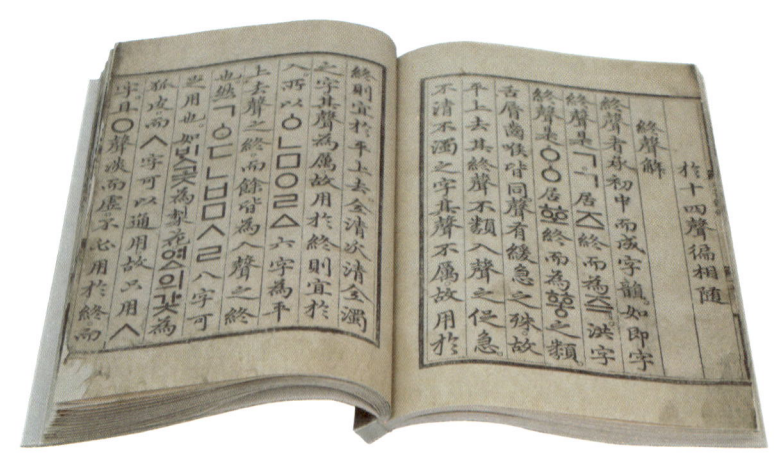

훈민정음해례본
한글의 자음과 모음 등 구성 원리가 자세하게 설명되어 있는 책이야.

표현할 수 있게 되었다는 거지. 세종이 훈민정음을 만듦으로써 언어 사용에서만큼은 평등을 이루었다는 것도 큰 의미가 있어. 훈민정음의 창제는 민본 정치* 사상의 꽃이라 할 수 있단다.

자, 그럼 여기서 세종 대왕을 보내드리자. 잠깐 중간 마무리 한마디. 우리 역사상 가장 훌륭한 임금인 세종을 지금도 의미 있게 되돌아봐야 하는 것은 그의 업적 때문만은 아니야. 세종은 힘과 권위로 자기 뜻을 관철하려 들지 않고 설득하고 경청하며 소통하는 리더십으로 나라를 이끌었어. 이것이 세종을 통해 우리가 배우고 실천해야 할 점이지."

"쌤, 다음 갈 곳은 어디예요?"

"아까 측우기와 훈민정음 이야기할 때 말하려다 만 것이 있어. 세종이 측우기와 훈민정음을 만들 때 옆에서 큰 힘이 된 사람이 있어. 바로 그의 아들 세자 이향이야. 이향은 세종 다음으로 왕위에 오르는데 그가 바로 문종이지. 이제 문종을 만나러 가자."

*민본 정치
백성을 나라의 근본으로 삼아 펼치는 정치를 말해.

밑줄 쫙! 은지의 한국사 노트

1. 세종은 젊은 학자들이 학문 연구에 전념할 수 있도록 □□□을 만들었다.
집현전

2. 세종은 흐린 날이나 밤에도 정확한 시간을 알 수 있는 시계를 만들기 위해 사신이 명나라로 갈 때 □□□을 딸려 보내 □□□를 공부할 수 있도록 했다.
장영실, 천문학

3. □□□에서 사정이란 말은 깊이 생각하고 나랏일을 하란 뜻이다. 왕은 이곳에서 상소문을 검토하고, 신하들과 나랏일에 관해 의견을 나누고, 신하들과 □□을 하기도 했다.
근정전, 공부

4. 세종 때는 칠정산, 측우기, 앙부일구, 자격루 등 과학 발명품과 □□□□ 같은 농사법 책 등을 통해 곡식의 생산량이 크게 늘어났다.
농사직설

5. □□□□은 '백성을 가르치는 바른 소리'라는 뜻이다.
훈민정음

6. 한글이 만들어진 원리는 다음과 같다. 기본 자음인 ㄱ, ㄴ, ㅁ, ㅅ, ㅇ은 □□ □□의 모양을 본떠서 만들었고, 기본 모음인 ㅏ,ㅑ,ㅓ,ㅕ,ㅗ,ㅛ,ㅜ,ㅠ,ㅡ,ㅣ는 세상을 이루는 '□,□,□'에서 따왔다.
발음 기관, 끝(하늘), 기(땅), 곰(사람)

세종 대왕은 우리 역사에서 그 예를 찾을 수 없을 정도로 위대한 업적을 이루었어. 이제 후대 왕들이 그 업적을 이어 나라를 발전시킬 차례야. 마치 고구려에서 광개토 대왕의 뒤를 이은 장수왕처럼 말이지.

세종 대왕의 경우는 어땠을까? 세종 대왕의 뒤를 이은 왕은 문종이야. 문종은 아버지 세종 대왕처럼 열심히 공부했고 아버지를 도와 많은 일을 해냈지. 똑똑한 아버지 뒤를 똑똑한 아들이 이었으니 이제 조선의 앞날은 창창하게 밝아 보였어. 그런데 안

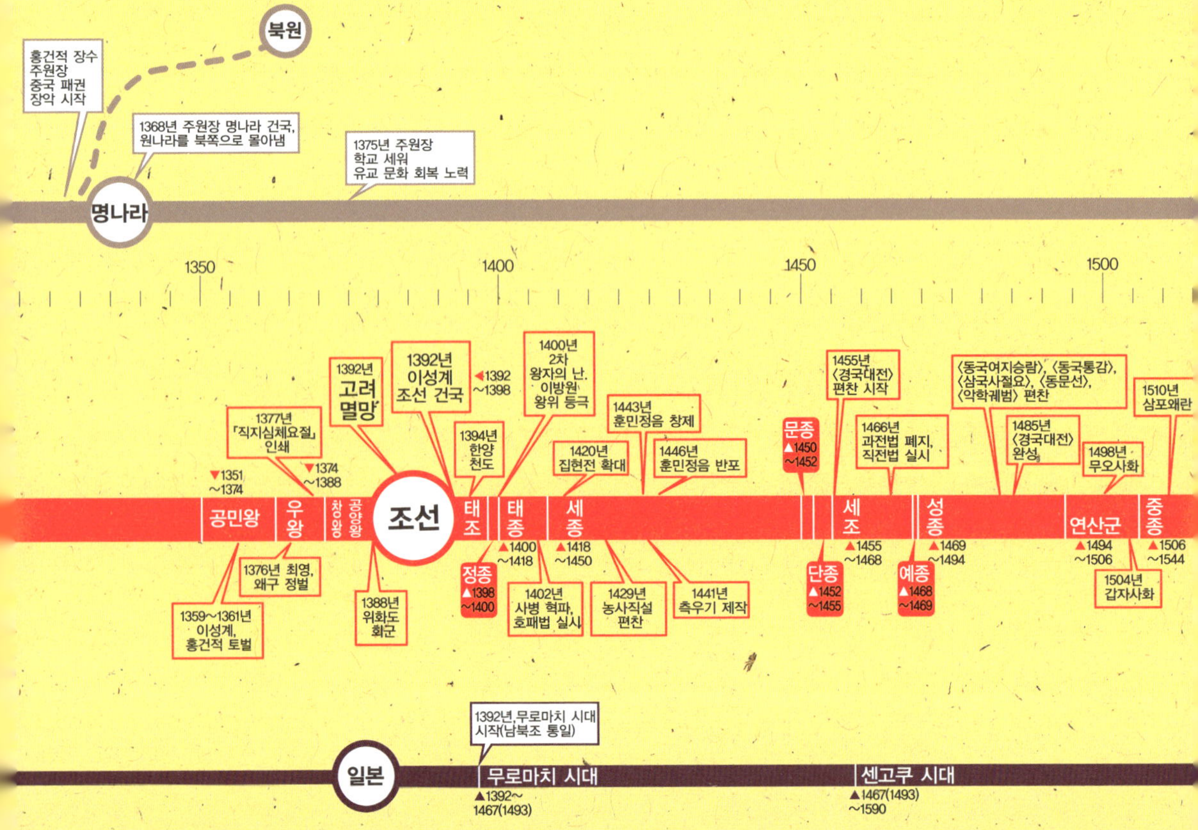

명나라
- 홍건적 장수 주원장 중국 패권 장악 시작
- 1368년 주원장 명나라 건국, 원나라를 북쪽으로 몰아냄
- 1375년 주원장 학교 세워 유교 문화 회복 노력

조선
- 1351~1374
- 1359~1361년 이성계, 홍건적 토벌
- 공민왕
- 1376년 최영, 왜구 정벌
- 우왕
- 1377년 「직지심체요절」 인쇄
- 1374~1388
- 창왕 공양왕
- 1388년 위화도 회군
- 1392년 고려 멸망
- 1392년 이성계 조선 건국
- 1392~1398
- 1394년 한양 천도
- 태조
- 정종 ▲1398~1400
- 1400년 2차 왕자의 난, 이방원 왕위 등극
- 태종 ▲1400~1418
- 1402년 사병 혁파, 호패법 실시
- 1420년 집현전 확대
- 1429년 농사직설 편찬
- 1441년 측우기 제작
- 1443년 훈민정음 창제
- 1446년 훈민정음 반포
- 세종 ▲1418~1450
- 문종 ▲1450~1452
- 단종 ▲1452~1455
- 1455년 <경국대전> 편찬 시작
- 1466년 과전법 폐지, 직전법 실시
- 세조 ▲1455~1468
- 예종 ▲1468~1469
- 1485년 <경국대전> 완성
- <동국여지승람>, <동국통감>, <삼국사절요>, <동문선>, <악학궤범> 편찬
- 성종 ▲1469~1494
- 1494년 갑자사화
- 1498년 무오사화
- 연산군 ▲1494~1506
- 1510년 삼포왜란
- 중종 ▲1506~1544

일본
- 1392년 무로마치 시대 시작(남북조 통일)
- 무로마치 시대 ▲1392~1467(1493)
- 센고쿠 시대 ▲1467(1493)~1590

안타깝게도 문종은 세종 대왕이 세상을 떠난 지 얼마 지나지 않아 그 뒤를 따라 갔어. 원래 몸이 안 좋은 데다 아버지의 삼년상을 치르느라 체력이 고갈된 탓이었지. 효를 다한 것은 훌륭한 행동이고 조선의 통치 이념인 유교의 정신을 몸소 실천한 것이니 어쩌면 당연한 일이야. 그런데 그로 인해 세종 대왕의 업적을 이을 왕은 실종되고 말았어.

세종 대왕의 죽음과 바로 이어진 문종의 죽음은 또다른 비극으로 이어졌어. 도대체 두 왕의 죽음 이후 어떤 일들이 벌어졌을까?

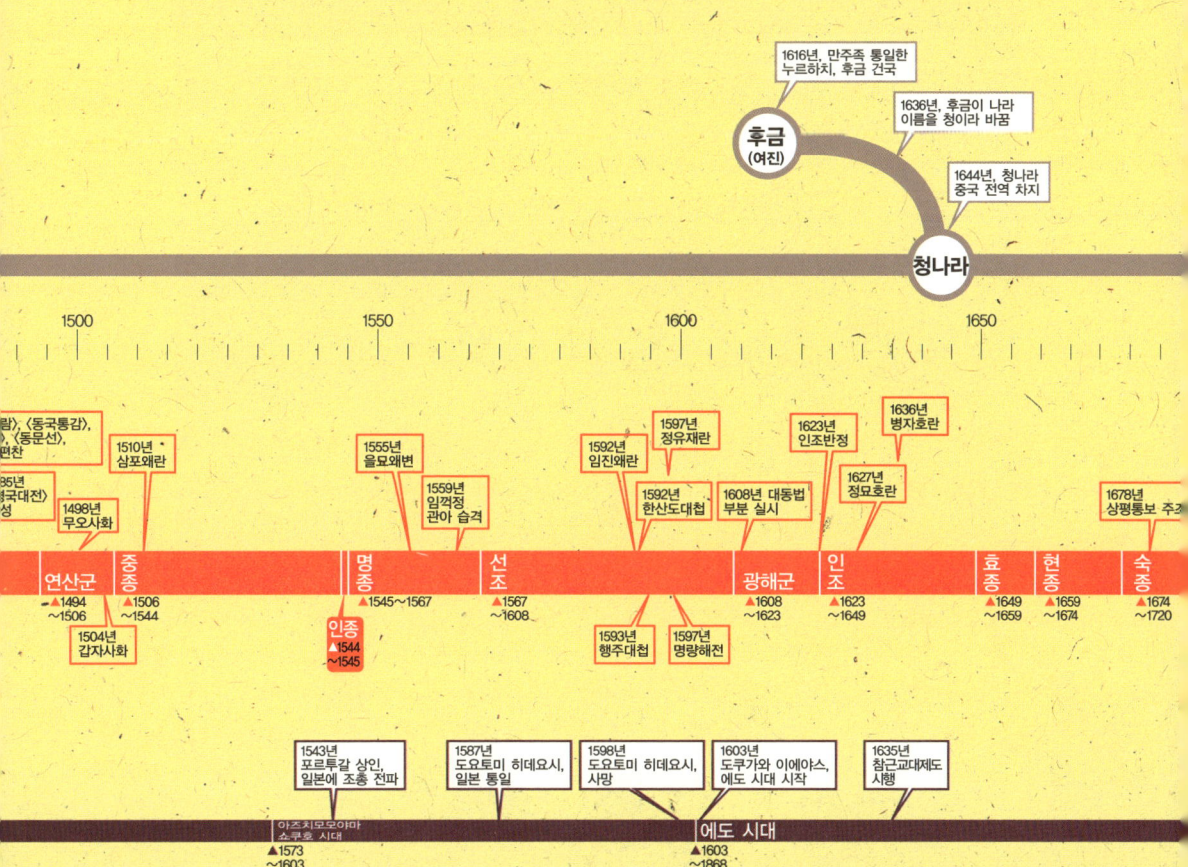

비현각에서 문종을 만나다

일행은 다시 사정전으로 돌아왔다. 아이들은 사정전 앞에서 세종 대왕에 대한 존경의 마음을 담아 고개를 숙였다. 누가 먼저랄 것도 없었다.

그리고 중광문을 통해 사정전 옆 동쪽에 있는 건물로 넘어갔다.

"이곳은 세자와 세자빈이 생활하던 자선당이야. 세종 때 만들었어. 담 너머에 있는 건물은 비현각인데 세자가 공부도 하고 업무도 보던 곳이지. 이 두 건물을 사정전의 동쪽에 있다 하여 동궁으로 불렀어. 사극에서 많이 들어 봤을 거야."

"바로 옆에서 아버지 세종이 열심히 일하고 있으니 아들인 세자도 편하게

비현각
세자가 공부를 하거나 일상 업무를 보던 곳으로 일반 사대부 저택의 사랑채에 해당하는 공간이야. 비현각은 자선당과 함께 사정전의 동쪽에 있어 동궁이라고도 불렀어.

놀고 있진 못했겠어요."

"하하, 그랬겠지. 실제로 세종은 자신이 나랏일을 하는 것을 바로 옆에서 지켜보며 배우게 하려고 이 건물을 만든 거야. 그런데 세자도 아버지 못지않게 책을 읽고 공부하는 걸 좋아했어. 그래서 유학 경전뿐만 아니라 천문학, 수학, 언어학에도 조예*가 깊었지. 그러니 세종이 하는 일을 옆에서 도울 수 있었던 거고. 우선 자선당 담 너머에 있는 비현각으로 넘어가서 이야기를 더 해보자."

일행은 비현각 앞에 섰다. 앞에서 보았던 근정전이나 사정전에 비해 훨씬 작고 아담했다.

"문종은 이 비현각에서 낮에는 아버지를 도와 일을 하고 밤에는 다음에 할 일을 준비하기 위해 공부를 했어. 이렇게 밤낮으로 일하고 공부하니 건강이 좋지 않았지. 그러다가 등창*이 나서 고생하던 중 아버지 세종이 세상을 떠났어. 문종은 자기 몸도 좋지 않은데 삼년상*을 치렀고, 문종은 효심이 깊은 사람인 데다, 또 백성들에게 효를 다하라 해놓고 자기는 지키지 않는 것은 옳지 않다고 여겼지.

*조예
어떤 부분에 대한 지식이나 경험이 깊은 경지에 도달한 정도를 말해.
*등창
피부가 세균에 의해 감염되어 곪아 들어가는 병이야. 지금은 항생제가 있어 치료할 수 있지만 옛날엔 등창이 생기면 아주 오래 고생해야 했고 심지어 죽기도 했어.
*삼년상
옛날엔 부모님이 돌아가시면 3년 동안 제대로 먹지도 자지도 않으면서 낳아 주시고 키워 주신 부모님의 은혜와 효를 되새기며 지냈어.

말이 삼년상이지 겨울에도 차가운 바닥에서, 그리고 펄펄 끓는 여름에도 부채 하나 없이 세종의 위패를 모신 곳을 지켰지. 신하들은 가뜩이나 건강이 안 좋은 문종에게 무슨 일이 생기는 건 아닌가 해서 말렸지만 문종의 고집을 꺾진 못했어.

그렇게 겨우겨우 삼년상을 마친 지 한 달도 안 돼 우려하던 일이 생겼어. 문종은 큰 병을 얻어 앓아눕게 되고 그로부터 두 달을 못 버티고 세상을 떠나."

너무 짧고 허무한 결말에 아이들은 어이가 없었다.

"이게 뭐예요? 그렇게 대단한 업적을 이룬 세종 대왕 다음을 잇는 왕의 끝이 이게 다예요?"

"응, 맞아. 하지만 문종은 왕으로 있던 때보다 아버지 세종을 도와 한 일이 더 많았어. 그리고 짧기는 했지만 왕으로 나라를 다스리던 때는 세상이 안정되었어. 사실 문제는 문종 이후에 벌어지지만 말이야. 이제 자선당으로 자리를 옮겨 다음 이야기를 이어 나가자."

자선당에서 단종을 만나다

꿈틀 일행은 자선당으로 돌아왔다. 아이들은 문종의 허무한 최후에 영 마음이 개운치 않았다. 뭔가 무시무시한 일이 벌어질 것만 같았다.

"자선당이 세자와 세자빈이 생활하던 곳이라 했지? 그뿐만 아니라 세자빈이 임신해 아이를 낳는 곳도 자선당이었어. 문종은 세자 시절 세자빈 복이 없어도 너무 없었어. 첫 번째 세자빈은 투기가 심해서, 두 번째 세자빈은 행실이 바르지 못해서 시아버지 세종에 의해 쫓겨났지. 그리고 세 번째 세자빈을 들였는데……."

"이번에도 또 쫓겨났어요?"

"아니 왕자를 임신했어."

자선당
세자와 세자빈이 머물며 생활하던 처소였어. 문종의 왕비인 현덕왕후는 이곳에서 단종을 낳았다고 해.

"후유, 나 또. 그럼 경사가 난 거네요."
"그렇지. 그런데 세자빈은 왕자를 낳고 7일 만에 죽었어."
"네? 세종 대왕 이후 경복궁에 복이 아니라 안 좋은 일만 생겼네요."
"하지만 세자빈이 낳은 아이가 문종의 유일한 아들이었고 그 아이가 문종의 뒤를 이으니 다행이라면 다행이겠지. 아들의 이름은 홍위였어. 문종이 죽고 홍위가 왕위에 오르는데 그가 바로 조선 제6대 왕 단종이야. 그런데 단종은 열두 살 아주 어린 나이에 왕이 되었어. 왕이 어리면 나랏일을 제대로 돌볼 수 없기 때문에 왕의 어머니인 대비나 할머니인 왕대비가 왕 뒤에서 대신 정치를 하는 게 예로부터 내려온 관습이야. 그런데 조금 전에 얘기했듯이 단

종의 어머니는 그를 낳자마자 죽었어. 또 할머니, 즉 세종의 왕비이자 문종의 어머니 소헌왕후도 단종이 왕이 되기 몇 년 전 세상을 떠난 상태였어. 그야말로 돌봐 줄 가족이 아무도 없었던 거야."

"어떡해, 너무 불쌍하다. 열두 살이면 우리랑 거의 비슷한 나이인데."

아이들은 자기 또래의 어린 단종이 자라며 뛰놀았던 자선당 앞마당을 슬픈 눈으로 바라보았다. 언제부터인가 아이들은 궁궐의 여러 건물에서 당시에 살았던 사람들의 숨결이 느껴졌다.

"그럼 옆에 다른 곳으로 가서 이야기를 계속하자."

일행은 단종에 대한 측은한 마음을 가지고 빡쌤의 뒤를 따랐다. 일행은 집현전 뒤로 돌아갔다. 그러자 가는 곳마다 담으로 둘러싸여 있던 것과는 달리 시야가 툭 트이는 장소가 나왔다.

경회루에서 단종을 보내다

일행이 도착한 장소에는 사각형의 커다란 연못이 있었고 연못의 동쪽에 여태껏 본 건물들보다 더 큰 건물이 우뚝 서 있었다.

"와, 멋지다!"

"이 건물은 경회루라고 해. 왕이 신하들과 함께 잔치를 벌이거나 외국에서 사신이 오면 연회*를 베풀던 곳이야. 경회란 경사스러운 모임 자리라는 뜻이니까 아주 흥겨운 잔치가 벌어졌을 거야. 경회루와 땅을 연결하는 다리가 세 개 있어. 그중 가운데 다리는 왕이 다니는 다리야. 경회루 앞으로는 작은 인공섬이

*연회
축하나 위로, 환영, 송별 따위를 위하여 음식을 차리고 손님을 청하여 즐기는 일

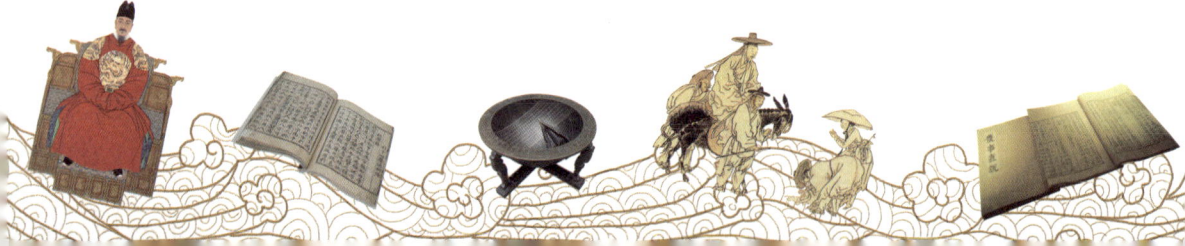

경회루
왕과 신하들이 연못 위에 세워진 누각이야. 경사스러운 모임이라는 뜻의 '경회'라는 이름처럼 이곳에서는 왕과 신하들이 잔치를 벌이거나 외국 사신이 오면 연회를 베풀었어.

두 개 있어. 그 섬에 소나무를 심어 마치 멋진 수상 정원처럼 꾸며 놓았지. 경회루 2층에 올라가 보면 여러 건물과 아름다운 경회루의 풍광을 잘 볼 수 있어. 조선사의 앞부분을 숨 가쁘게 달려왔으니까 여기서 쉬면서 경회루의 아름다움을 감상하도록 하자."

"쌤, 단종 이야기 마저 하셔야죠."

아이들은 어린 나이에 왕이 되어 의지할 곳 하나 없던 단종이 어떻게 살았는지 궁금했다.

"경회루는 단종과 관련이 깊은 곳이야. 음, 그건 좀 무거운 이야기니까 일

단 몸과 마음을 추스른 뒤에 하도록 하자. 자, 모두 잔치를 즐기는 마음으로 자유롭게 경회루 여기저기를 둘러보렴."

빡쌤의 말이 끝나기 무섭게 파래가 경회루를 향해 달려 나가려 했다. 여태껏 인생의 대부분을 까부는 데 쓴 까불이 파래는 지금까지 궁궐을 돌아보는 시간이 여간 힘들지 않았다. 그런 파래를 시루가 붙잡았다.

"야, 공공장소에선 함부로 뛰어다니면 안 되는 거 몰라?"

"아차, 경회루가 너무 보고 싶어서. 헤헤."

멋쩍게 웃는 파래의 팔을 끌고 시루가 앞장섰다. 아이들 모두 빨리 달려가고 싶은 마음이 굴뚝같았다. 그러나 선조들의 삶의 흔적이 남아 있는 궁궐에서 함부로 까불면 안 될 일이었다. 대신 발끝으로 살짝살짝 뛰어오르며 나비처럼 걸음을 옮겼다.

경회루를 돌아보고 빡쌤과 아이들 그리고 아이 같은 단짝은 연못 둘레에 있는 벤치에 앉았다.

"그럼 자선당에서 못다 한 단종 이야기를 계속할게. 단종은 나이가 너무 어렸기 때문에 왕이라는 이름만 가진 허수아버였어. 대신 정치를 해 줄 어머니나 할머니도 없었고. 그래서 의정부와 육조가 모든 것을 결정했어.

"의정부와 육조요?"

"그래. 고려 시대 중앙 정부 체제로 3성 6부가 있었다는 얘기 기억나지? 조선 시대에는 고려 시대 3성에 해당하는 의정부와 고려 시대 6부에 해당하는 6조가 있었어. 의정부에는 좌의정, 우의정, 영의정이 있었고, 6조에는 이조, 호조, 예조, 병조, 형조, 공조가 있었지. 의정부의 세 재상인 김종서, 정분, 황보인은 단종의 셋째 삼촌인 안평대군과 나랏일을 자주 의논했어. 그런데 이 모습을 곱지 않은 시선으로 지켜보던 이가 있었지."

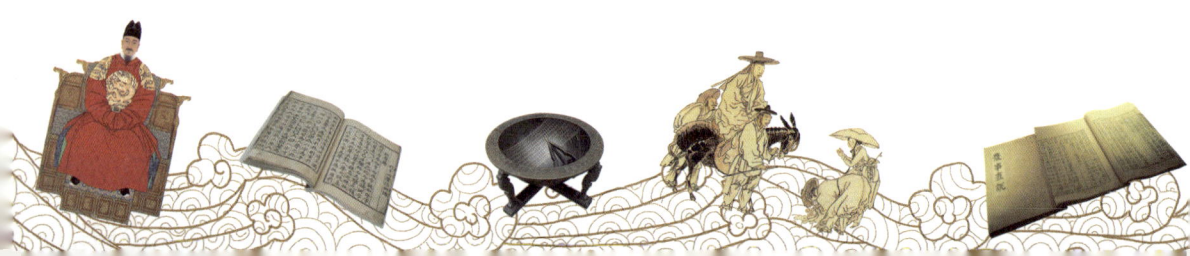

"그게 누구였는데요?"

"바로 단종의 둘째 삼촌인 수양대군이야. 수양대군은 어린 조카인 단종이 앉은 왕의 자리가 탐났어. 그래서 자신이 왕위에 오르는 데 방해가 되는 안평대군과 세 재상을 모두 죽여야 한다고 생각했지. 이를 위해 충성스러운 부하인 한명회, 권람과 함께 은밀히 계획을 짰어. 가장 먼저 김종서 집으로 찾아가 김종서를 제거했지. 그리고 수양대군은 곧바로 부하들을 이끌고 대궐로 들어가 정적들을 모두 제거했어. 그 후 안평대군을 귀양 보내고 얼마 후 사약을 내려 죽게 했지. 어린 단종에게는 왕위를 내놓으라 협박했고. 저기 너희들이 조금 전 돌아본 경회루를 보렴."

아이들의 시선이 일제히 경회루로 향했다.

"수양대군의 협박으로 무서움에 떨던 단종은 저기 경회루에서 수양대군에게 옥새를 넘겨. 수양대군은 마침내 원하던 왕위를 차지하게 되는데, 그가 바로 조선 제7대 왕 세조야."

"우린 어린 단종이 불쌍하게 왕위를 빼앗긴 곳인지도 모르고 좋다고 경회루를 돌아다녔잖아요."

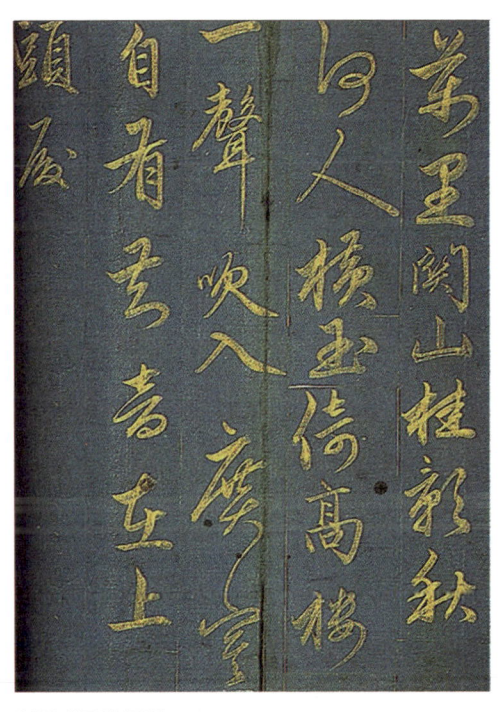

안평대군의 글씨
세종의 셋째 아들 안평대군은 글씨를 매우 잘 써서 당대의 명필로 손꼽혔어.

마리는 단종에게 미안한 마음이 들어 마음이 불편해졌다. 그러자 다른 아이들도 뭔가 잘못한 것 같은 기분이 들었다.

"역사적 공간에는 늘 기쁜 일과 함께 슬픈 일이 얽혀 있어. 사람의 인생이 늘 즐거운 일만 있는 건 아니듯 말이야. 단종의 슬픔만이 경회루에 남아 있다면 단종도 그리 좋진 않을 거야. 단종도 할아버지 세종, 아버지 문종과 함께 이 경회루에서 즐겁게 지낸 추억이 있었을 테니까. 아주 오랜 시간이 흘러 단종을 기억해 주는 아이들이 몰려와, 단종처럼 즐거운 추억을 갖는다면 단종도 자기 일처럼 기뻐하지 않을까?"

빡쌤의 말에 아이들의 기분이 조금 나아지는 듯했다.

그러나 시루는 어린 조카를 협박해 왕위를 빼앗은 수양 대군에게 화가 나 참을 수 없었다.

"쌤! 제가 단종이라면 억울해 가만히 있지 못할 것 같아요."

영월 청령포
어린 나이에 왕이 된 단종은 삼촌인 수양대군에게 왕위를 빼앗기고 이곳 영월 청령포로 유배 보내졌어. 청령포는 앞이 강으로 둘러싸이고 뒤편은 암벽이 험해서 쉽게 빠져나갈 수 없는 지형이었지.

장릉
세조의 왕위 찬탈로 영월로 유배되었다가 죽임을 당한 단종의 능이야. 단종의 시신은 장례도 치르지 못하고 버림받은 채로 있었어. 그때 엄홍도라는 사람이 몰래 단종의 시신을 거둬 묻어 주었지. 오랫동안 사람들은 단종의 무덤이 어디 있는지 전혀 알지 못했어. 훗날 단종의 억울함이 풀린 다음에야 그의 무덤을 찾아 왕릉답게 새로 꾸미고 '장릉' 이라고 이름 붙였어.

"단종은 어리고 힘이 없어서 삼촌에게 왕위를 빼앗기고도 아무 말도 하지 못 했어. 하지만 세조의 행동이 도리에 맞지 않는다고 생각하는 신하들이 있었어. 그들은 단종에게 왕위를 되찾아 주려 하다가 들켜서 죽임을 당하고 말아. 이 일을 빌미 삼아 세조는 사람도 거의 다니지 않는 강원도 영월 깊은 산골에 단종을 유배 보내지. 그리고 얼마 후 세조는 단종에게 사약을 내려 목숨을 끊게 했어."

"후유, 왕위도 빼앗고 죽이기까지 하다니 정말 잔인한 삼촌이네요."

아이들의 입에서 한숨이 절로 나왔다.

"권력 앞에서는 핏줄도 무용지물인 경우가 많아."

단종의 슬픈 역사를 아는지 모르는지 경회루 연못가에 심어진 수양벚나무 가지들이 바람에 살랑거렸다.

밑줄 쫙! 은지의 한국사 노트

1. ☐☐은 비현각에서 낮에는 아버지인 세종을 도와 일을 하고 밤에는 다음에 할 일을 준비하기 위해 공부를 했다.
   문종

2. 왕이 너무 어린 나이에 즉위하면 대비나 왕대비가 대신 정치를 했다. 이것을 ☐☐☐☐이라고 한다.
   수렴청정

3. 단종은 나이가 너무 어렸기 때문에 왕이라는 이름만 가졌을 뿐이었다. 대신 정치를 해 줄 어머니나 할머니도 없어서 ☐☐와 ☐☐가 모든 나랏일을 결정했다.
   조정, 신하들

4. 어린 단종이 왕위에 오르자 의정부의 세 재상인 김종서, 정분, 황보인은 단종의 셋째 삼촌인 ☐☐☐☐과 나랏일을 자주 의논했다.
   곤평대군

5. ☐☐☐☐은 어린 단종을 협박해 ☐☐☐에서 옥새를 넘겨받는다. ☐☐☐☐은 마침내 원하던 왕위를 차지하는데 그가 바로 조선 제7대 왕 세조이다.
   수양대군, 근정전, 수양대군

6. ☐☐은 세조의 왕위 찬탈로 영월로 유배되었다가 죽임을 당한 단종의 능으로 강원도 영월에 있다.
   장릉

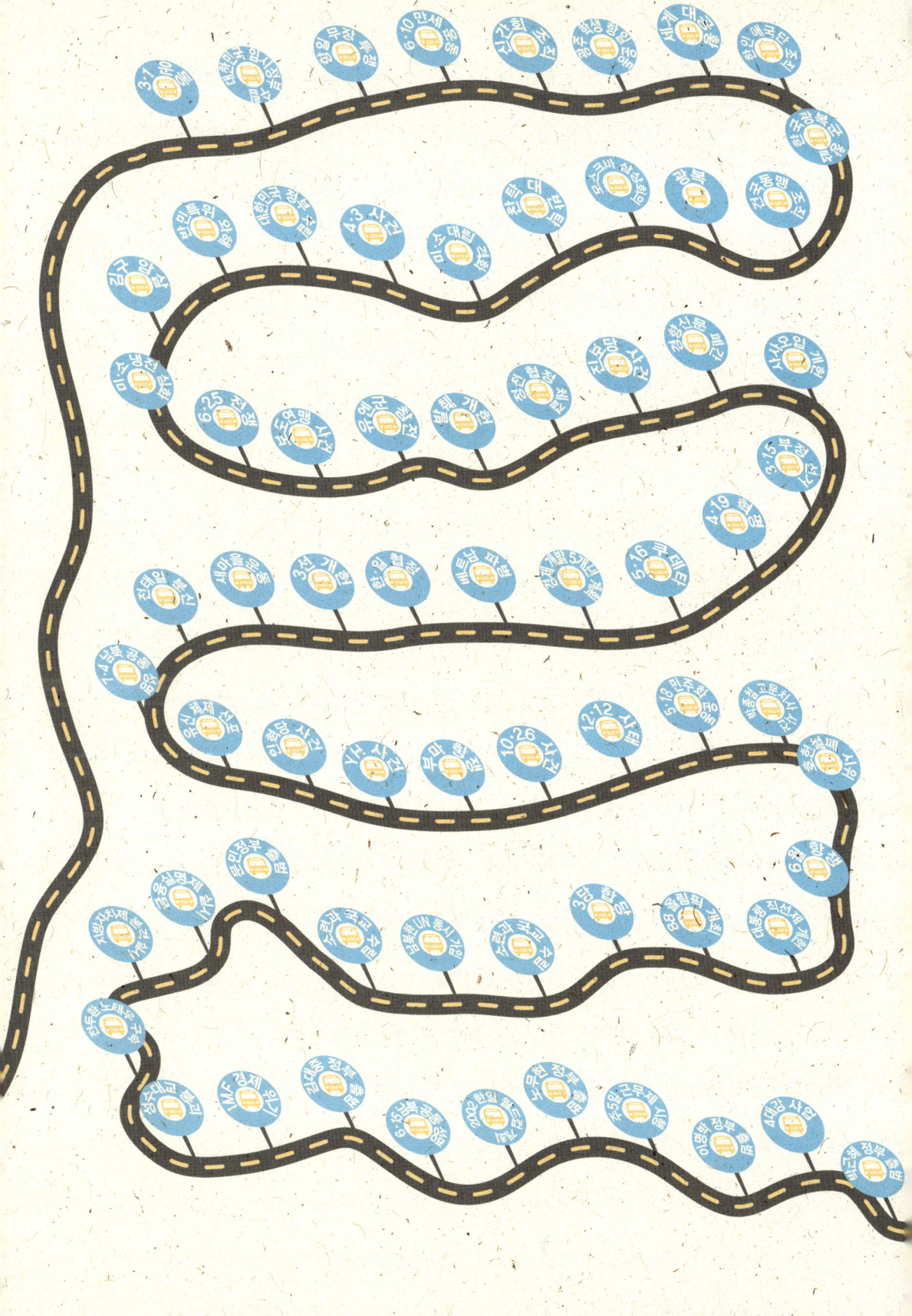

왕권을 강화하고 나라의 통치 체제를 만들기 시작하다

조카인 단종을 죽이고 왕이 된 세조는 왕권을 강화했어. 이 과정에서 세조는 인재를 길러 내던 집현전 문을 닫아 버리고, 신하들의 말을 경청할 경연도 없애 버려. 그리고 자신을 왕으로 추대한 신하들 말만 들었지. 훈구파라고 하는 이 신하들은 자신의 곳간을 채우기 위해 온갖 부정부패를 자행했어. 왜 조선은 이렇게 허무하게 망가졌을까?

다행히도 세조 다음 다음 왕인 성종은 훈구파를 견제하고 성리학을 공부한 사림을 등용해 학문을 중요시하는 분위기를 만

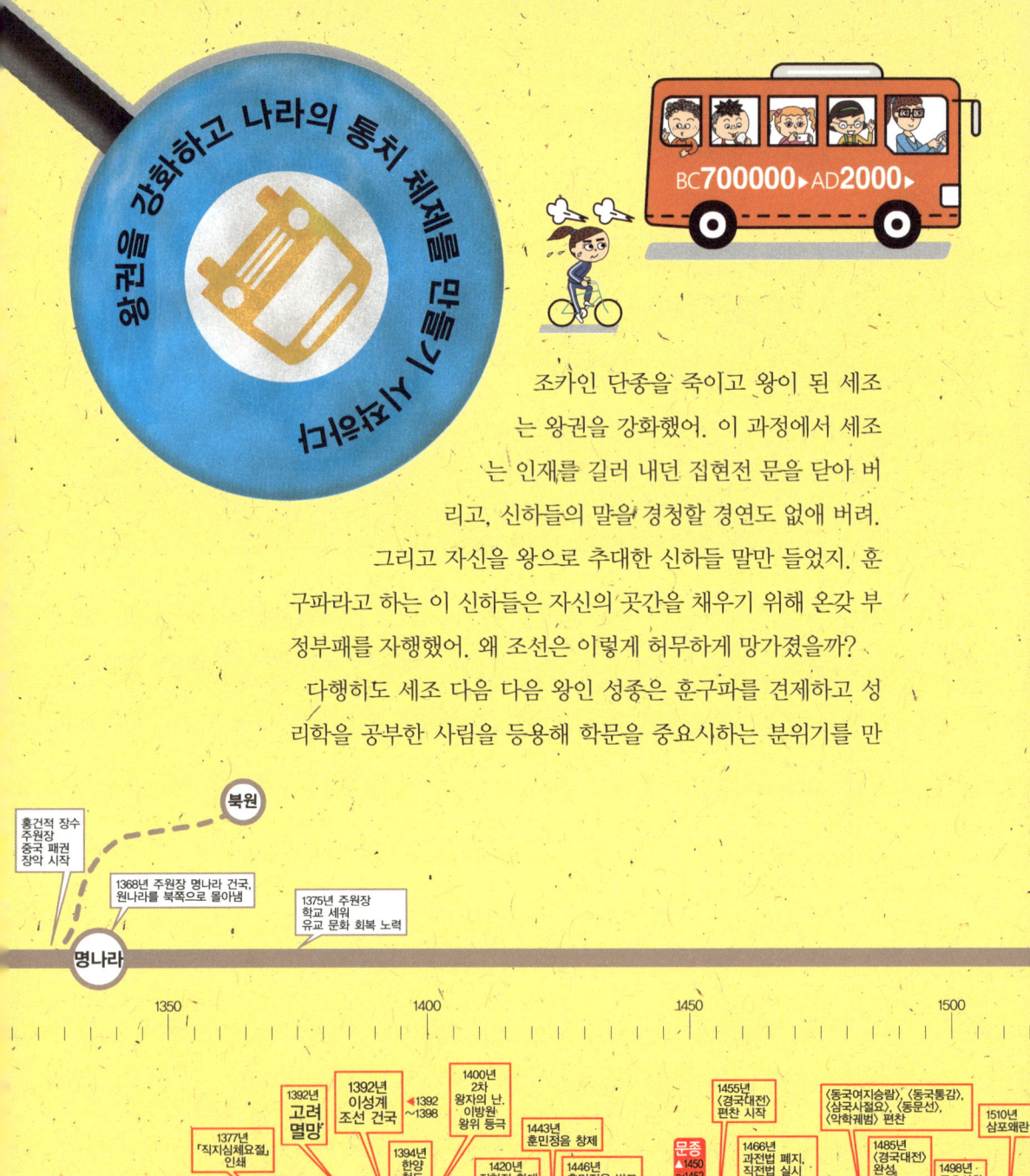

들었어.

　성종은 학문을 사랑해 여느 학자보다 더 깊이 공부했고 학자들에게는 많은 책을 편찬하게 했어. 무엇보다도 성종 시대에 『경국대전』 편찬이 완료되었다는 게 큰 성과야. 『경국대전』은 조선 시대 통치의 기본 법전인데, 세조 때 편찬하기 시작해 성종 때 완성되었어. 이렇게 성종 시대에는 정치, 경제, 문화적으로 성숙하여 태평성대를 이루었어.

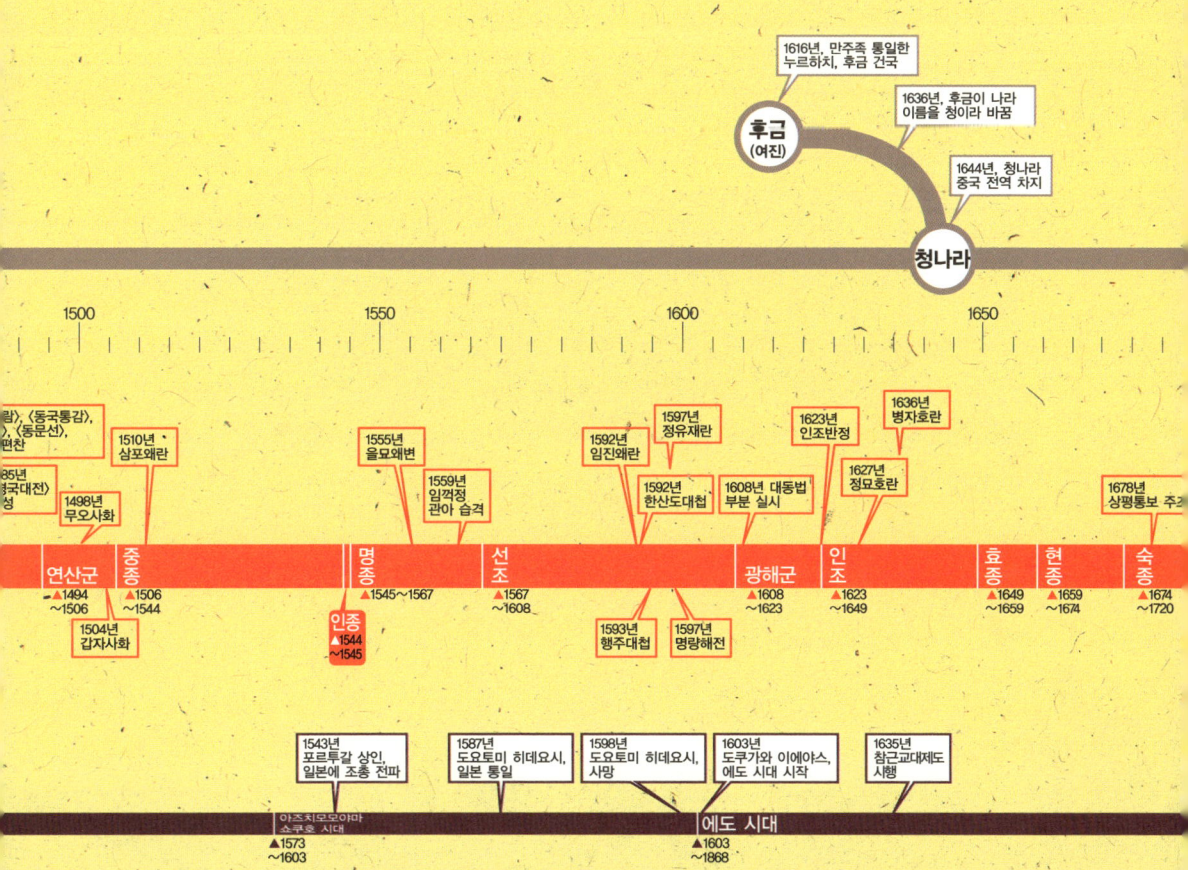

강녕전에서 세조를 만나다

빡쌤과 아이들 그리고 아이 같은 빡쌤의 단짝친구는 경회루를 뒤로하고 경회루 옆에 있는 내성문을 통해 다른 건물로 갔다.

"이 건물은 강녕전이야. 강녕이란 말은 왕이 편안하고 건강하란 뜻이야. 경복궁은 중심이 되는 건물들이 남쪽에서 북쪽으로 일렬로 늘어서 있어. 정문인 광화문 뒤에는 큰 행사를 치르는 근정전이 있고, 그 뒤로 왕이 업무를 보는 사정전이, 그 뒤로 왕이 쉬는 건물인 강녕전이 있지. 그리고 다음에 갈 곳이지만 강녕전 뒤에는 왕비가 생활하는 교태전이 있어.

강녕전은 왕이 잠자는 곳이라 해서 침전이라고도 불러. 물론 잠만 자기 위한 곳은 아니겠지. 왕은 이곳에서 책을 읽기도 하고 은밀하게 신하를 불러 나랏일을 상의하기도 했어. 그리고 가족이나 친척과 맛있는 음식을 먹기도 했지."

"쌤, 근데 한 사람이 잠자기엔 너무 넓은데요?"

"좀 전에 얘기했잖니? 가족이나 신하들과 모임을 하기도 했다고. 그리고

강녕전
강녕전은 특이하게 용마루가 없어. 용은 왕의 상징인데 용마루를 올린다는 것은 왕의 머리 위에 또 다른 용을 둔 것과 같아서 용마루를 얹지 않았다는 이야기가 있어.

왕만 있었겠어? 왕의 옆에서 일상생활을 돕는 내시나 상궁도 있었겠지."

"쌤, 건물 안도 넓지만 건물 앞 마루에서 앞으로 나온 대도 아주 넓어요."

"날씨가 좋으면 여기에 이 바깥 자리에서 음식을 나누어 먹으며 즐겁게 보냈어. 물론 든든히 받쳐 줄 사람이 없는 단종에게 이 공간은 지나치게 넓고 쓸쓸한 곳이었겠지만."

"그럼 조카를 내쫓고 왕이 된 세조는 여기서 가족들과 함께 즐겁게 놀았겠네요?"

시루가 약간 비아냥거리는 말투로 말했다.

"세조가 여기서 뭘 했는지는 잘 모르지만 세조의 끝도 좋진 않았어. 이제 만족해?"

"만족이고 뭐고가 있나요? 다 지난 이야기인데."

시루가 시큰둥하게 말했다.

"역사가 그저 다 지난 이야기라면 역사를 뭐하러 공부하니?"

"앗, 실수! 전 그저 세조의 삶이 불행해졌다고 해서 단종의 억울함이 풀리지는 않을 거란 뜻에서 그렇게 말한 거예요."

"알아. 그런데 보자. 우리가 역사를 공부하다 보면, 어떤 원인으로 어떤 결과가 나오고 그 결과가 또 다른 원인이 되어 다시 다른 결과를 이끌어내잖아. 이렇게 물고 물리는 사건과 사건의 흐름을 따라가다 보면 현재 우리의 모습이 어떤 과거의 시간으로 인해 만들어졌는지 알게 돼. 그런데 어느 한 순간의 일에 지나치게 얽매이면 그 흐름을 놓치게 되고 장님 코끼리 만지듯 전체가 뭔지 모르는 일이 벌어지지. 그러니 분한 마음은 잠시 접어 두고 서로 꼬리를 물고 이어지는 역사적 사건들을 따라가 보자."

"네, 쌤."

"그럼 여기서 한번 상상해 보자. 만약 세조가 단종을 밀어내고 왕이 되지 않았다면 어떻게 됐을까?"

"신하들에게 많이 배워 나중에 훌륭한 왕이 되지 않았을까요?"

시루의 말에 은지가 갸웃거렸다.

"그런데 신하 가운데 누군가가 욕심을 내 왕위를 노릴 수도 있지 않나? 고려 말에 이성계가 고려의 어린 왕들을 마음대로 내쫓았듯이."

마리가 은지의 말에 반대표를 던졌다.

"하지만 세조에게 죽임을 당하면서도 단종을 지키려던 신하들이 있었잖아. 그런 충심이 있는 신하들은 단종이 훌륭하게 성장하도록 도왔을 것 같아."

파래의 생각은 좀 달랐다. 파래는 시루에게 곁눈질을 하며 입을 열었다.

"어디서든 힘을 믿고 주먹을 휘두르는 사람이 꼭 있어. 세조가 아니더라도 왕권이 약해진 상황이니까 누군가 힘으로 왕자리를 노렸을 거야. 반대하는 사람은 세조처럼 했을 테고."

시루가 주먹을 불끈 쥐어 보이자 파래가 '저 봐, 저렇다니까. 내 말이 맞지?' 하며 혀를 쭉 내밀었다.

"마토야, 네 생각은 어때?"

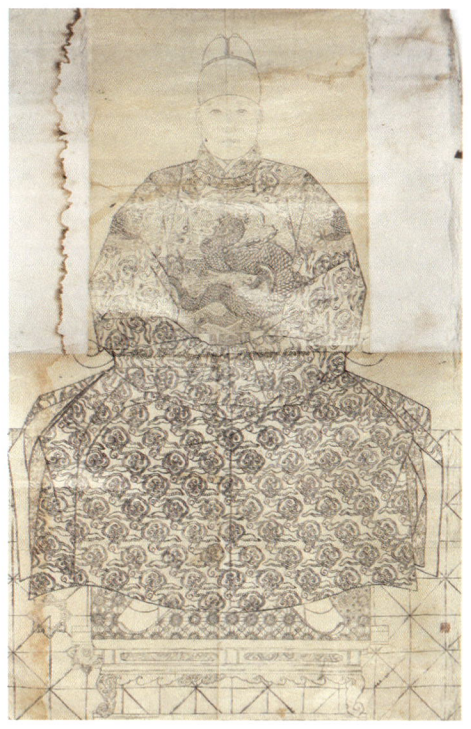

세조 어진 초본
세조의 모습을 그린 어진 초본이야. 초본이란 원본을 그대로 옮겨 그린 그림을 말해.

빡쌤이 기운 없이 아무 말도 안 하는 마토에게 물었다.

"신하 중 누군가 왕의 자리를 빼앗았을 것 같아요. 사람의 욕심은 한이 없거든요. 배가 불러도 맛있는 걸 보면 또 먹고 싶듯이 높은 벼슬에 있는 신하라도 가장 높은 왕이 되고 싶었을 거예요. 근데 쌤, 우리 뭐 좀 먹으면서 해요. 아휴 배고파."

마토는 불룩 나온 배를 손으로 문지르며 나무늘보처럼 천천히 아주 길게 자기 생각을 말했다.

"알았다, 알았어. 조금 이따 종로에 나가서 맛있는 거 먹자. 궁궐 내에서는 음식을 먹으면 안 되니까 말이야."

"쌤, 꼭 맛있는 거 먹어야 해요."

마토는 빡쌤이 새끼손가락을 걸며 약속을 하고 나서야 다시 힘을 냈다.

"다들 생각이 다르지만 다 그럴 듯한 이야기야. 세조가 왕위에 욕심이 있었던 것은 분명해 보이지만 다른 이유가 있었을지도 몰라. 언제든 신하의 권위가 지나치게 강해지면 왕의 권위는 힘을 잃게 돼. 왕족으로서 그런 모습을 그냥 지켜볼 수 있을까? 수양대군의 할아버지인 태종이 한 일을 생각해 봐. 조선 초 정도전이 목소리가 커지자 조선이 이씨의 나라냐 정씨의 나라냐 하며 떠들썩했고 결국 이방원(태종)이 정도전을 비롯해 형제들을 다 죽이면서 혼란이 잠재워졌지. 세조도 마찬가지 생각 아니었을까? 신하들이 어린 왕 대신 나랏일을 하다가는 조선이 망할지도 모른다고 말이야.

세조는 할아버지 태종이 했던 것과 똑같은 일을 했어. 뭔가 왕권에 도전할 기미가 보이면 가차 없이 처단했지. 그리고 태종이 그랬듯 육조에서 바로 보고를 받아. 이걸 뭐라고 했지?"

"육조직계제요."

"여기서 한술 더 떠서 단종을 다시 왕위에 올리려던 사람들이 집현전 출신이라며 세종이 인재를 키워 내기 위해 공들여 만든 집현전 문을 닫아 버려. 그리고 왕 앞에서 신하들이 훈계하지 못하도록 경연도 없애지. 그러면서 자신이 왕이 되는 과정에 공을 세운 한명회, 권람, 신숙주 등 측근들의 말만 듣고 그들에게 온갖 혜택을 다 몰아 주지.

세조는 자기가 그랬던 것처럼 다른 누군가가 자기에게 도전할 것을 염려해 측근 외에는 다 의심해. 이렇게 세조의 뒷배를 받아 부와 권력을 잡은 사람들을 훈구파라고 해. 훈구파는 재산을 늘리기 위해 뇌물 등 온갖 부정한 방법을 동원하지. 이러다 보니 부정부패가 판을 쳐 나라 꼴이 엉망이 된 거야."

"왕권은 강화했을지 모르지만 나라는 망조가 들었군요."

"이 대목에서 아주 무서운 귀신 이야기가 나와."

빡쌤이 눈을 부라리고 손톱을 세우며 다가서자 아이들은 악 하고 뒤로 물러섰다. 빡쌤은 아주 음산한 목소리로 이야기를 이어 갔다.

"세조가 모든 사람을 의심하는 정신 상태에서 바른 판단을 하길 기대하긴 어렵지. 정신적으로 지치고 쇠약해진 세조는 이상한 꿈에 시달리게 돼. 단종을 낳자마자 죽은 단종의 어머니 현덕왕후가 꿈에 나타나 세조가 자기 아들을 죽였듯이 세조의 자식들을 죽이겠다고 했다는 거야. 그런데 실제로 세조의 장남 의경세자가 그 꿈 이후 이유 모르게 죽어. 또 세조의 뒤를 이어 왕이 된 둘째 아들 예종도 어린 나이에 죽지. 현덕왕후는 다시 꿈에 나타나 세조에게 침을 뱉는데 이후 꿈에서 침이 닿은 자리에 지독한 피부병이 생겨. 세조는 피부병으로 고통 받다가 50세가 조금 넘은 나이에 세상을 떠나게 돼."

빡쌤이 말을 마치자 아이들은 가슴을 쓸어내렸다.

"쌤, 무서워 죽는 줄 알았잖아요."

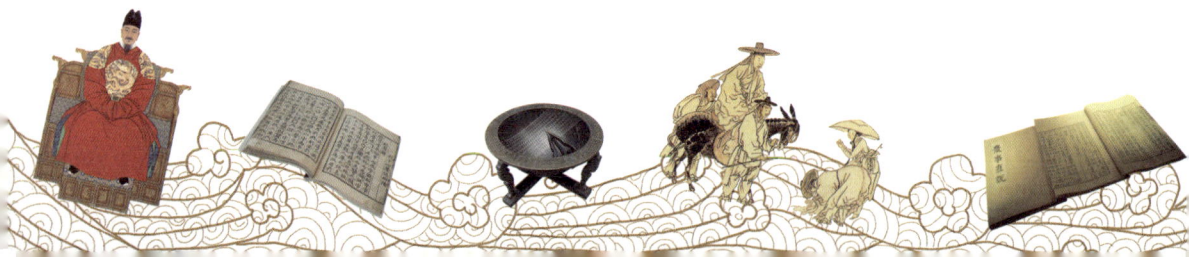

"하하하, 내가 좀 리얼했지?"

아이들은 재미있어 죽으려고 하는 빡쌤을 노려보았다. 그러자 빡쌤의 단짝 친구가 강녕전 안쪽을 가리키며 한마디 했다.

"그런 이야기를 들으니 강녕전이 왠지 으스스해. 저기 방구석에서 피부병에 걸린 세조가 벅벅 팔다리를 긁으며 우릴 보는 것 같아."

이 말에 아이들은 바로 얼음이 되었다. 비명도 나오지 않고 강녕전 쪽으로는 눈길도 주지 못했다.

"얘는 엉뚱한 소리로 애들한테 겁을 줘."

잡상

잡상은 살(煞: 사람이나 물건 등에 해코지를 하는 아주 나쁜 기운)을 막기 위해 기와 지붕의 추녀마루에 늘어놓는 기와 재질의 흙 인형을 말해. 『서유기』에 등장하는 삼장법사, 손오공, 저팔계, 사오정과 그 외 여러 인물과 신의 형상을 하고 있어. 당나라 태종이 밤마다 꿈에 귀신이 나와 기와를 던지면서 괴롭혀서 문관과 무관을 세워 두었다는 데서 유래했대. 즉 궁궐에 있는 여러 동물 상들처럼 나쁜 기운을 물리치려는 의도로 만들어 놓은 거야.

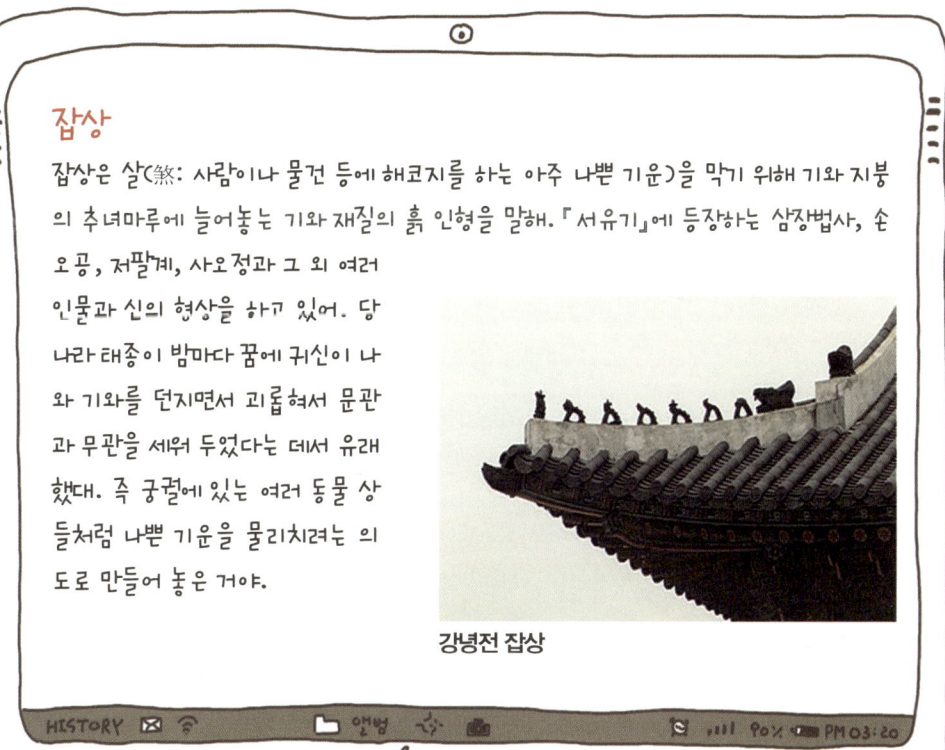

강녕전 잡상

2부 유교적 질서로 안정을 이루다

빡쌤은 단짝의 등판을 퍽 소리가 나게 때리고는 아이들을 데리고 강녕전 동쪽에 있는 지도문을 통해 밖으로 나갔다. 그리고 북쪽으로 조금 걸어갔다. 빡쌤은 왼쪽을 가리키며 말했다.

"순서대로 하면 강녕전 바로 뒤에 있는 저 건물로 가야 하는데 이야기를 풀기 위해 다른 곳을 먼저 가는 거야."

"저기가 어딘데요?"

"왕의 아내, 즉 왕비가 생활하던 곳이야."

"오, 빨리 보고 싶다!"

마리가 왼쪽에 있는 건물에서 눈을 떼지 못했다.

일행은 잠시 뒤 왕비가 살았다던 건물 옆 동쪽에 있는 건물로 들어섰다. 이번 건물은 앞에서 본 웅장한 건물들에 비해 소박했다.

"저 편액에 자경전이라고 쓰여 있어. 자경은 '어머니께 경사스러운 일이 있길 바랍니다.' 라는 뜻이야. 자(慈)는 어머니란 뜻도 있고 따뜻한 사랑의 마음을 뜻하기도 하지."

그러고 보니 크고 화려하진 않지만 편안하고 다정한 느낌이 들었다.

"그렇다면 자경전은 누가 생활하던 곳이었을까?"

아이들은 고민할 것도 없이 일제히 대답했다.

"왕의 어머니요."

"맞아. 이곳은 왕의 어머니인 대비가 살던 곳이야. 아들인 왕과 며느리인 왕비가 문안 인사드리러 오기 좋은 위치에 있지. 대비는 왕궁의 큰 어른으로서 내명부*에서 일어나는 중요한 일을 결정했어. 그런데 때론 왕의 역할까지 하기도 했지."

"네? 왕의 어머니가 왕 노릇을 했다고요?"

*내명부
궁에서 생활하던 왕의 처나 첩, 그리고 그들을 보좌하던 궁녀 등 여성들을 통틀어서 부르는 이름이야.

자경전
왕의 어머니인 대비가 살던 곳이야. '자경'은 어머니께 경사스러운 일이 있기를 바란다는 뜻을 담고 있지.

 "물론 왕이 아주 어려서 나랏일을 할 수 없을 때처럼 아주 특별한 경우에 한해서야. 대비가 왕의 뒤에서 나랏일을 대신 하는 것을 수렴청정이라고 해. 세자인 의경세자가 어린 나이에 죽은 뒤 그의 동생이자 세조의 둘째 아들이 왕위에 오르는데 그가 예종이야. 당시 예종은 열아홉 살이었어. 그래서 예종의 어머니인 대비 정희왕후가 수렴청정을 했지. 나랏일을 결정하는 중요한 위치에 있었으니 대비의 위세는 대단했어. 그러나 혼자서 모든 걸 결정할 수는 없었는데, 당시는 훈구파들이 권력을 주무르던 때라 그들의 의견도 무시할 수 없었지. 그런데 예종이 왕이 된 지 얼마 안 돼서 죽자 훈구파들과 함께 의경세자의 아들인 자을산군을 왕좌에 앉혀. 그가 바로 성종이야. 성종이 왕위에 올랐을 때 나이는 열세 살이었어. 정희왕후는 예종에 이어 성종도 수렴청정을 했어. 2대에 걸쳐 실질적인 왕 노릇을 한 거지. 어때, 대단하지?"

빡쌤의 말을 들으니 자경전이 다정한 느낌보다는 사정전 못지않은 강력한 힘이 느껴졌다.

"어머니의 따뜻한 분위기가 아니라 웅크리고 누워 있는 호랑이 같은 느낌이에요."

파래가 잔뜩 위축된 목소리로 말했다.

"하하하, 파래가 겁을 좀 먹은 것 같구나. 수렴청정을 해야 하던 시기는 왕의 힘이 약할 때라 외척들에 의해 나라가 어지러운 경우가 많았어. 그 이야기는 조금 이따가 하고 자경전 뒤로 가 보자. 이곳이 어머니를 위한 집이라는 것을 잘 느낄 수 있는 공간이 있거든."

수렴청정

왕이 너무 어린 나이에 즉위하면 대비나 왕대비가 대신 정치를 했어. 이것을 수렴청정이라고 해.

조선 시대는 남녀의 구별이 엄격했던 시대라 여성이 직접 나서는 것이 금기시되었어. 그래서 왕의 뒤에 발을 치고 앉아 신하들의 말을 듣고 대신 결정을 내렸어. 수렴청정은 일찍이 고구려 때도 있었는데, 고구려 태조왕은 일곱 살의 어린 나이에 왕이 되었어. 이때 태후가 곁에서 대신 나랏일을 처리했지.

왕권을 강화하고 나라의 통치 체제를 만들기 시작하다

자경전 담장과 굴뚝
자경전 북쪽에는 담장을 이용해 굴뚝을 만들었어. 굴뚝 벽면은 십장생 무늬로 꾸몄고, 위쪽 연기가 나가는 부분은 새 집을 늘어선 것처럼 보여.

일행은 자경전의 뒤뜰로 갔다.

"와, 담이 너무 예쁘다!"

뒤뜰에는 곱게 구운 벽돌에 여러 가지 동물이 새겨져 있었다.

"이건 담이기도 하지만 굴뚝이기도 해. 이걸 십장생 굴뚝이라고 하지. 굴뚝을 마치 담처럼 아름답고 조화롭게 꾸며 놓았지. 자경전에는 왕의 어머니뿐만 아니라 상궁 등 궁녀들도 많아서 방도 아주 많아. 그 방들엔 다 온돌이 깔려 있는데 온돌을 지나는 연기가 하나로 연결되어 이곳 굴뚝으로 배출되는 거야. 굴뚝 정면에 있는 그림이 십장생*이야. 오래 사는 것들의 형상을 만들어 넣음으로써 어머니가 장수하시길 기원한 거지. 이 십장생 굴뚝은 조선 시

대 굴뚝 중에서 가장 아름다운 것으로 보물로 지정되어 있어."

아이들은 자경전의 아름다운 십장생 굴뚝에서 눈을 떼지 못했다. 특히 마리는 스마트폰으로 사진을 찍느라 정신이 없었다.

"자경전도 예쁘지만 더 아름다운 곳이 있어. 거기로 가자."

일행은 자경전을 나와 옆 건물로 갔다. 건물 안으로 들어가기도 전에 아이들의 탄성이 터졌다.

> *십장생
> 해, 산, 물, 돌, 구름, 학, 소나무, 사슴, 거북, 불로초 등 열 가지 오래 사는 것을 말해.

자경전 꽃담
자경전은 황토색 꽃담으로 유명해. 꽃담에는 예쁜 기하학적 무늬뿐만 아니라 이렇게 아름다운 꽃 그림이 새겨져 있단다.

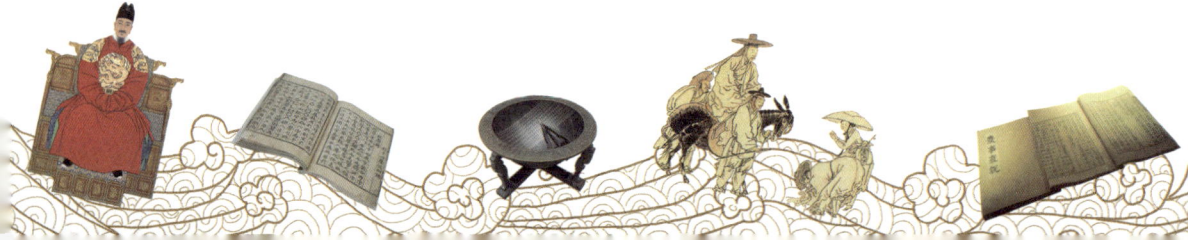

아미산에서 성종을 만나다

　황토색 담벼락에 예쁜 문양이 도드라지게 양각되어 있었다. 무엇보다 아치형으로 둥글게 생긴 문은 작고 앙증맞았다.

　"이 문은 연휘문이라고 해. 교태전의 뒤뜰로 통하는 문이지."

　말이 끝나기도 전에 아이들은 연휘문을 통해 안으로 들어갔다. 아이들은 입이 떡 벌어졌다. 작은 뒷동산처럼 층층이 정원이 만들어져 있었다. 그곳엔 특이한 돌과 색깔 고운 꽃들로 꾸며져 있었다. 그런데 무엇보다 멋진 것은 기와를 얹은 육각형의 황토색 굴뚝이었다. 그곳엔 자경전 굴뚝처럼 십장생이 새겨져 있었는데 훨씬 섬세하고 아름다웠다. 여태껏 보아 온 건물들과는

연휘문
자경전에서 교태전 뒤뜰로 통하는 작은 아치형 문이야. 연휘는 밝은 빛을 맞이한다는 뜻을 담고 있대.

2부 유교적 질서로 안정을 이루다

아미산
교태전의 뒤뜰에 있는 정원이야. 경회루 연못을 만들 때 팠던 흙으로 쌓은 일종의 인공 산이지. 육각기둥 모양의 굴뚝과 다양한 조형물, 다채로운 꽃이 조화롭게 어우러져 있단다.

완전히 달랐다. 궁궐을 만든 사람들이 가장 신경을 써서 꾸며 놓은 듯했다.

"이 정원은 아미산이라고 해. 아까 보았던 경회루 연못을 만들 때 파낸 흙을 쌓아서 만들었어. 이곳은 교태전의 뒤뜰이야. 교태전은 왕비가 생활하던 곳이지. 나라에서 가장 높고 귀한 여성인 왕비가 사는 곳인 만큼 경복궁에서 가장 아름다운 곳이야. 이 아름다운 정원을 왕과 왕비가 함께 걷는 장면을 생각해 봐."

"너무 낭만적이에요!"

마리가 두 손을 마주잡고 감격에 겨워 말했다.

"그리고 이 작은 건물은 건순각이라고 하는데 왕비가 아이를 낳는 곳이지. 자, 그럼 여기서 아까 했던 성종 이야기를 마저 해 보자."

"쌤, 왕 이야기를 하는데 왜 왕비가 살던 곳에서 해요? 왕이 살던 곳에서

해야지."

"그 이유는 이야기를 듣다 보면 알게 될 거야. 일단 잠깐 쉴 겸 앉자."

빡쌤과 아이들 그리고 단짝은 돌계단에 앉았다.

조선 시대 법전을 완성한 왕, 성종

"열세 살에 왕위에 오른 성종은 정희왕후의 수렴청정을 받았어."

"예종보다 훨씬 어린 나이에 왕위에 올랐네요. 그럼 성종도 예종처럼 수렴청정을 받고 허수아비 왕 노릇을 해야 했겠네요?"

"그렇지는 않아. 성종이 성년이 될 때까지 대비가 수렴청정을 했고 신하들이 왕을 대신해 정치를 한 건 맞아. 하지만 성종은 그들이 정치를 하는 걸 보면서 그사이에 많은 걸 배웠어. 성종이 성인이 되어 직접 정치를 하기 시작할 땐 훌쩍 커 있었어. 여기서 컸다는 건 키가 컸다는 얘기가 아닌 건 알지? 그 후 성종은 예종 같은 허수아비 왕이 아니 태평성대를 이끄는 훌륭한 왕이 되었단다."

"역시 배움이 중요한 거구나. 성종은 어떻게 태평성대를 이끌었어요?"

"먼저 유교 정치를 강화했어. 그 방편 중 하나는 김종직 같은 사림들을 관리로 뽑아 정치에 참여시킨 거야."

"쌤, 지금 '사람'이라고 말씀하셔야 하는데 '사림'이라고 잘못 말씀하신 거 아니에요?"

"아니, 사림이 맞아. 사림은 고려 말의 신진 사대부로부터 비롯된 사람들이야. 이들은 조선이 건국될 때 건국에 참여하지 않고 지방으로 내려가 성리학을 연구하고 교육에 힘쓴 사람들이야. 쉽게 말해 정몽주의 후예라고 생각하면 될 거야."

"성종은 그런 사람들을 왜 갑자기 관리로 뽑은 거죠?"

"그건 세조 이후 왕실을 쥐락펴락하는 훈구파를 견제하기 위해서야. 세조 때 훈구파가 생겼다고 했던 거 기억나지?

"네! 세조가 왕위에 오르는 것을 도운 한명회, 권람, 신숙주 같은 신하들이잖아요. 그 공으로 중요한 자리를 차지해 하나의 정치 세력을 이루었다고 하셨죠."

"그래. 성종은 재물을 늘리려 온갖 부정부패를 일삼는 훈구파를 멀리하고 학문이 높은 사람들을 가까이 두었던 거야."

"그렇다면 정치도 정치지만 학문 수준도 높아졌겠네요?"

"성종은 학문을 사랑해 여느 학자보다 더 깊이 공부했고 학자들에게는 많

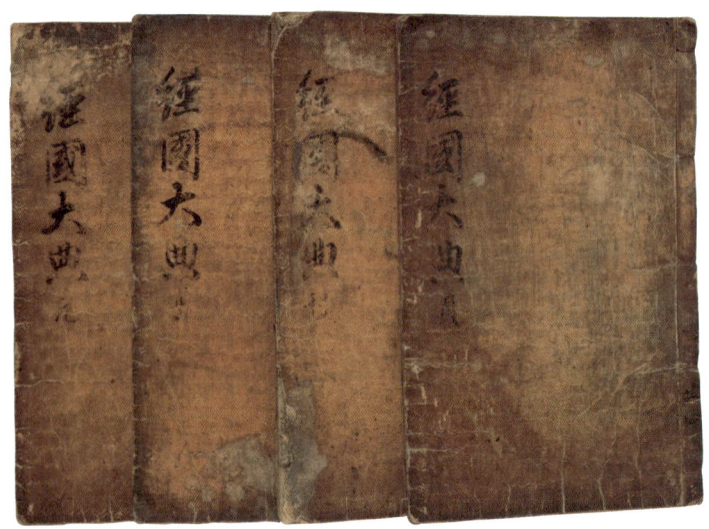

경국대전
세조 때 편찬하기 시작해 성종 때 완성한 조선 최고의 법전이야. 『경국대전』은 이름 그대로 나라를 경영하는 데 필요한 큰 법전이었어.

왕권을 강화하고 나라의 통치 체제를 만들기 시작하다

『경국대전』의 주요 내용

조선 시대 중앙 정부 체제가 의정부와 6조로 되어 있다고 했지? 『경국대전』은 법전을 6조에 해당하는 이조, 호조, 예조, 병조, 형조, 공조에 맞춰 이전, 호전, 예전, 병전, 형전, 공전 등 여섯 개의 분야로 나누어 수록했어. 이전은 나라의 관리는 어떻게 해야 하는지, 호전은 세금은 어떻게 거둬야 하는지, 예전은 과거 제도와 결혼 등 예는 어떻게 지켜야 하는지, 병전은 군사는 어떻게 뽑아야 하는지, 형전은 죄를 지었을 때 어떤 형벌을 내려야 하는지, 공전은 길은 어떻게 내고 건물은 어떻게 지어야 하는지 수록했어. 예전의 한 항목을 보면 남녀가 결혼할 수 있는 나이가 나와 있어. 남자는 15세, 여자는 14세야. 그리고 형전에는 삼복 제도라는 게 있었어. 사형수의 경우 세 번의 재판을 받아야 한다는 거지.

은 책을 편찬하게 했어. 이때 편찬된 책으로 『동국여지승람』, 『동국통감』*, 『삼국사절요』*, 『동문선』*, 『악학궤범』 등이 있지. 무엇보다도 성종 시대에 『경국대전』 편찬이 완료되었다는 게 큰 성과였어. 『경국대전』은 조선 시대 통치의 기본 법전인데 세조 때 편찬하기 시작해 성종 때 와서 완성되었어. 이렇게 성종 시대에는 정치, 경제, 문화적으로 성숙해 태평성대를 이루었어."

*동국통감
신라 초기부터 고려 말까지 다룬 역사책으로 서거정 등이 성종의 명을 받아 만들었어.

*삼국사절요
서거정, 이파, 신숙주, 김계창, 최숙정 등이 만든 역사책이야.

*동문선
우리나라 사람들이 쓴 문학 작품을 엮은 문학 총서야. 성종의 명을 내려 만들었는데 전체가 130권이나 된단다.

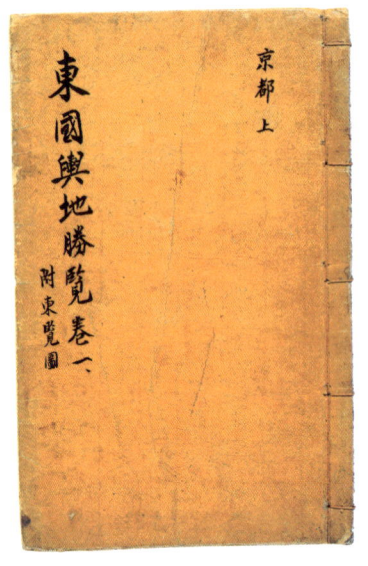

동국여지승람
1481년 50권으로 편찬된 지리책이야. 각 도의 지리, 풍속, 인물 등을 자세히 기록했어.

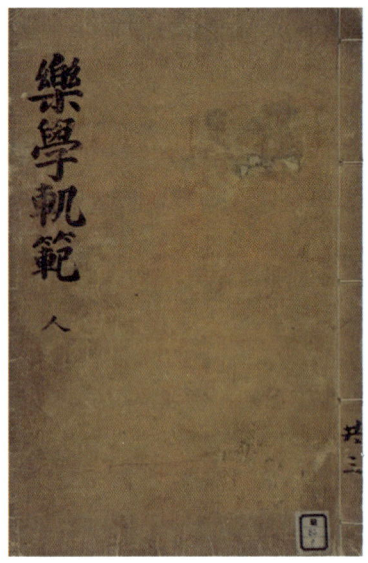

악학궤범
성현 등이 조선 시대 의궤와 악보를 정리해 편찬한 음악책이야.

조선은 유교의 나라!

"사람을 들일 생각을 하다니 성종은 참 뛰어난 사람인 것 같아요."

"훈구파가 판을 치는 조정에 그들을 견제할 세력을 들인 것은 쉽지 않은 결정이었지. 그러나 나라를 바로 세우려면 달리 방법이 없었지. 그런데 성종이 사림을 들인 것은 잘한 일이지만 그렇다고 특별한 것까진 없어. 조선을 건국한 세력은 유학을 공부한 사람들이었고, 그들은 유교를 나라의 근본으로 삼았잖아? 그런 나라에서 유교를 공부한 사람을 조정에 들이는 것은 당연한 일이었지.

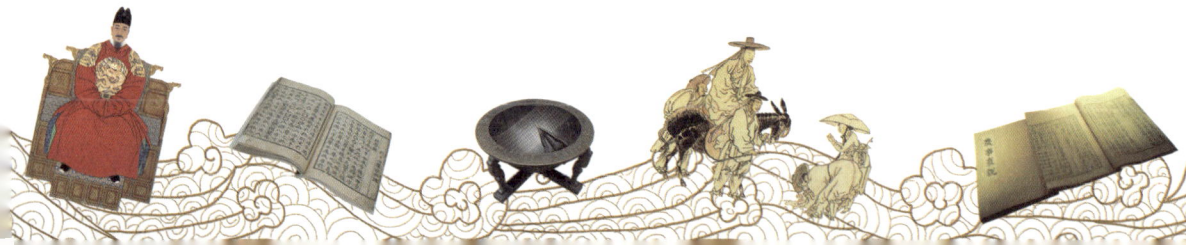

왕권을 강화하고 나라의 통치 체제를 만들기 시작하다

삼강오륜은 무엇일까?

삼강오륜 중 삼강은 군위신강(신하는 임금을 섬겨야 함), 부위자강(아들은 아버지를 섬겨야 함), 부위부강(아내는 남편을 섬겨야 함) 등 세 가지 덕목을 말하고, 오륜은 군신유의(임금과 신하 사이에는 의리가 있어야 함), 부자유친(부모와 자식 사이에는 친함이 있어야 함), 부부유별(부부 사이에는 구별이 있어야 함.), 장유유서(어른과 아이 사이에는 차례가 있어야 함), 붕우유신(친구 사이에는 믿음이 있어야 함) 등 다섯 가지 덕목을 가리켜.

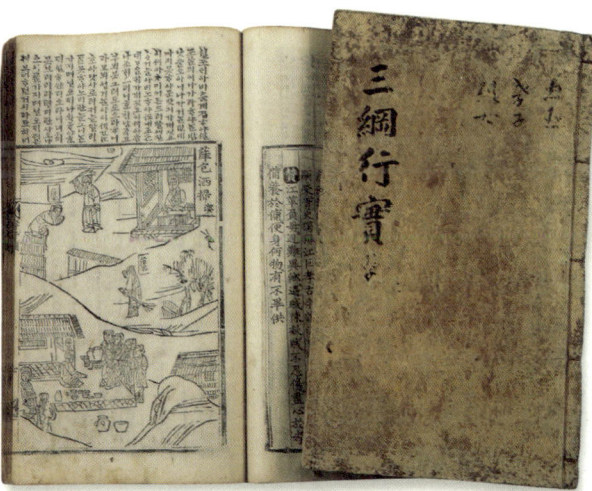

삼강행실도
유교 윤리를 몸소 실천한 우리나라와 중국의 충신과 효자, 열녀의 이야기를 모아 놓은 책이야. 글과 그림을 함께 실어 누구라도 쉽게 이해할 수 있도록 만들었어.

그래서 왕은 물론 백성들까지 유교적 가르침을 실천하며 살았어. 왕은 아침 일찍 일어나 가장 먼저 왕실의 웃어른께 문안 인사를 드렸어. 유교의 '효' 정신을 실천한 거지. 백성들도 집안의 행사를 치를 때 유교의 예에 따랐어. 15세가 넘으면 어른이 되었음을 알리는 의식을 치르는 관례, 남녀가 혼인을 하는 혼례, 돌아가신 사람의 장례를 치르는 상례, 부모가 돌아가신 후에 제사를 지내는 제례 등 집안의 행사 모두 유교의 예에 따랐던 거야.

또 조선 시대 사람들은 유교의 기본 덕목인 삼강오륜을 실천하기 위해 노력했어."

"부부유별이란 말을 따르듯, 조선 시대 왕과 왕비는 서로 다른 집에서 살았어. 왕은 강녕전, 왕비는 교태전 이렇게 말이야. 자, 이제 뒤뜰이 아닌 교태전의 본 건물로 가자."

한군데 오래 앉아 있다 보니 좀이 쑤시던 파래가 벌떡 일어나더니 앞장서 나갔다. 그러자 그런 파래를 시루가 막아섰다.

"어딜! 넌 도대체 뭘 배운 거야?"

"내가 뭘?"

"장유유서도 몰라? 어른이 먼저 가면 그 뒤를 따라야지."

양반의 상차림
잘 차려진 양반집 밥상이야. 이에 반해 평민이나 천민의 밥상은 잡곡밥에 짠지 하나 올라가는 것도 어려웠어.

왕권을 강화하고 나라의 통치체제를 만들기 시작하다

조선 시대 신분 제도는 어땠을까?

조선 시대는 엄격한 신분제 사회였어. 신분은 크게 양인과 천민으로 나뉘었는데, 양인은 다시 양반, 중인, 상민으로 구분되었지. 양반은 과거 시험을 치르고 관리가 되어 나랏일에 참여했어. 땅과 노비 등 재산을 가지고 있으면서 여유 있고 풍요로운 생활을 했지. 중인은 양반과 상민의 중간 계층을 말해. 병을 고치는 의관, 법률을 다루는 사람, 외국어를 통역하는 통역관, 양반을 도와 관청에서 일하는 사람 등이 중인에 속했어. 상민은 농업, 어업, 상공업에 종사하는 사람으로 대부분이 농민이었어. 상민은 군인이 되어 나라를 지키고 세금을 냈지. 천민은 대부분 노비였고, 백정, 광대, 무당, 기생도 천민에 속했어.

노상알현도
노새를 탄 양반 앞에서 평민이 머리가 땅바닥에 닿도록 고개를 숙이고 있어. 조선 시대에는 이처럼 신분 제도가 엄격했지. 조선 후기에 김득신이 그린 풍속화야.

시루의 말에 파래가 겸연쩍게 웃있다. 그러고는 손님을 안내하는 종업원처럼 허리를 숙이고 두 손을 공손히 펴서 갈 길을 향해 뻗었다.

"쌤, 먼저 가시죠."

파래의 너스레에 빡쌤도 뒷짐을 지고 맞장구를 쳐 줬다.

"에헴, 그럼 어디 가 볼까?"

 밑줄 쫙! 은지의 한국사 노트

1. ☐☐ 시대에는 정치, 경제, 문화적으로 성숙하여 태평성대를 이루었다.
조선

2. 성종은 재물을 늘리려 온갖 부정부패를 일삼는 ☐☐☐를 멀리하고 학문이 높은 ☐☐들을 뽑아 관리로 두었다.
훈구파, 사림

3. 『☐☐☐☐』은 조선 시대 통치를 위한 기본 법전인데, 법전을 중앙 정부 체제인 ☐☐에 해당하는 이조, 호조, 예조, 병조, 형조, 공조에 맞춰 이전, 호전, 예전, 병전, 형전, 공전 등 여섯 개의 분야로 나누어 수록했다.
경국대전, 6조

4. 조선 사람들은 유교의 기본 덕목인 ☐☐☐☐을 실천하기 위해 노력했다. ☐☐☐☐ 중 삼강은 군위신강, ☐☐☐☐, 부위부강 등 세 가지 덕목을 말하는 것이다.
삼강오륜, 삼강오륜, 부위자강

5. 조선 시대는 엄격한 신분제 사회였다. 신분은 크게 ☐☐과 ☐☐으로 나뉘었는데, 양인은 다시 양반, ☐☐, ☐☐으로 구분되었다.
양인, 천민, 중인, 상민

해서 다진 기틀이 흔들리다

성종의 뒤를 이은 왕은 폭군으로 유명한 연산군이야. 성종 때 사약을 받고 죽은 폐비 윤씨의 아들인 연산군은 어머니의 죽음과 관련된 사람들을 닥치는 대로 죽였어. 심지어 할머니를 머리로 받아 죽음에 이르게 하고, 백성들의 삶의 터전을 사냥터로 만들어 버리는 등 온갖 폭정을 일삼았지. 그러다가 결국 연산군에게 원한을 품고 있던 세력들이 군대를 일으켜 연산군을 왕위에서 끌어내렸고 강화도

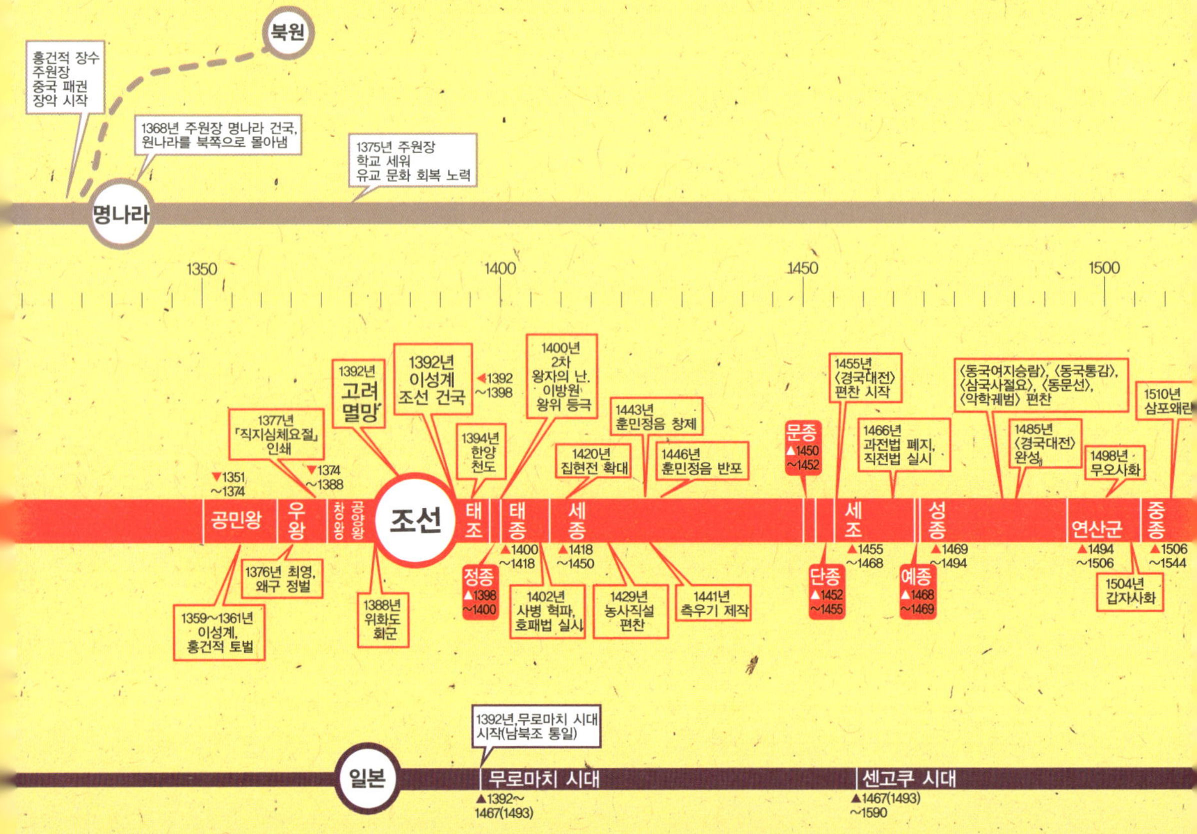

북원

- 홍건적 장수 주원장 중국 패권 장악 시작
- 1368년 주원장 명나라 건국, 원나라를 북쪽으로 몰아냄
- 1375년 주원장 학교 세워 유교 문화 회복 노력

명나라

1350　　　1400　　　1450　　　1500

- 1377년 『직지심체요절』 인쇄
- 1392년 고려 멸망
- 1392년 이성계 조선 건국
- 1394년 한양 천도
- 1400년 2차 왕자의 난, 이방원 왕위 등극
- 1420년 집현전 확대
- 1443년 훈민정음 창제
- 1446년 훈민정음 반포
- 1455년 〈경국대전〉 편찬 시작
- 1466년 과전법 폐지, 직전법 실시
- 〈동국여지승람〉, 〈동국통감〉, 〈삼국사절요〉, 〈동문선〉, 〈악학궤범〉 편찬
- 1485년 〈경국대전〉 완성
- 1498년 무오사화
- 1510년 삼포왜란

공민왕 | **우왕** | **창왕 공양왕** | **조선** | **태조** ▲1392 ~1398 | **정종** ▲1398 ~1400 | **태종** ▲1400 ~1418 | **세종** ▲1418 ~1450 | **문종** ▲1450 ~1452 | **단종** ▲1452 ~1455 | **세조** ▲1455 ~1468 | **예종** ▲1468 ~1469 | **성종** ▲1469 ~1494 | **연산군** ▲1494 ~1506 | **중종** ▲1506 ~1544

- ▼1351 ~1374
- ▼1374 ~1388
- 1376년 최영, 왜구 정벌
- 1388년 위화도 회군
- 1359~1361년 이성계, 홍건적 토벌
- 1402년 사병 혁파, 호패법 실시
- 1429년 『농사직설』 편찬
- 1441년 측우기 제작
- 1504년 갑자사화

일본

1392년 무로마치 시대 시작(남북조 통일)

무로마치 시대 ▲1392~1467(1493)

센고쿠 시대 ▲1467(1493)~1590

로 유배된 연산군은 그곳에서 최후를 맞이하게 돼.

연산군을 폐위시킨 세력들이 추대한 왕은 중종이야. 중종은 성종처럼 사림을 끌어들여 훈구파를 견제하려 했지만 결국 뜻을 이루지는 못해.

중종이 죽고 뒤를 이은 왕들은 외척들에 의해 좌지우지되며 존재 자체가 희미했어. 나라는 외척들의 권력 싸움과 부정부패로 엉망이 되어 가고 엎친 데 덮친 격으로 왜구들이 출몰하고 산적들이 들끓었어.

산적돌 가운데는 임꺽정처럼 권력을 가진 자들의 재산을 빼앗아 나눠 주는 등 백성들의 편에 선 의적도 있었어.

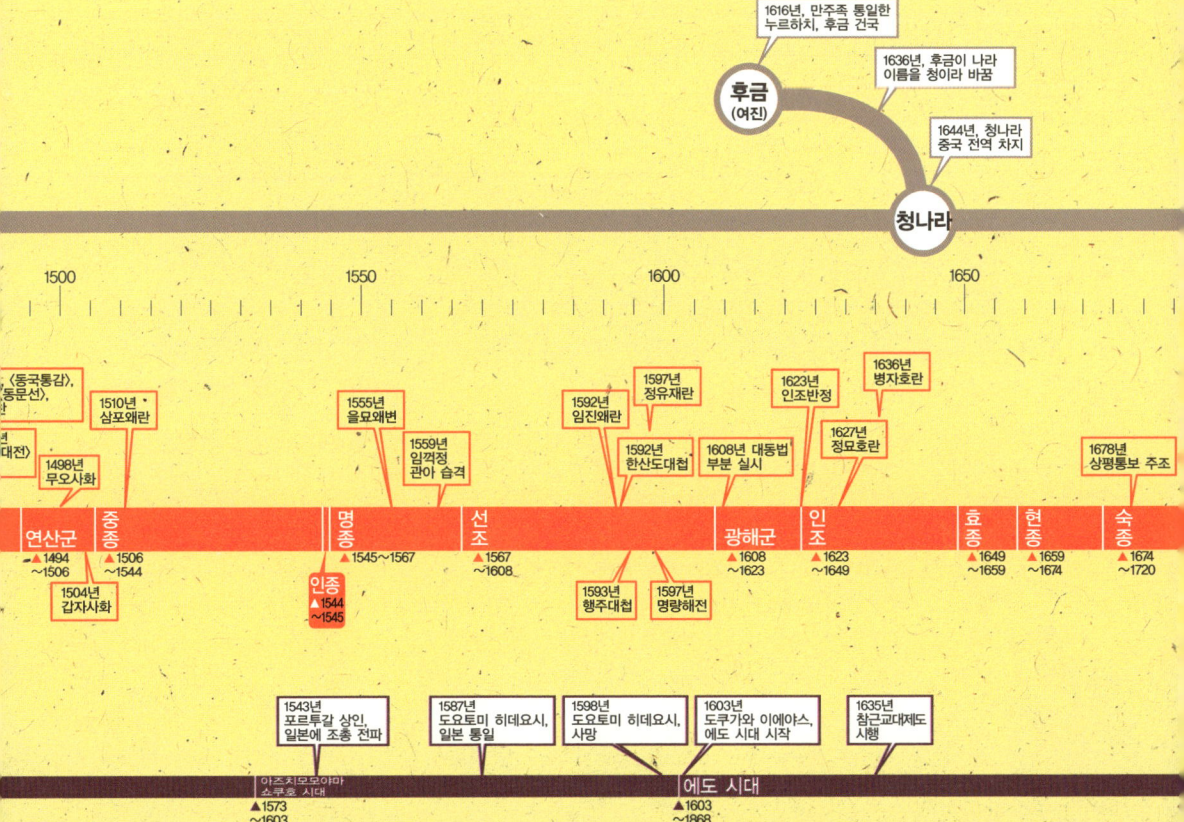

교태전에서 연산군을 만나다

교태전은 왕비의 거처답게 강녕전에 못지않은 기품이 있었고 자경전보다 훨씬 아름다웠다.

"교태전은 궁에서 가장 안쪽에 있으면서 중앙에 있어 중궁전이라고도 해. 중은 가운데란 뜻이지. '교태'는 음과 양의 조화를 의미해. 즉, 왕과 왕비의 조화로 나라를 잘 이끌고 훌륭한 왕이 될 왕자를 낳으라는 말이지. 아까 아미산 앞에 있던 건순각도 '건강하고 아무 탈 없이 순조롭게 아이들 낳으라.'라는 뜻이야. 다음 왕위를 이을 아들을 생산하는 것은 무엇보다 중요한 일이었지. 교태전은 왕비의 집무실이기도 했어. 왕비는 내명부의 대표로서 궁의

교태전
왕비가 집무실이자 침전으로 사용한 전각으로 중궁 또는 중전으로 불렀어. 교태는 하늘과 땅의 기운이 조화를 이루어 만물이 생성한다는 뜻이야.

교태전 꽃담
왕비의 침전인 교태전도 자경전처럼 왕실 여성의 공간답게 아름다운 꽃담이 둘러싸고 있어.

모든 살림의 책임자이기도 했단다."

"아까 자경전에서 대비가 내명부의 일을 결정했다고 하셨잖아요?"

"맞아. 대비는 궁의 가장 큰 어른으로서 중요한 문제에 자기 입장을 낼 수 있었어. 그러나 실질적으로 내명부를 이끄는 건 왕비였지. 물론 왕이 어려 나랏일을 대비가 처리하는 상황이라면 왕비 역시 별다른 힘을 쓰지 못하는 상황이니까 그땐 내명부 일도 대비가 이끌었어. 예종을 수렴청정하던 정희 왕후처럼 말이야. 이런 특별한 상황이 아니라면 왕비의 위상은 왕을 제외한 어느 누구보다 높았던 거야."

"저는 조선 시대가 남자만 위하는 사회라서 왕비도 그저 왕의 그늘에서 사

는 사람이라고만 생각했어요."

시루의 말에 마리가 한마디 보탰다.

"높은 지위에다 아름다운 정원까지, 정말 좋았겠다. 예쁜 옷도 입고."

"그러니 왕비를 시샘하는 사람도 있었어."

"왕비처럼 높은 사람을 누가 감히?"

"후궁들이었지. 왕의 아내에는 정실*인 왕비와 첩으로 들인 후궁이 있었어. 왕비에 비해 후궁의 지위는 보잘것없었지. 무엇보다 왕위는 왕비가 낳은 아들이 계승했어. 현재 왕의 아내이자 다음 왕의 어머니라면 그 위상이 어느 정도인지 알 수 있겠지?"

> ***정실**
> 첩과 구분해 본래 아내를 이르는 말이야.

"왕비가 아들을 못 낳으면 어떻게 되나요?"

"후궁이 낳은 아들 중 하나가 왕위를 잇게 되지. 그런 상황이 되면 복잡한 문제들이 벌어지곤 했어. 후궁이라도 세자를 낳은 어머니이니 겁날 게 없었거든. 그래서 이 교태전을 차지하고 싶어 음모를 꾸미는 후궁도 있었단다."

"아, 그럼 성종의 후궁이 이 교태전을 차지하려고 뭔가 일을 꾸몄다는 이야기를 하실 거군요."

"같진 않지만 비슷해. 성종에게는 왕비 공혜왕후가 있었는데 아이도 없이 열아홉 어린 나이에 죽었어. 교태전의 자리가 빈 거야. 그래서 후궁 숙의 윤씨가 왕비가 되어 교태전을 차지했어. 게다가 그해 윤씨는 세자 융을 낳았어."

"궁에 경사가 났네요."

"그런데 이게 비극의 시작이 되었어."

"오, 뭔가 무서운 일이 벌어질 것 같아."

"왕비가 되어 세자까지 낳은 윤씨는 교태전을 누구에게도 빼앗기고 싶지

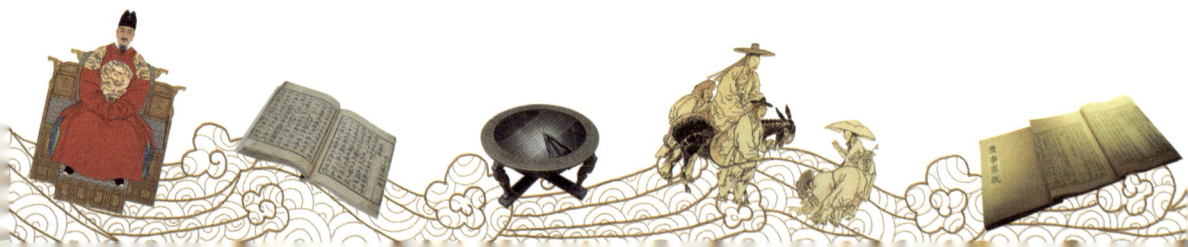

건순각
교태전의 동북쪽에 위치한 부속 건물로 왕비가 아이를 낳을 때 사용한 전각이야. 건강하고 순조롭게 아이를 낳으라는 뜻을 담고 있지.

않았어. 그래서 성종이 다른 후궁과 만나는 걸 끔찍하게 싫어했지. 혹시 성종과 후궁 사이에 아들이 생겨서 자기처럼 운좋게 교태전을 차지하는 후궁이 생길까 봐 두려웠던 거야. 그래서 후궁을 죽이기 위해 독약을 넣기도 하고 저주하는 주문을 외우기도 했어. 그러다 어느 날 후궁을 만나고 온 성종의 얼굴을 할퀴어서 상처를 내고 말았어. 아무리 왕비라 해도 하늘인 왕의 얼굴, 즉 용안에 흠집을 내는 건 용서받을 수 없는 일이었지. 이전부터 후궁들에게 해 온 나쁜 행동을 눈감아 준 성종이었지만 더는 참고 있을 수 없었어. 특히 성종의 어머니인 인수대비의 분노는 굉장했어. 윤씨는 결국 왕비의 자리에서 쫓겨나."

"교태전을 지키려던 행동이 교태전에서 쫓겨나는 원인이 되었군요."

"그런 셈이지. 뭐든 지나치게 집착하면 안 좋은 일이 벌어지곤 해. 친정에

머물던 윤씨는 결국 왕이 내린 사약을 먹고 죽었어."

"그럼 윤씨의 아들인 세자는요?"

"성종의 보호로 세자는 화를 면했어. 성종은 아무도 폐비* 윤씨의 일을 입에 담지 못하게 했어. 그리고 윤씨의 뒤를 이어 교태전의 주인이 된 정현왕후 윤씨는 어린 세자를 친자식처럼 키웠어. 그래서 세자는 어머니 윤씨의 존재를 모른 채 정현왕후가 어머니인 줄 알고 자랐지."

*폐비
자리에서 쫓겨난 왕비를 말해.

연산군 시대, 두 번의 사화가 일어나다

"시간이 흘러 성종이 죽자 세자 융이 왕위에 올랐는데 그가 바로 조선의 제10대 왕 연산군이야. 연산군은 성종과는 반대로 사림을 몹시 싫어했어.

"왜 사림을 싫어했어요?"

"연산군은 세자 시절부터 공부라면 질색이었어. 그런 자신에게 공부를 강요하던 사람들이 모두 사림이었단 말이지. 그러니 사림을 싫어할 수밖에. 사림은 학문을 갈고닦는 것이야말로 선비의 본분이라고 여긴 사람들이잖아. 이들은 눈만 뜨면 공부를 하는 그야말로 공붓벌레였어. 이들이 세자 교육을 담당했던 거야."

"공부를 벌레보다 싫어하는 사람이 공붓벌레를 만난 셈이네요?"

*사초
역사를 기록하는 일을 맡은 사관이 매일 일어나는 역사적 사실을 적은 기록물이야.

"그렇지. 그러던 어느 날 사건 하나가 벌어졌어. 사림파로서 역사를 기록하는 관리인 김일손이 세조가 단종을 내쫓은 건 잘

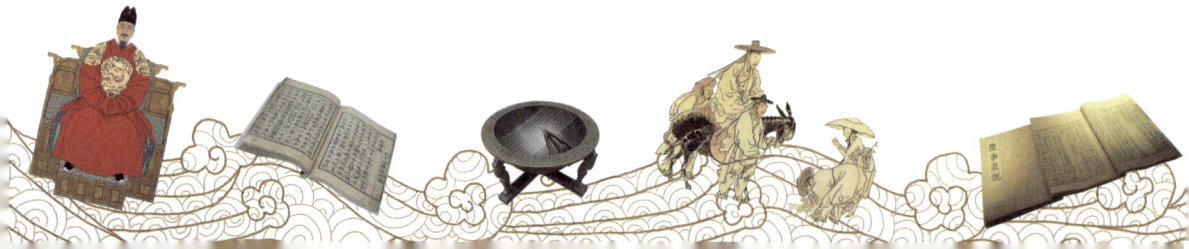

못이라는 내용을 담은 김종직의 「조의제문」을 사초*에 삽입한 거야. 그러자 훈구파 유자광이 이것은 왕의 할아버지를 욕한 거라며 연산군에게 고하지."

"사림파와 훈구파의 싸움이 시작된 거예요?"

"그렇지. 이에 연산군은 화가 나서 김일손을 비롯하여 많은 사림파를 제거해. 이 사건은 무오년에 일어났다고 해서 '무오사화'라고 불러. 무오사화 이후 연산군에게 학문을 권하거나 가까이 다가가는 사람이 드물었어. 그러던 어느 날 훈구파 중 한 사람인 임사홍이 연산군 앞에 이상한 비단 조각 하나를 내밀었어."

"이상한 비단 조각이요?"

"폐비 윤씨가 사약을 받고 죽어 가며 토한 피가 묻은 조각이었어."

"어머니가 사약을 받고 참혹하게 죽었다는 사실을 알게 된 연산군은 폐비 윤씨 사건과 관련 있는 후궁 두 사람을 잡아들여 죽였어. 또 자기 어머니를 미워했던 할머니 인수대비도 머리로 받아 죽음에 이르게 했지. 어머니를 쫓아내는 데 찬성했던 신하들도 모두 죽여 버렸어. 이 사건은 갑자년에 일어났다고 해서 '갑자사화'라고 해. 이 두 차례 사화로 많은 사림파가 희생되었어. 눈엣가시였던 사림파를 없애려던 훈구파의 뜻대로 된 거야.

이후 연산군은 맘에 안 드는 사람이 있으면 모두 죽여 버렸어. 그리고 백성들이 멀쩡히 잘 살고 있는 마을을 없애 자기 사냥터로 만드는 등 폭정을 일삼았어.

연산군에게 원한을 품고 있던 박원종, 성희안 등이 군대를 일으켜 연산군을 왕위에서 끌어내렸지. 결국 연산군은 강화도로 유배되었다가 석 달여 만에 세상을 떠나."

"교태전에 대한 탐욕이 결국 이런 비극을 불러온 거군요."

강화 교동도 연산군 유배지
포악한 정치를 일삼던 연산군은 결국 강화도로 유배되고 말았어. 사진은 강화 교동도에 연산군 유배지를 재현한 장소야.

"이것만이 연산군이 폭정을 저지르고 몰락에 이르게 된 이유는 아닐 거야. 그러나 비극의 씨앗은 분명하지."

"교태라는 말처럼 서로 조화를 이루고 살았다면 좋았을 텐데, 휴우~!"

은지가 교태전 편액을 보며 어른처럼 한숨을 내쉬었다.

"그러게 말이야. 이왕 궁에 왔으니 왕실 사람들처럼 차 한잔 하러 갈까?"

빡쌤의 말에 아이들은 환호성을 질렀다. 아주 작은 소리로.

일행은 교태전 동쪽에 있는 만통문을 나왔다. 교태전 옆에 아까 자경전으로 가는 길에 봤던 건물이 있었다.

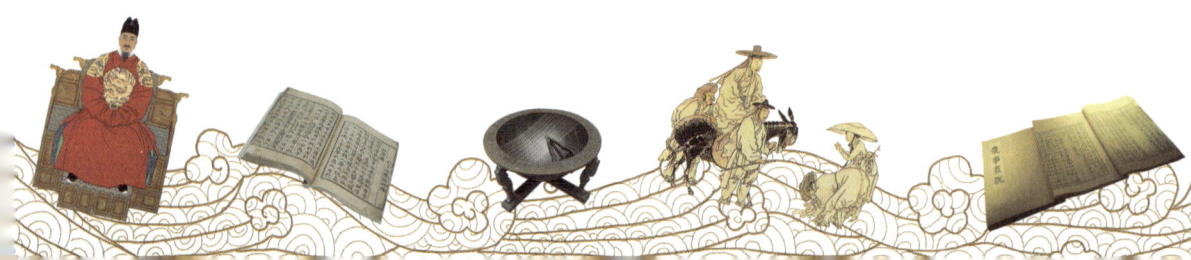

애써 다진 기틀이 흔들리다

중종을 만나러 소주방으로 가다

"이곳은 소주방이야. 들어본 적 있어?"

아이들은 서로 얼굴만 쳐다볼 뿐 대답이 없었다.

"음, 그럼 수라간이라는 말 들어 봤니?"

그제야 아이들은 일제히 대답했다.

"알아요. 궁에서 음식을 만드는 곳이에요."

"맞았어. 이곳은 왕의 가족들이 먹는 음식을 만드는 곳이야. 이 건물은 2015년에 복원됐지. 그래서 잘 모르는 사람이 많아. 너희 대장금이란 이름은 들어봤니?"

소주방
왕의 가족들이 먹는 음식을 만드는 부엌으로 수라간이라고도 불려. 크게 내소주방, 외소주방, 생물방으로 구성되어 있어.

"네, 조선 시대 뛰어난 궁중 요리사이자 의사였던 사람이죠."

은지의 말에 마리도 한마디 보탰다.

"저는 텔레비전에서 사극 드라마 재방송 하는 거 봤어요. 엄청 재미있었어요."

"오, 아무도 모를 줄 알았는데 뜻밖인걸? 〈대장금〉이라는 드라마를 통해 조선 시대 수라간이 많이 알려졌지. 그럼 조선 시대 주방으로 들어가 보자."

일행은 소주방으로 들어가 이곳저곳을 돌아보았다. 일하기 편하도록 장식적인 것이 없이 반듯반듯하게 잘 정리된 느낌이었다. 방 안에는 밥상 위에 음식이 놓여 있었다.

"와, 맛있겠다!"

소주방 안에 전시된 음식 모형
소주방에는 당시 왕이 먹었던 음식을 모형으로 재현해 놓았어. 사진은 간단한 왕의 점심 상차림이야.

마토가 입맛을 쩍쩍 다셨다. 그러나 실제 음식이 아니라 모형이었다. '그림의 떡'이었던 것이다. 그런데 무엇보다 놀라웠던 것은 조선 시대 소주방 우물이었다. 화강암으로 만들어졌는데 전체 지름이 4미터나 될 정도로 커다란 원형이었고 위에서 보면 마치 커다란 꽃 모양 같았다. 소주방을 복원하면서 발굴된 것이라고 한다. 조선 시대 그것도 궁궐의 우물이라니. 아이들은 신기한 나머지 우물가를 빙글빙글 돌았다.

빡쌤이 아이들을 이끈 곳은 생물방이란 건물이었다. 이곳에서는 임금의 후식과 별식인 과자, 차, 화채, 죽 등을 만들었다는 안내문이 붙어 있었다. 안

소주방 우물
소주방에는 커다란 우물이 있어. 이 우물에서 음식을 만드는 데 필요한 물을 길어 올렸을 거야. 경복궁에는 이 우물을 포함해 총 일곱 개의 우물이 있다고 하는구나.

에는 궁녀 복장을 입은 사람들이 일을 하고 있었다.

빡샘을 따라 아이들과 빡쌤의 단짝은 안으로 들어가 앉았다. 빡쌤과 단짝 그리고 은지는 오미자차를, 그리고 나머지 아이들은 달콤한 유자차를 시켰다. 곧 한복을 곱게 차려입은 언니가 차를 내왔다. 일행은 조선 시대 왕족들처럼 천천히 차를 마셨다.

"〈대장금〉 드라마의 배경이 되는 시대가 바로 중종 때야. 이제 중종 이야기를 해 보자."

2부 유교적 질서로 안정을 이루다

조광조를 통해 나라를 바로잡고자 한 중종

"중종반정으로 성종의 둘째 아들 진성대군이 왕위에 올랐는데 그가 바로 조선 제11대 왕 중종이야. 중종은 자신을 왕위에 올린 훈구파의 기세에 눌려 왕권이 미약했어. 조정을 훈구파들이 모두 장악하고 있었기 때문이야. 그런데 연산군 시대에 사화를 당하고 관직에서 물러났던 사림들이 훈구파를 비판하는 상소를 올리기 시작했어."

"사림들이 다시 힘을 내기 시작한 거네요."

"맞아. 중종은 이거다 싶었어. 중종은 사림파와 힘을 합쳐 훈구파가 망가뜨린 나라를 다시 일으켜야겠다고 생각했지. 사림 중 조광조라는 사람이 있었어. 조광조는 관리가 되기 전부터 학문적 평판이 높았어. 과거에 급제한

근정전 품계석
조선은 문무백관의 벼슬을 정1품부터 종9품까지 18등급으로 나누었어. 조광조는 과거에 급제한 뒤 정6품의 높은 벼슬을 얻고 3년 만에 종2품인 대사헌의 자리까지 올랐어.

뒤 바로 정6품이라는 높은 벼슬을 얻었고 3년 만에 사헌부*의 장관인 대사헌이 되었어."

"정6품이 높은 벼슬인가요?"

"과거 시험을 봐서 합격한 사람이 처음 맡을 수 있는 직책은 보통 종9품부터였고 장원 급제자라 하더라도 종6품부터 시작했거든. 그리고 3년 만에 대사헌이 되었다는 건 오늘날로 치면 초고속 승진에 해당하지. 중종은 학문적 평판이 높고 부당함을 날카롭게 지적할 줄 아는 조광조가 자신의 개혁 의지를 실현해 줄 파트너라는 걸 알았어."

"조광조는 현량과를 실시하자고 중종에게 건의했어."

"현량과가 뭐예요?"

"현량과란 학문이 깊고 인격이 높은 선비를 과거를 거치지 않고 추천받아 관리로 등용하는 제도야."

*사헌부
관리들의 비리를 조사하고 탄핵했던 관청이야.

"그럼 실력 있는 사람들이 중앙에 많이 진출했겠네요?"

"그랬지. 그들로 인해 조광조는 강한 힘을 갖게 되고 그 힘으로 개혁에 속도를 붙였어. 조광조는 훈구파들이 공을 세운 대가로 받은 훈장과 직위를 없애 어려운 나라 살림을 회복해야 한다고 주장하지. 중종은 훈구파들의 반발이 거세게 일자 주저하지만 조정에 들어온 사림과 학자들의 지지를 받는 조광조의 의견을 듣지 않을 수 없었어. 그래서 결국 전체 공신의 75퍼센트를 공신 명부에서 삭제했지.

궁지에 몰리던 훈구파는 조광조를 없앨 음모를 꾸몄어. 어느 날 훈구파 홍경주의 딸인 후궁 희빈이 중종에게 나뭇잎을 내밀었어. 나뭇잎에는 벌레가 갉아먹은 자국이 있었는데 그것은 놀랍게도 한자로 '주초위왕(走肖爲王)'이라는 글자였어."

빡쌤은 태블릿 그림판에 손으로 글자를 써 보였다.

"이게 무슨 뜻이에요?"

"주(走)와 초(肖)를 합하면 조(趙)라는 글자가 돼. 조광조의 성씨지. 이것은 곧 조광조가 왕이 된다는 뜻이야."

"말도 안 돼요. 어떻게 벌레가 그 어려운 한자를 알고 그 글자대로 갉아먹을 수가 있어요?"

"말도 안 되지? 훈구파가 나뭇잎에 글자 모양을 따라 꿀을 발라 놓았고 벌레가 그 꿀을 따라 나뭇잎을 파먹었던 거야."

"꿀로 함정을 파다니 기발하네요, 꿀꺽."

마토가 달콤한 꿈을 떠올리며 입맛을 다셨다.

"왕이란 사람이 그런 장난 같은 모함을 믿었단 말이에요?"

"사실 중종도 그게 사실이 아니란 걸 눈치 채고 있었어. 그러면서도 조광조에 대한 의심을 거두지는 못했지. 조광조의 세력이 생각보다 커졌기 때문이야. 또 과감하고 신속한 개혁 정책에 부담을 느끼기도 했고.

중종이 흔들리는 기미를 보이자 기다렸다는 듯이 훈구파들이 중종을 찾아와 조광조가 반역을 꾀한다고 모함했어. 마침 개혁 정책이 부담스러웠던 중종은 조광조와 그를 따르는 사람들을 모두 유배시키거나 사약을 내렸어. 이 사건은 1519년 기묘년에 일어났다고 해서 '기묘사화'라고 불러.

조광조가 죽자 조정은 훈구파들의 세상이 되었어. 그러나 그들도 나이 먹고 죽거나 다른 경쟁자들의 모함에 죽었지. 이제 궁은 다른 세력이 권력을 둘러싸고 다투게 돼. 그들은 바로 세자의 외가인 윤임 일파와, 세자의 어머니가 죽자 왕비가 된 문정왕후의 윤원형 일파야. 두 집안 다 윤씨여서 윤임 쪽을 '대윤', 윤원형 쪽을 '소윤'이라고 불러. 두 파의 다툼으로 나라는 점점 더

어지러워졌어. 나라를 개혁하기를 포기했던 중종은 난장판이 되어 가는 궁중을 걱정스럽게 바라보며 세상을 떠났어."

중종 이야기가 끝나자 늦은 오후가 되어 있었다. 소주방을 나오자 경복궁의 서쪽으로 해가 기울어졌다.

대비의 저주로 죽은 인종

빡쌤은 다시 대비가 생활하던 자경전 쪽을 가리켰다.

"중종의 뒤를 이어 조선 제12대 왕 인종이 왕위에 올랐어. 그의 외척은 대윤 윤임이야. 조카가 왕이 되자 윤임은 권력을 잡고 나랏일을 쥐락펴락하지. 그러자 중종의 세 번째 왕비인 문정왕후는 어떻게 해서든 자기가 낳은 아들 경원대군을 왕으로 만들기 위해 인종을 달달 볶아. 인종은 어질 인(仁)자가 들어간 이름에서 알 수 있듯이 어질고 효심이 깊은 사람이었어. 그래서 아무리 문정왕후가 모질게 굴어도 참고 효도를 다하려 애썼어. 그럴수록 문정왕후는 끝없이 인종을 괴롭혔지. 인종에게 심한 스트레스를 줘서 제거하고 싶었던 거야. 문정왕후의 표독스러운 괴롭힘 때문인지 인종은 원인을 알 수 없는 병으로 왕이 된 지 8개월 만에 죽었어. 문정왕후의 소원대로 된 거야. 떠도는 말로는 인종이 저기 자경전에 문안하러 갔을 때 문정왕후가 독이 든 떡을 먹여 죽음에 이르게 했다고 해. 뭐, 사실인지 아닌지는 알 수 없지만."

긴 그림자가 드리워지는 자경전을 바라보는 아이들의 마음이 복잡했다.

외척들 때문에 못살겠다! 명종

　일행은 강녕전 문으로 다시 들어갔다. 지금까지 걸어온 길을 되밟아 경복궁을 나가기로 했던 것이다. 아이들은 천천히 걸으며 빡쌤의 설명을 들었다.

　"인종이 죽자 1545년 문정왕후가 꿈꿨던 대로 드디어 경원대군이 왕위에 올랐어. 그가 바로 명종이야. 명종은 12세밖에 되지 않아 대비인 문정왕후가 수렴청정을 했어. 문정왕후가 정치에 나서면서 가장 먼저 한 일은 소윤파인 동생 윤원형과 손을 잡고 대윤파인 윤임을 제거할 음모를 세운 거였어.

　대윤파 윤임을 향한 음모는 이랬어. 윤원형이 수상한 편지 한 통을 썼어. 그 편지를 받는 수신인은 죽은 인종의 왕비인 인성왕후라고 썼고. 이 편지를 대궐에 일부러 떨어뜨린 이 편지를 상궁이 주워 문정왕후에게 바쳤지. 편지에는 놀랍게도 성종의 아들 계림군을 왕으로 세우자는 내용이 적혀 있었어."

　"윤임은 편지를 쓰지도 않았고 계림군을 왕으로 세우려고 생각한 적도 없었잖아요."

　"그러니까 음모지. 문정왕후는 이 가짜 편지를 빌미 삼아 윤임과 자기를 비판하는 사림들을 모두 잡아다가 귀양 보내거나 처형했어."

　"그럼 뒤에 왕이 될 경원대군을 지지하지 않고 앞서 왕이 될 세자를 지지했다고 해서 사화를 일으킨 거네요?"

　"그렇게 단순하게 보긴 어려워. 문정왕후는 대윤파는 물론 자신을 비판하는 사림들이 눈에 거슬려 모두 제거하고 싶었던 거야. 이 사건은 1545년 을사년에 일어났다고 해서 '을사사화'라고 해.

　1553년 명종이 20세 어엿한 성인이 되어 직접 정치를 하기 시작했어. 하지만 독립하긴 쉽지 않았어. 문정왕후는 수렴청정에서 물러난 후에도 사사건건

명종을 간섭했고 문정왕후의 동생 윤원형이 조정 대신 중에 가장 윗자리인 영의정을 차지하고 있었기 때문이야."

"외갓집 사람들이 도대체 왜 그러는지 모르겠네요."

"그렇지. 명종은 외갓집 사람이 문제였어. 왕의 어머니 쪽 친척을 외척이라고 하는데 명종 때는 외척들 때문에 조정이 어지러웠어.

1565년 문정왕후가 65세의 나이로 죽음을 맞이하자 백성들은 무척 기뻐했어. 명종이 윤원형을 평민으로 전락시키자 윤원형은 금부도사가 자신들을 죽이러 오고 있다는 말에 지레 겁을 먹고 스스로 목숨을 끊었어."

"도둑이 제 발 저린다더니."

일행은 사정전을 지났다. 그러면서 세종 대왕을 생각했다. 세종이 밤낮으로 고민하며 발전시킨 조선을 이렇게 엉망으로 만든 사람들에 대한 분노가 가슴속에서 치밀어 올랐다.

왜구가 쳐들어오고, 의적 임꺽정이 관아를 털다

사정전을 지나 근정전으로 들어섰다. 웅장한 근정전의 안쪽이 어둑어둑했다. 나라와 백성의 안녕보다는 자기 배 불리기에 정신이 없었던 당시 사람들은 지금 세상에 없지만 왠지 그들이 어디선가 유령처럼 살아나 세상을 돌아다니는 것만 같았다.

"안으로는 외척들 때문에 조정이 어지러울 때 밖에서는 왜구가 침략해 들어왔어. 1544년 남해안에 왜구가 침략해 사량진왜변을 일으켰지. 1555년에는 선박 70척을 앞세우고 몰려와 남해안 백성들을 약탈했는데, 이때 일어난

왜변을 을묘왜변이라고 해. 조정에서는 토벌대를 조직해 몰아내려 했지만 대패하고 2차 토벌대를 파견해 왜구를 겨우 막아 냈어."

"안에서는 외척이 날뛰고 밖에서는 왜구가 쳐들어오고 정말 정신이 하나도 없네요."

"이 왜변은 거기서 그치지 않고 큰 왜란으로 발전해. 이 왜변으로부터 37년 뒤인 1592년에 일본이 임진왜란을 일으키게 되지.

조정에서는 외척이, 밖에는 왜구가 들끓는 바람에 백성들의 삶은 더욱 어렵게 되었어. 그러자 전국 곳곳에서 산적들이 무리를 지어 다니면서 양민을 약탈하는 사태가 벌어졌어. 그 산적의 무리를 결합해 의적을 일으킨 이가 있었으니 바로 임꺽정이야."

"저 임꺽정 알아요. 아빠 책장에 꽂혀 있는 소설 봤거든요."

"그랬구나. 임꺽정은 경기도 양주의 백정 출신으로 황해도 구월산에 본거지를 두고 활동했어. 경기도와 황해도 일대의 관아를 습격해 창고의 곡식을 꺼내서 백성들에게 골고루 나누어 주었어."

"홍길동 하고 비슷하네요."

고석
강원도 철원군 동송읍 한탄강 변에 우뚝 솟아 있는 바위야. 명종 때 의적 임꺽정이 이곳 동굴에 숨어 있었다는 이야기가 예로부터 전해져 오고 있어.

"맞아. 그래서 백성들 사이에선 의적으로 통했지. 임꺽정의 활동은 1559년부터 3년간 지속되다가 1562년 그의 부하였던 서림의 배반으로 붙잡히면서 끝을 맺었어.

문정왕후가 죽은 뒤 나름대로 나라를 이끌어 갈 기회를 잡은 명종이었지만 이번엔 시간이 그를 가만히 두지 않았지. 오랜 시간 어머니와 삼촌들에게 억눌려 살며 얻은 마음의 병으로 그 역시 곧 죽음을 맞이하게 돼. 명종이 나라를 다스린 시대는 외척들이 나라를 어지럽히고 백성들은 고통에 신음했던 불행한 시기였어. 그런데 불행은 여기서 끝나지 않아."

"어후, 쌤 힘들어요. 불행한 이야기는 이제 그만해요."

마리가 머리가 아픈 듯 이마를 짚었다.

"맞아요. 일단 뭐라도 먹어요."

마토는 배를 움켜쥐고 비틀거렸다.

"그래그래. 어서 종로로 가서 맛있는 거 먹자. 여기 내 친구가 사 줄 거야."

빡쌤의 말에 단짝이 펄쩍 뛰었다.

"내가? 내가 왜?"

"너 수업료 안 내?"

"무슨 수업료?"

"오늘 나한테 종일 역사 수업 들었잖아?"

"누가 듣고 싶어서 들었니? 약속 장소 바꾼 건 너잖아?"

"오호라. 먹고 튀시겠다! 얘들아, 내 친구의 이런 행동 옳아 보이니?"

"아니요."

아이들이 한목소리로 대답했다.

"그런데 빡쌤 친구 분한테만 다 내게 하는 것도 공평하진 않은 거 같아. 빡

쌤 때문에 이 좋은 토요일 오후를 역사 공부로 보냈잖아."

은지의 말에 빡쌤 단짝이 손뼉을 쳤다.

"그렇지! 너 말 잘했다."

"근데요, 뭐 좀 물어봐도 돼요?"

"뭔데? 뭐든 물어봐."

자기편을 들어 주는 은지의 말에 단짝은 팔을 활짝 벌려 보였다.

"저희는 오늘 경복궁을 둘러보며 역사를 공부한 게 참 유익하고 재미있었거든요."

"나도 아주 유익하고 즐거웠어요, 하하하."

단짝은 자기가 뒤집어쓸 덤터기를 피하게 해 준 은지의 말에 무조건 고개를 끄덕였다.

"유익한 시간이었다면 수업료를 내는 게 옳은 것 같아요. 공짜는 없는 법이니까요. 빡쌤 친구 분처럼 예쁜 사람이 공짜를 바랄 것 같진 않아요."

은지는 방심한 단짝의 머리에 다시 덤터기를 올려놓았다. 단짝은 자기가 한 말이 있어서 뭐라 다른 말을 하지 못했다.

"그런데 친구 분만 내는 건 부담이 크진 않을까?"

파래가 괜히 얼굴이 붉어지며 말했다.

"그럼 쌤도 값을 치르면 되지."

은지의 말에 이번엔 빡쌤이 펄쩍 뛰었다.

"내가? 내가 왜?"

"음, 저희가 꿈틀에 가서 캡틴한테 빡쌤에게 남친이 없다고 말할게요. 그 값이요."

은지의 차분한 말에 빡쌤의 머리가 복잡해졌다. 오전에 아이들의 음모를

애써 다진 기틀이 흔들리다

공부라는 수로 되받아쳤다고 기뻐했는데 다시 얽히는 느낌이었다.

"그 이야기가 나랑 무슨 상관이 있는데?"

"만약 값을 안 치르신다면 저흰 그냥 빡쌤에게 남자 친구가 있는지 없는지는 모르지만 어떤 키 큰 사람이랑 만나는 것 같다고 할 거예요."

은지가 먼 하늘을 보며 남 얘기하듯 말했다. 아이들과 단짝은 그 모습이 우스워 킥킥거렸다.

"아니 지금 얘가 여자지 남자야?"

빡쌤이 단짝을 가리키며 말하자 파래가 아까 세종로에서 단짝을 처음 만났을 때 같은 대답을 했다.

"남자요."

이 말에 단짝이 웃음보가 터졌다.

"후하하하하하하. 아무래도 칼자루는 아이들이 가진 거 같은데? 그냥 너랑 나랑 반반씩 내지, 뭐."

빡쌤도 여기서 지는 편이 아무래도 나중에 득이 될 거 같아 단짝의 말에 고개를 끄덕였다. 둘이 고통을 분담하는 사이 아이들은 저 멀리 어깨동무를 하고 앞장서 가고 있었다.

"얘들아, 같이 가."

꿈틀 일행은 근정문과 흥례문 그리고 광화문을 지나 도심으로 나왔다. 아이들은 광화문을 올려다보며 손을 흔들었다.

"경복궁 안녕! 다음에 또 올게."

경복궁을 떠나며

빡쌤과 아이들 그리고 아이 같은 단짝 친구는 세종 대왕 동상 앞에서 경복궁을 배경으로 기념 사진을 찍었다.

"다음 한국사 수업에는 드디어 이순신 장군이 나와. 미리 인사를 드리자."

아이들은 배에 두 손을 가지런히 올리고 꾸벅 배꼽 인사를 했다.

그리고 지금은 세종로로 불리는 육조 거리를 걸어 종로와 만나는 곳까지 왔다. 퇴근 시간이어서 거리는 사람들로 붐볐다.

"종로는 예전에는 운종가라고 불렀어. 구름처럼 사람들이 몰려다닌다고 해서 붙은 이름이야."

"지금도 운종가인데요. 사람들이 구름처럼 몰려다녀요."

"그러게 말이야. 운종가에서 한 블록 너머에 청계천이 흐르는 건 알지?"

"그럼요."

"예전엔 개천이라고 불렀는

종로 전경
종로는 예나 지금이나 많은 사람이 북적거리는 번화한 곳이야. 예전에는 사람들이 구름처럼 몰려다녔다고 해서 운종가로 불렸지.

조선 시대 종로 풍경
조선 시대 종로를 재현한 모습이야. 장사를 하는 사람들, 관리들, 구경 나온 사람들로 거리는 지금처럼 북적북적했어. 종로의 상가들 뒤쪽으로는 피맛길이라는 좁은 길이 있어서 높은 벼슬아치들의 행차로 인해 불편했던 일반 평민들이 다녔어.

데 일제 강점기에 청계천으로 고쳐 불렀어. 조선 시대 사람들처럼 운종가를 걸어 보자."

아이들은 빡쌤의 뒤를 바싹 붙어서 쫓아갔다. 그런데 사람이 너무 많아 잘못하면 아이 중 누군가 무리에서 떨어져 길을 잃을 것 같았다.

"옆길로 빠지자."

빡쌤과 일행은 종로에 늘어선 상가들 사이로 난 좁은 길로 들어섰다.

그러자 종로 대로보다 폭은 좁지만 사람이 제법 다닐 만한 길이 나왔다.

"이 길은 피맛길이라고 해. 조선 시대에 종로를 걷다 보면 높은 벼슬을 하는 양반들이 말을 타고 지나곤 했어. 그러면 일반 백성들은 옆으로 물러서 양반 행렬이 지날 때까지 몸을 낮추고 꼼짝도 하지 못했지. 이게 너무 불편해 종로 뒷골목으로 다니기 시작했는데, 그래서 말을 피하는 길, 즉 피맛길이라

고 불렀어."

　아이들은 조선 시대에 사람들이 다니던 길이 아직도 있는 게 정말 신기했다. 왕과 그의 가족들이 살던 경복궁, 관리들이 나랏일로 분주하게 다니던 육조거리, 한양을 둘러싼 동서남북의 문들, 장사치와 백성들이 사고팔 물건을 들고 바쁘게 걷던 운종가, 그리고 좁지만 왠지 나만의 숨겨 놓은 길 같은 피맛길……. 아이들은 긴 시간을 넘어 현재로 온 조선의 도읍지를 머리와 가슴에 새기며 걸었다.

 밑줄 쫙! 은지의 한국사 노트

1. ☐☐☐ 시대에는 무오☐☐와 갑자☐☐가 일어났다. ☐☐란 사림이 화를 입었다는 뜻이다.
   조선시대, 사화, 사화, 사림

2. ☐☐☐은 왕의 가족들이 먹는 음식을 만드는 곳이다.
   수라간

3. ☐☐☐는 현량과를 실시하자고 ☐☐에게 제안했다. 현량과란 학문이 깊고 인격이 높은 선비를 추천받아 관리로 등용하는 제도이다.
   조광조, 중종

4. 경기도 양주의 백정 출신인 ☐☐☐은 황해도 구월산에 본거지를 두고 활동했던 의적으로, 경기도와 황해도 일대의 관아를 습격하고 창고의 곡식을 꺼내 백성들에게 골고루 나누어 주었다.
   임꺽정

5. 조선시대 한양에서 장사치와 백성들이 사고팔 물건을 들고 바쁘게 걷던 거리를 ☐☐☐라고 한다.
   운종가

6. 조선시대에 종로를 걷다 보면 높은 벼슬을 하는 양반들이 말을 타고 지나곤 했다. 이들을 피하기 위해 일반 백성들은 종로 뒤쪽의 좁은 길을 이용했다. 이 길을 ☐☐☐이라고 한다.
   피맛골

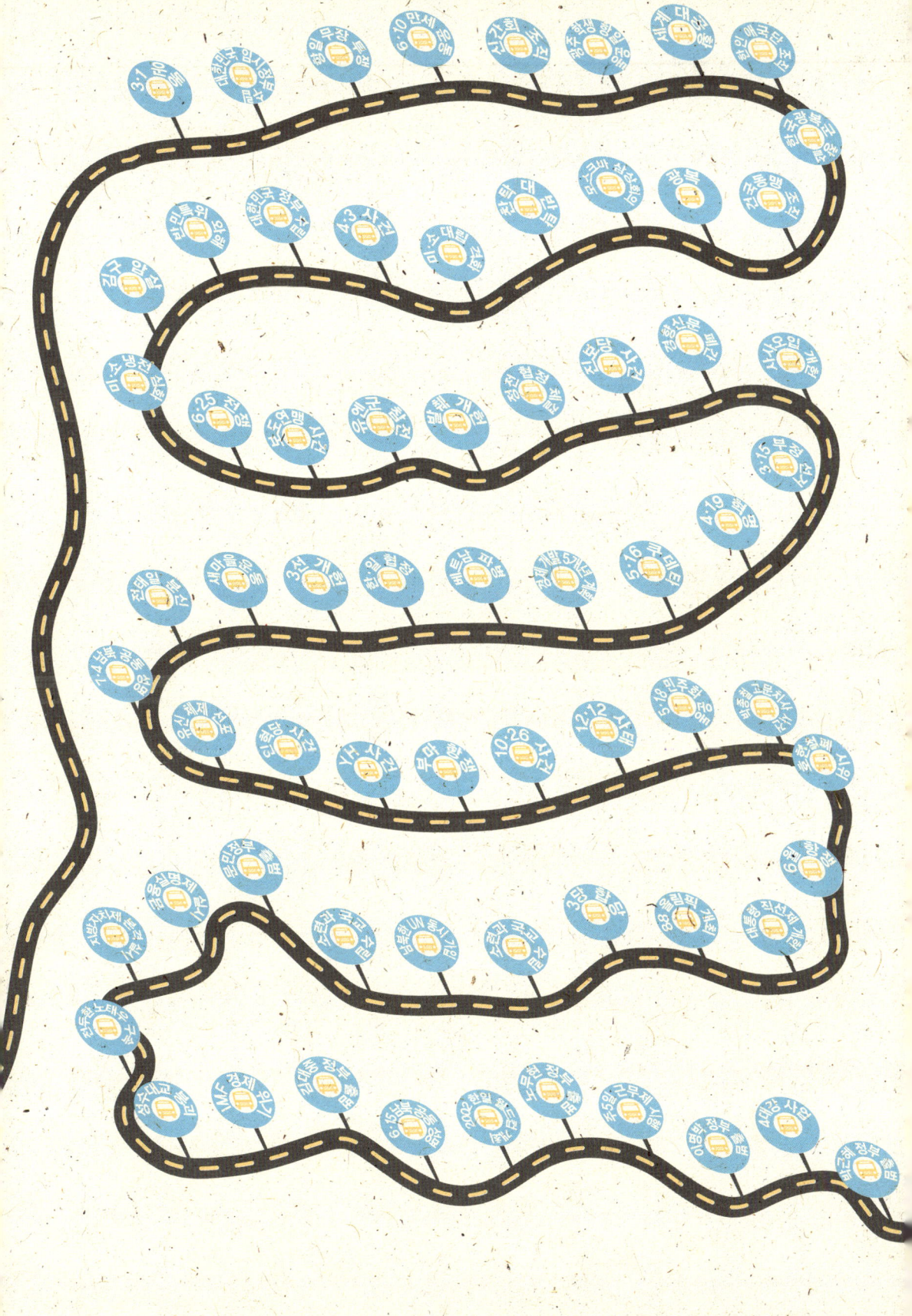

붕당이 시작되고 일본이 쳐들어오다

조선이 동인과 서인으로 갈라져 뜻을 모으지 못하고 있을 때 일본에서는 중대한 일이 벌어졌어. 일본 열도를 통일한 도요토미 히데요시는 대륙 진출을 위한 전쟁을 준비했지. 그 후 일본은 1592년 4월 14일, 20만 대군을 동원해 조선을 쳐들어왔어. 임진왜란이 일어난 거야.

전쟁에 철저하게 대비하지 못한 조선은 변변히 싸우지도 못한 채 도읍 한양을 왜군에 내주었고 선조는 신하들과 북쪽으

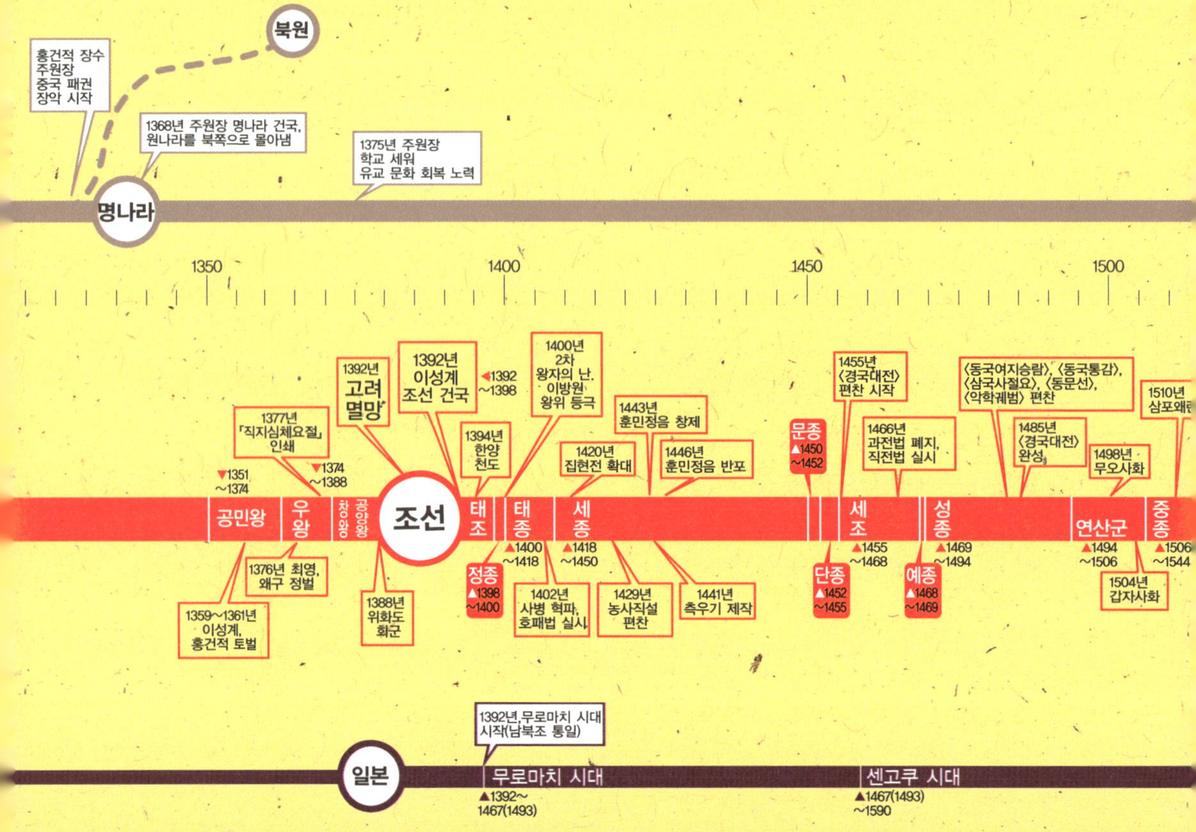

북원
- 홍건적 장수 주원장 중국 패권 장악 시작

명나라
- 1368년 주원장 명나라 건국, 원나라를 북쪽으로 몰아냄
- 1375년 주원장 학교 세워 유교 문화 회복 노력

조선

공민왕 / 우왕 / 창왕·공양왕
- 1359~1361년 이성계, 홍건적 토벌
- 1376년 최영, 왜구 정벌
- 1377년 『직지심체요절』 인쇄
- ▼1351~1374
- ◀1374~1388
- 1388년 위화도 회군
- 1392년 고려 멸망

태조 ▲1392~1398
- 1392년 이성계 조선 건국
- 1394년 한양 천도

정종 ▲1398~1400

태종 ▲1400~1418
- 1400년 2차 왕자의 난, 이방원 왕위 등극
- 1402년 사병 혁파, 호패법 실시

세종 ▲1418~1450
- 1420년 집현전 확대
- 1429년 농사직설 편찬
- 1441년 측우기 제작
- 1443년 훈민정음 창제
- 1446년 훈민정음 반포

문종 ▲1450~1452

단종 ▲1452~1455

세조 ▲1455~1468
- 1455년 〈경국대전〉 편찬 시작
- 1466년 과전법 폐지, 직전법 실시

예종 ▲1468~1469

성종 ▲1469~1494
- 〈동국여지승람〉, 〈동국통감〉, 〈삼국사절요〉, 〈동문선〉, 〈악학궤범〉 편찬
- 1485년 〈경국대전〉 완성

연산군 ▲1494~1506
- 1498년 무오사화
- 1504년 갑자사화

중종 ▲1506~1544
- 1510년 삼포왜란

일본
- 1392년 무로마치 시대 시작(남북조 통일)
- 무로마치 시대 ▲1392~1467(1493)
- 센고쿠 시대 ▲1467(1493)~1590

로 걸음아 날 살려라 하고 도망을 갔지.

　나라의 운명이 바람 앞에 촛불이었던 때, 분연히 일어선 사람들이 있었어. 바로 의병이야! 그들은 관직도 제대로 된 무기도 없었지만 의연하게 목숨을 바쳐 왜군과 맞섰지.

　전열을 정비한 군대도 곳곳에서 왜군에게 반격을 가하기 시작했어.

　그리고 전쟁의 판세를 뒤흔드는 위대한 장군이 등장해. 우리가 아주 아주 잘 아는 그분. 누군지 알지?

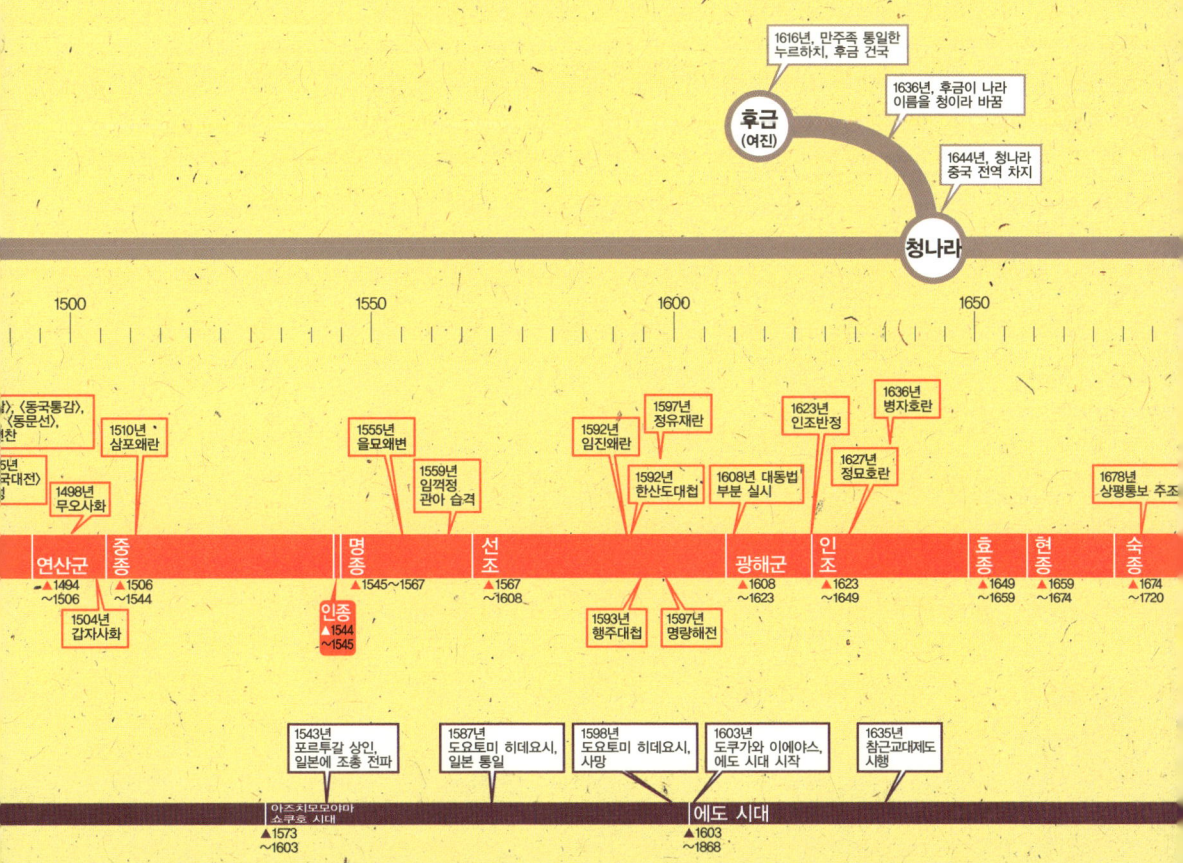

꿈틀 밖으로 소금에 절인 배추의 짠 내와 사이다처럼 톡 쏘는 듯한 냄새가 흘러나온 건 토요일 늦은 오후였다. 캡틴은 안으로 들어서며 꿈셰프가 무슨 동치미 같은 걸 만든다고 생각했다.

"백김치 완성! 동사무소 '반찬 나누미 냉장고'를 향해 고고!"

캡틴이 누군가의 힘찬 외침 소리를 가르고 꿈틀 안으로 들어서자 시루는 고무장갑을 낀 채 백김치가 든 밀폐 용기를 번쩍 들고 있고, 파래는 소리를 지르며 팔짝팔짝 뛰고 있고, 마토는 탁자 위에 떨어진 김치 조각을 집어 우적우적 씹어 먹고 있고, 꿈셰프는 대야 안의 마지막 백김치를 밀폐 용기에 담고 있었다. 공부 탁자 위에는 밀폐 용기에 든 백김치 통들과 김치 재료인 무채 조각, 쪽파 조각, 양파 조각, 찹쌀 풀, 절인 배추 조각, 천일염 같은 것들이 널려 있었다.

"이게 다 뭐야? 설마 이 백김치를 너희들이 담은 거야?"

"네! 혼자 사시는 동네 어르신들에게 드리려고 만들었어요. 물론 꿈셰프가 옆에서 다 도와주셨지만요. 이걸 동사무소에 있는 '반찬 나누미 냉장고'에 가져다 놓으면 어르신들께 골고루 전달이 된대요."

"아, 그래! 어떻게 그렇게 기특한 생각을 한 거야? 빡쌤 생각이지?"

그때 빡쌤이 주방에서 나오면서 말했다.

"그건 제 생각이 아니라 시루 생각이에요. 지난 수업 때 꿈셰프가 해 주신 백김치를 먹더니 옆집에 혼자 사시는 할머니가 생각난다고 하더라고요. 그래서 만들기로 한 거죠."

"아, 그랬구나. 그런데 마리와 은지는 표정이 왜 그래? 백김치 만드는 게 별로였니?"

몹시 신나 하는 다른 아이들과는 달리 마리와 은지는 어딘가 시큰둥한 표

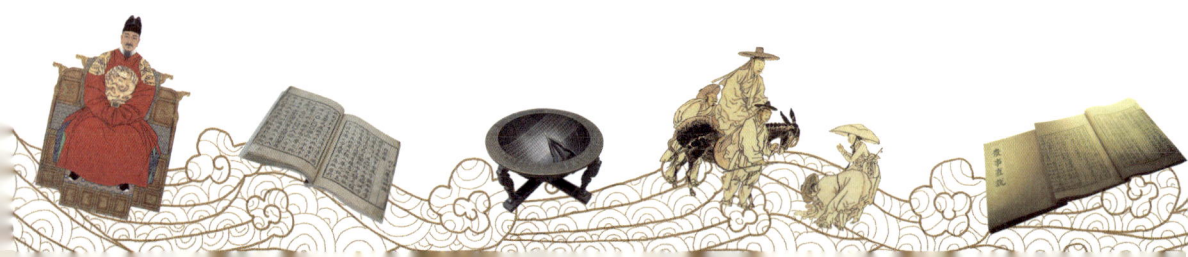

정을 하고 있었다. 빡쌤은 마리와 은지의 얼굴을 번갈아 보더니 의미심장하게 씩 웃으며 말했다.

"그 이유는 제가 알죠."

사건은 꿈셰프가 찐고구마와 곁들여 먹으라고 백김치를 내놓았던 때로 거슬러 올라간다. 점심 먹을 시간이 되자 꿈셰프는 김이 모락모락 나는 찐고구마를 식탁에 내놓았다. 아이들은 뜨거운 고구마를 하나씩 집어 들고는 후후 불어 가며 고구마 껍질을 벗기기 시작했다. 그런데 마토가 갑자기 가슴을 치기 시작했다. 빨리 먹으려는 욕심에 뜨거운 걸 허겁지겁 먹다가 목이 매였던 것이다. 이걸 본 꿈셰프는 안 되겠다 싶었는지 주방에서 비장의 무기를 가져왔다.

"천천히 먹어라. 누가 안 뺏어 먹는다. 그리고 이거! 이 김치를 한 장씩 얹어 먹으면 뜨겁지도 않고 체할 일도 없을 거다."

그러자 아이들의 시선이 꿈셰프가 내놓은 김치 접시에 일제히 꽂혔다.

"이게 김치라고요? 빨갛지 않고 하얀데요?"

은지가 믿기지 않는다는 듯 눈을 비비며

고춧가루로 양념한 김치와 백김치
김치 하면 보통 위 사진처럼 고춧가루로 빨갛게 양념한 것을 생각할 거야. 그런데 빨간 김치는 임진왜란 이후 고추가 우리나라에 들어오면서 생겼어. 그 전엔 아래 사진처럼 하얀 김치를 먹었지.

말했다.

"물에 씻어 놓은 김치 아니야?"

마리가 젓가락으로 뒤적이며 말했다.

"나 이거 알아. 나 어렸을 때 내가 매운 거 못 먹는다고 할머니가 입에 넣고 쪽쪽 빨아서 주셨어."

파래가 이 말을 했을 때 아이들이 모두 파래를 쏘아보았다.

"에이, 더럽게……."

하는 말과 동시에 시루의 강펀치도 이어졌다.

"이건 백김치란다. 고춧가루가 안 들어가서 하얀 거야."

빡쌤이 이렇게 말하자 아이들의 질문 공세가 이어졌다.

"고춧가루가 안 들어간 김치가 어디 있어요? 고춧가루가 안 들어갔으니 김치가 아니지 않나요?"

"이게 백김치면 김장 김치는 홍김치겠네요?"

"고춧가루 값이 올랐을 때 가난한 사람들이 고춧가루를 구매하기는 부담스러우니까 고춧가루 없이 김치를 담았는데 그게 백김치가 된 거 아녜요?"

"다 틀렸어. 백김치는 엄연히 김치가 맞고! 백김치라는 말은 있지만 홍김치라는 말은 없고! 고춧가루 값이 비싸서 백김치를 담기 시작한 건 아니고!"

"그럼 이 희멀건 김치를 왜 담는 거예요?"

마리가 불만스럽다는 듯 투덜거리며 말했다.

"우리나라에서 김치를 담가 먹기 시작한 건 삼국 시대부터야. 그런데 임진왜란 이전까진 이렇게 하얀 백김치만 있었단다. 그러니까 삼국 시대부터 임진왜란 때까지 쭉 백김치만 먹다가 임진왜란 때 일본에서 고추가 들어오면서부터 고춧가루가 들어간 빨간 김치를 담가 먹기 시작한 거야. 임진왜란이 일

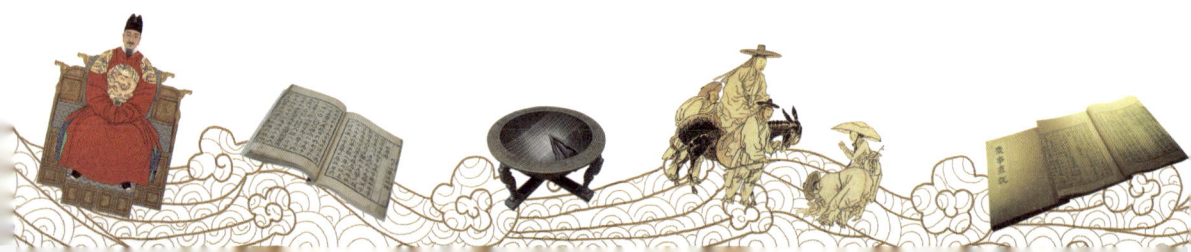

어난 해가 1592년이니까 지금으로부터 500년도 안 된 거지."

"후유, 500년 늦게 태어나서 다행이다. 하마터면 맛깔스런 빨간 김치 말고 이 희멀건 백김치만 먹을 뻔 했어요."

마리가 이렇게 너스레를 떨자 빡쌤은 마리를 쳐다보며 말을 이었다.

"임진왜란 때 조선이 입은 피해가 얼마나 컸는지 생각하면 500년 뒤에 태어난 게 다행일지도 모르지. 임진왜란으로 경복궁, 종묘 같은 중요 건물과 문화재가 불타고 많은 백성이 죽고 잡혀가고……. 조선은 이루 헤아릴 수 없이 많은 상처를 입었지. 하지만 다른 한 편으로는 전쟁의 틈바구니 속에서 고추가 들어와 우리의 식생활에 큰 변화를 가져왔다는 점도 빼놓을 수 없어. 우리나라의 식탁이 풍요로워졌달까?"

"전쟁이 나쁜 결과만 가져오는 건 아니네요."

은지가 고개를 끄덕이며 이렇게 말했다.

빡쌤은 아이들이 먹고 있는 찐 고구마 위에 백김치를 한 장씩 올려주면서 말했다.

"그렇지. 자, 그러니 이상하게 생각하지 말고 한 입씩 먹어 보고 이야기하자꾸나."

"우아, 맛있어요. 아삭아삭하고 시원한 맛이에요."

파래가 가장 먼저 시식 평을 했다. 그러자 마리는 고개를 갸웃거리면서 파래에 이어서 말했다.

"무슨 김치 맛이 이래요. 알싸한 맛도 없이 찝찔하기만 해요."

은지 역시 별로인 모양인 듯했다.

"저도 그닥…… 이걸 먹으니까 오히려 엄마가 해 주신 새빨간 김장 김치 생각나는데요."

이때 시루가 난데없이 번쩍 손을 들었다.

"쌤, 저는 옆집에 혼자 사시는 할머니가 생각나요. 맨날 김치도 없이 맨밥만 드시거든요. 제 몫은 남겨서 할머니 가져다 드리면 안 될까요?"

"그럼 시루는 옆집 할머니에게 가져다 드리고 싶을 정도로 백김치가 무척 맛있다는 얘기네. 가만, 마토만 시식 평을 안 했네?"

마토는 다른 아이들의 시식 평을 듣지도 않고 백김치를 야무지게 올려 벌써 두 개째 먹고 있었다. 빡쌤과 아이들이 마토를 바라보자 마토는 사태를 깨닫고 먹기를 잠시 멈췄다.

"쌤, 저는 시루가 백김치를 할머니께 가져다 드리는 거 반대해요. 시루가 백김치를 옆집 할머니께 가져다 드리면 제가 먹을 게 줄어드니까요."

"이 바보야. 지금 그 얘기가 아니잖아. 백김치 맛이 어떠냐고?"

시루가 화가 나서 말하자 마토는 시루가 때리는 줄 알고 팔을 들어 본능적으로 얼굴을 막았다.

"마토는 백김치가 줄어드는 게 걱정인 걸 보면 백김치가 입맛에 맞는 것 같구나."

빡쌤이 마토 대신 이야기해 주자 마리가 나섰다.

"마토가 맛없는 게 어디 있어요. 아마 이 찰흙 반죽도 기다랗게 모양을 만들어 바삭하게 튀겨 놓으면 츄러스라고 하면서 맛있게 잘 먹을 걸요?"

아이들은 마리가 들고 있는 찰흙 반죽을 보면서 그걸 튀긴 걸 먹었을 때 이빨이 몽땅 빠져 나가는 상상을 했다. 하지만 마토는 맛있는 츄러스만 상상했는지 흘린 침을 소매로 쓱 훔쳐 냈다. 이때 시루는 혼자서 사뭇 진지한 표정을 지으며 이렇게 말했다.

"쌤, 그럼 이렇게 하면 어떨까요? 저와 파래는 백김치가 맛있다고 했고 마리와 은지는 백김치는 별로고 빨간 김치가 맛있다고 했으니 백김치 팀 대 빨간 김치 팀이 만들어진 거잖아요? 현재 스코어 2 대 2! 이젠 마토만 남았어요. 만일 마토가 백김치가 맛있다고 하면 백김치를 만들어 우리 옆집 할머니께 가져다 드리고 마토가 빨간 김치가 맛있다고 하면 빨간 김치를 만들어 가져다 드리는 거예요."

"글쎄, 김치 만드는 일이 쉽진 않아. 게다가 다른 아이들이 김치를 만들어 할머니께 가져다 드리는 일에 대해서 어떻게 생각하는지 의논해 봐야 할 것 같구나."

빡쌤이 여기까지 이야기했을 때 아이들은 눈치 보듯 서로를 바라보았다.

"얘들아! 옆집 할머니에게는 우리가 있는 꿈틀 같은 곳이 없잖아? 우리가 꿈틀에서 맘껏 공부하듯이 옆집 할머니도 맘껏 먹을 수 있는 반찬이 있어야 한다고 생각해. 그러니 우리가 김치를 만들어 드리는 건 어떨까?"

아이들은 친구인 시루가 갑자기 어른스러운 말을 하자 몹시 낯설어 순간적으로 멍해졌다. 파래가 침묵을 깨뜨리고 박수를 치기 시작하자 다른 아이들도 얼떨결에 박수를 쳤다.

"그래. 시루 생각이 참 깊지? 만약 이 일에 찬성한다면 김치 담그는 일은 꿈셰프에게 도움을 받자."

"좋아요."

아이들 모두가 찬성했다. 아이들은 생각 외로 어른스러웠다.

"그럼 이제 마토의 한마디만 들으면 되겠구나."

"전 결정 못 하겠어요. 둘 다 맛있거든요."

마토는 짜장면이냐 짬뽕이냐 하는 문제만큼이나 심각한 고민에 빠졌다.

"그래도 어느 쪽이든 결정해야지? 백김치를 만드느냐 빨간 김치를 만드느

냐 이 문제가 네 혀끝에 달린 거 알지?"

시루가 마토에게 주먹을 쥐어 보이자 빡쌤이 말리고 나섰다.

"시루야, 결정을 강요하는 건 잘못이야. 마토 스스로 결정하게 해야지."

"저는 그냥 마토 혀끝이 어떤 맛을 좋아하는지 궁금한 것 뿐이에요."

시루는 천연덕스럽게 손바닥을 펴 두 손을 위로 올려 보였다.

"전 도저히 결정을 못 내리겠어요."

마토는 땅이 꺼져라 한숨까지 내쉬며 고개를 푹 숙였다. 보다 못한 은지가 한 가지 묘안을 제시했다.

"마토야! 그럼 최근에 먹은 음식 중 가장 맛있었던 음식은 뭐야?"

"그야 백김치지. 난 지금 먹는 음식이 가장 맛있거든."

마토가 길게 끌 것처럼 하더니 너무 싱겁게 대답해 버리는 걸 보고 빡쌤과 아이들은 웃음을 터뜨리고 말았다. 하지만 마리와 은지는 기왕이면 빨간 김치 팀이 이기면 더 좋았을 텐데 하고 생각했다.

이렇게 해서 수업도 없는 토요일에 꿈틀에서 백김치를 담게 되었고, 백김치를 싫어하는 마리와 은지는 그리 즐겁지 않았던 것이다.

붕당 정치가 시작되다, 선조

지난 토요일에 '반찬 나누미 냉장고'에 백김치를 전달하고 돌아온 아이들은 어쩐지 키가 한 뼘쯤 더 큰 듯 보였다. 빡쌤은 아이들이 기특해 흐뭇한 미소가 절로 나왔다.

"애들아 오늘은 선조 이야기부터 할 건데, 그 전에 쌤이 아이스크림 쏜다.

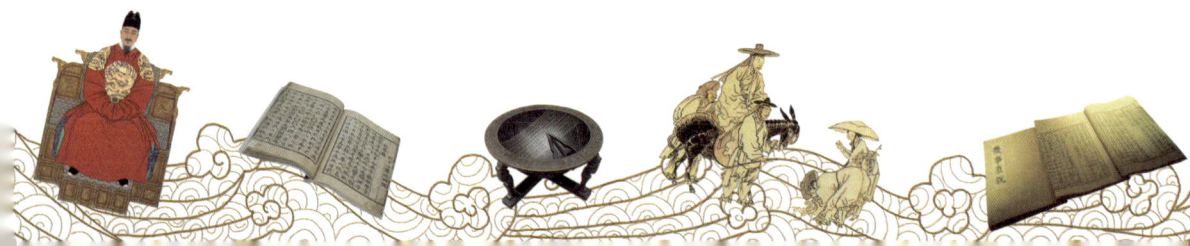

빵빵빵!"

빡쌤이 총 쏘는 시늉을 하자 아이들은 환호성을 올렸고 파래가 귀염둥이 강아지처럼 쓰러지는 시늉을 했다. 그러고는 드러누운 채로 물었다.

"앗! 그런데 왜 아이스크림을 쏘시는 거예요?"

빡쌤은 좀 지나치다 싶을 정도로 애정 어린 목소리로 말했다.

"지난 토요일에 너희들이 한 일이 하도 괘씸해서 그런다, 왜?"

"네? 저희가 뭘 잘못했다고?"

마토가 쌤의 마음도 모르고 몸을 사리자 마리가 지적했다.

"반어법이잖아. 쌤 얼굴 표정 보면서도 그걸 몰라?"

빡쌤은 아이들 얼굴을 쭉 둘러보며 말했다.

"어디 보자. 누구에게 심부름을 보낼까?"

"쌤! 이번 기회에 반장을 뽑아서 심부름을 보내면 어떨까요? 우리 꿈틀엔 반장이 없잖아요."

"그래? 그럼 추천해 보렴."

"쌤! 저는 홍시루가 반장이 됐으면 좋겠다고 생각해요. 왜냐하면 백김치를 만들어 혼자 사시는 어르신들을 돕자고 시루가 제일 처음 말했잖아요."

"쌤! 저는 목은지가 반장이 됐으면 좋겠어요. 은지는 마토가 백김치와 빨간 김치 중 어떤 게 더 맛있는지 결정을 못 내리고 있을 때 예리한 질문을 해서 쉽게 결정하게 했잖아요. 덕분에 나눔 냉장고에 기증할 백김치를 만들어 어르신들을 도울 수 있었던 거고요."

이렇게 아이들이 시루와 은지를 추천하자 정작 당사자인 시루와 은지는 귀찮은 표정을 짓고 있었다.

"쌤이 볼 땐 시루와 은지 둘 다 반장을 하기 싫어하는 것 같은데 반장을 뽑

지 말고 사다리 타기 해서 당첨된 사람을 심부름 보낼까?"

"쌤! 그럼 기왕 아이들이 추천한 거니까 추천받은 저희 두 사람이 번갈아 가면서 반장을 하면 어떨까요?"

무슨 영문인지 시루가 태도를 180도 바꿔 이렇게 말한 것이다. 이어 시루가 은지에게 눈짓을 주자 은지도 고개를 끄덕이며 말했다.

"뭐 별로 하고 싶진 않지만 여러분이 원한다면 그렇게 할게요."

이렇게 해서 먼저 추천 받은 시루가 심부름을 갔다 왔고 한바탕 아이스크림 파티가 벌어졌다.

"아이스크림 맛있니?"

"네! 이게 다 땡볕을 뚫고 달려갔다 온 시루 덕이에요. 우리가 반장 하나는 참 잘 뽑았죠? 이거 보세요. 아이스크림이 하나도 안 녹았잖아요?"

"그러네. 시루가 선조처럼 열공까지 했더라면 더 완벽했을 텐데."

"선조가 그렇게 열공 했어요?"

"그래. 명종이 죽고 선조가 왕위에 올랐어. 선조는 어릴 적부터 학문을 무척 사랑해 공부에 정진했지. 16세의 어린 나이에 왕위에 올랐는데도 단 1년만 수렴청정을 받았을 뿐 곧바로 직접 정치를 할 정도로 총명했거든."

"성종은 수렴청정을 받고 성인이 된 뒤에야 직접 통치했다고 하셨잖아요. 이걸 보면 선조가 성종보다 총명했나 봐요."

이 질문을 한 사람은 시루였다. 시루가 열공하는 모습을 보여주려는 듯 애써 성종을 떠올리며 질문한 것이다.

"누가 더 총명했는지는 알 수 없지만 정치 초기에는 성종과 선조가 비슷한 점이 많아. 성종도 학문을 사랑해 학자들 못지않게 열심히 공부했고 훈구파를 견제하기 위해 학문이 높은 사림들을 조정에 들였다고 했잖아. 선조도 마

찬가지야. 선조가 학문을 사랑했다는 건 아까 얘기한 거고 또 하나는 성종처럼 학문이 높은 사람들을 중앙에 끌어들였다는 거야."

"그럼 선조 때도 성종 때처럼 정치·경제·문화적으로 성숙해 태평성대를 이루었겠네요?"

"안타깝게도 그 반대야. 선조가 사림을 들이기 시작한 지 얼마 지나지 않아 사림 출신 학자들이 조정을 장악하게 되었는데, 사림들이 서로 뜻을 맞춰 잘 지내지 못하고 붕당을 시작했거든."

"붕당이 뭐예요?"

"붕당은 뜻이 같은 사람들끼리 편을 갈라 서로 싸우는 걸 말해. 너희들이 지난 주 토요일에 백김치 팀과 빨간 김치 갈라져 싸웠듯이."

"쌤! 저희들은 팀만 나누었지 싸우진 않았어요. 싸우지 않고 각자 자기 팀을 응원하기만 했다고요."

"그래, 맞네. 서로 싸웠다면 혼자 사시는 동네 어르신을 그렇게 돕지도 못했겠지?"

"그럼요, 저희가 누군데요. 그나저나 사림들은 무슨 이유로 편을 갈라 싸웠어요?"

"그건 자리 때문이었어."

"자리라면 꿈틀의 반장 자리 같은 거 말인가요?"

"그래. 반장 자리 할 때 그 자리 맞아. 이조의 정랑 자리가 비자 선조는 김효원을 그 자리에 임명했어. 그런데 그걸 못마땅해 여기던 심의겸이 선조에게 상소를 올렸지. '김효원에게 이조의 정랑 자리를 준 것은 옳지 못하다.' 하고 말이야. 얼마 후 신하들이 심의겸의 동생 심충겸을 이조 정랑 자리에 앉히라고 추천했어. 그런데 이번에는 김효원이 심충겸을 추천하는 걸 반대했지."

"이조의 정랑이 어떤 자리인데 그렇게 싸웠어요?"

"이조의 정랑은 조정의 인사를 담당하는 아주 중요한 자리였거든. 인사란 누구를 뽑느냐 누구를 물러나게 하느냐 등의 일을 처리하는 것을 말해. 이 사건으로 두 사람 사이는 아주 나빠졌고 사림들이 두 편으로 갈라지게 됐어. 그 후 김효원과 뜻을 같이하는 사람들을 동인이라 부르고, 심의겸과 뜻을 같이하는 사람들을 서인이라고 불렀어."

"동인, 서인? 팀 이름이 이상해요. 동인, 서인보다는 차라리 백김치 팀 빨간 김치 팀이 훨씬 나아요."

"동인, 서인! 이렇게 부른 이유는 김효원의 집이 도성의 동쪽에 있었고 심의겸의 집이 도성의 서쪽에 있었기 때문이야."

"유치하다. 무슨 골목대장도 아니고 동네에 따라 편을 갈라요?"

"동인, 서인이라는 붕당 이름에 동쪽과 서쪽, 서로 반대 방향이 들어 있듯이 사상도 서로 달랐어. 동인, 서인을 시작으로 붕당 시대가 열렸는데, 이후 동인은 남인과 북인, 서인은 노론과 소론으로 다시 갈라져 4색 붕당이 형성되지."

"정말요? 선조가 애초부터 붕당을 막았다면 4색 붕당까지 가지 않았을 텐데요. 선조는 동인과 서인이 서로 싸우는 것을 말리지 못했나 봐요."

"선조 말고 붕당을 말리는 사람은 따로 있었어. 바로 율곡 이이였지."

"이이라면 오천 원짜리 지폐에 그려진 인물이잖아요?"

"맞아. 이이는 선조가 무척 존경했던

오천 원권 지폐
율곡 이이 초상이 들어가 있는 오천 원권 지폐야. 지폐 배경에는 그의 생가인 오죽헌도 그려져 있어.

인물이야. 이황과 더불어 나라의 스승으로 삼았을 정도로. 이이가 양쪽을 화해시키고 한동안 조정은 잠잠해졌어. 하지만 이이가 죽자 조정에서는 다시 동인과 서인으로 갈라져 치열한 다툼이 벌어지기 시작했어."

임진왜란이 일어나다

"조선이 동인과 서인으로 갈라져 싸우고 있을 때 일본에서는 중대한 일이 벌어졌어. 도요토미 히데요시가 일본 열도를 통일한 거야. 도요토미는 자기 나라를 통일한 후 대륙 진출을 위한 전쟁을 준비했어. 그 후 일본은 1592년 4월 14일, 20만 대군을 동원해 조선을 쳐들어왔어. 임진왜란이 일어난 거야."

"드디어 임진왜란이네요. 지난번에 백김치를 먹으면서 임진왜란 때 고추가 들어왔다고 얘기하신 거 기억나요. 그런데 일본은 왜 조선에 쳐들어온 거예요?"

"명목상으로는 조선에게 '명나라를 치겠으니 길을 터 달라.' 하는 거였어. 하지만 사실상 도요토미가 일본을 통일한 뒤 정적들의 관심을 외부로 돌리고, 아울러 영토를 확장하려는 것이 목적이었지."

"이유가 어느 쪽이든 일본이 자기 나라의 이익을 위해 쳐들어온 거네요."

"전쟁을 벌이는 이유는 자기 나라의 이익을 챙기는 것이 대부분이야. 사실 임진

도요토미 히데요시
전국 시대의 일본을 통일하고 대륙으로 진출하기 위해 임진왜란을 일으킨 장본인이야.

왜란이 일어나기 2년 전, 1590년 일본의 요청으로 통신사를 보냈어. 그런데 1년 후 돌아온 통신사 일행의 보고 내용이 서로 달랐어. 전쟁이 일어난다, 전쟁이 일어나지 않는다. 두 가지 내용이었지. 선조는 상반된 보고를 듣고 어찌할 바를 몰라 하다가 결국엔 이렇게 판단했어. '전쟁이 일어나지 않는다고 말하면 백성들을 안심하겠지?' 하고 말이야. 사실 당시에는 성곽을 쌓고 일본에 침략에 대비하던 중이었는데, 선조의 판단 하나로 모든 게 중단되어 버린 거야."

"에이 참! 선조가 일본 침략에 대비하는 걸 계속했더라면 얼마나 좋았을까요?"

"그러게 말이다. 이렇게 아무 대비도 없이 전쟁이 시작되자 왜군이 상륙한 지 하루도 안 되어 부산성이 함락되었고 13일 만에 충주까지 치고 올라왔어. 그리고 곧 한양이 함락되었고 두 달 만에 평양이 함락되었어. 조정 대신들과 선조는 도망치기에 바빴지."

동래부 순절도
임진왜란 당시 침입한 일본군에 대항해 전투를 벌이던 동래부 사람들을 그린 그림이야.

이순신이 판옥선과 거북선으로 맹활약을 펼치다

"일본의 침략으로 온 나라가 불안과 공포에 휩싸였어. 한양은 함락되었지, 선조는 수도를 버리고 도망쳤지, 경복궁은 불타 잿더미가 되어 버렸지, 왕자인 임해군, 순화군은 일본군의 포로가 되어 버렸지⋯⋯ 그야말로 나라 전체가 아비규환이었거든."

"경복궁 이야기를 하니까 경복궁 앞에서 본 이순신 장군 동상이 생각나요. 참 늠름했는데!"

파래가 이렇게 운을 띄우자 시루가 마치 자신이 이순신 장군이라도 된 듯 허리춤에 찬 기다란 칼을 빼는 시늉을 한 건 그때였다. 언제 가져다 놓았는지 솔이 빠진 청소 빗자루를 들어 올리며 외쳤다.

"왜군들은 내 칼을 받아라. 이얍!"

평소 같았으면 빗자루를 뺏고 말리고도 남았을 빡쌤인데 시루를 말리지도 않고 수업을 이어 나갔다.

"이때 희소식 하나가 아비규환을 뚫고 날아왔어. 이순신 장군이 연이어 왜선을 격파했다는 거야."

"우와! 진짜 이순신 장군이 나타났다!"

이순신 장군
이미 왜군이 쳐들어올 것을 예측한 이순신은 미리 판옥선과 거북선을 만들고 군대를 훈련시켰어.

3부 왜란과 호란을 극복하다

거북선
판옥선의 윗부분에는 거북이 등딱지 같은 덮개를 덮은 전투선이야. 임진왜란 때 맹활약을 했지.

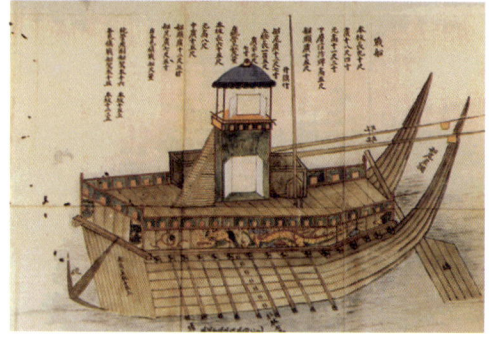

판옥선
조선 수군의 대표적인 전투선이야. 포를 설치할 수 있고 배의 바닥이 평평해. 윗부분에는 판옥(옥상)을 만들었어.

왜선
일본의 배는 바닥이 뾰족한 역삼각형 구조여서 빠르게 이동할 수 있었지만, 포를 설치할 수 없고 배가 견고하지 못했어.

"이순신은 1545년에 태어나 임진왜란이 일어났을 때 48세였고, 1591년부터 전라좌도 수군절도사를 맡고 있었어. 이순신은 이미 왜군이 쳐들어올 것을 예측하고 있었지. 그는 절도사를 맡은 뒤부터 꾸준히 판옥선과 거북선을 만들고 군비를 확충해 군대를 철저하게 훈련시켰어. 1592년 이순신의 예측대로 임진왜란이 일어난 거야. 이순신은 싸울 때마다 연전연승이었지. 이순신 하면 바로 떠오르는 게 뭘까?"

"거북선이요!"

아이들은 무릎을 뿅망치로 치면 발이 위로 쑥 올라가는 무조건 반사처럼 곧바로 대답했다.

"그래 거북선! 거북선 말고도 판옥선도 있었어. 거북선은 해전에서 맹활약했는데, 왜군들에게는 전설 같은 존재로 알려져 거북선의 거자 소리만 들어도 왜군은 벌벌 떨고 달아날 지경이었지."

붕당이 시작되고 일본이 쳐들어오다

전국 각지에서 의병이 일어나 왜군을 무찌르다

"바다에서 이순신이 맹활약하고 있을 무렵 선조에게 또 하나의 희소식이 전해졌어. 전국 각지에서 의병이 일어나 왜군을 격퇴하고 있다는 소식이었어. 함경도에서는 정문부가 의병을 이끌고 있고 평안도에서는 승려 휴정이 승병을 이끌고 있고, 호남에서는 김천일과 고경명이, 충청도에서는 조헌과 승려 영규가, 경상도에서는 곽재우와 정인홍이 의병을 일으켜 왜군과 싸웠어."

"쌤! 백성들이 모두 일어나 싸운 일은 고려 시대에도 있었잖아요?"

"고려 시대 몽골군이 쳐들어왔을 때를 말하려 한 거지?"

"네!"

"조선 선조가 수도를 버리고 도망갔을 때 의병이 일어나 싸운 것은 고려 무신 정권이 강화도로 도망갔을 때 백성들이 몽골군과 맞서 싸운 때와 복사판처럼 꼭 닮았어."

아낙들도 행주치마 두르고 함께 싸우다! 행주대첩

"한편 명나라는 조선에 구원병을 보냈어. 이여송이 지휘하는 명나라 군대는 조선의 군대와 연합해 평양을 되찾았어. 여

곽재우 장군
가장 먼저 의병을 일으킨 의병장이었어. 붉은 옷을 입어 홍의 장군이라 불렸어.

금산 칠백의총
이 무덤은 칠백의총이라고 부르는데 임진왜란 때 왜군과 싸우다 숨진 의병장 조헌을 포함한 700명의 유골이 모셔져 있어. 조헌과 의병 1,000명은 승병들과 힘을 모아 청주를 왜군으로부터 되찾았어. 그런 다음 금산에서 전라도로 가는 왜군과 맞서 싸웠는데, 조헌을 비롯한 의병과 승병 700명이 전사했단다.

세를 몰아 한양까지 되찾으려 했지만 한양 바로 위쪽 벽제관에서 왜군에 대패했지. 그다음부터는 명나라 군대는 겁을 먹고 임진강 아래쪽으로는 내려올 생각을 못 했어. 결국 이여송이 이끄는 명나라 군대는 평양으로 회군하고 말았고."

"에휴, 겁쟁이 명나라 군대를 믿고 있다간 큰일나겠어요."

마토가 나라가 망하기라도 한 듯 큰 한숨을 쉬었다.

"마토야, 그렇게 한숨 쉴 것 없다. 바다에 이순신 장군이 있다면 육지에는 권율 장군이 있잖니!"

"권율 장군이요?"

마토는 다시 고개를 들고 눈망울이 또랑또랑해져서 빡쌤을 바라보았다.

"그래, 권율 장군! 당시 전라감사였던 권율은 수도를 되찾기 위해 북쪽으로 올라왔어. 그러고는 행주산성에 배수진을 치고 왜군을 기다렸지. 왜군이 행주산성을 지나갈 것을 미리 알았던 거야. 권율이 예상했던 대로 왜군이 행주산성을 에워싸고 공격하기 시작했어. 권율 휘하엔 명나라 군대와 의병, 관군 등 2,000여 명의 군사가 있었어. 이에 비해 왜군의 숫자는 3만여 명이나 되었지."

"어쩌면 좋아요. 권율 장군이 수적으로 너무 불리해요."

"싸움이 시작되자 군인들은 물론 아낙들은 행주치마에 돌을 담아 나르고 아이들까지 나서서 왜군들을 향해 돌을 던지며 맹렬히 싸웠어. 결국 권율이 승리를 이끌었어. 이 싸움을 '행주대첩'이라고 해."

"행주치마는 어떤 치마예요?"

"부엌일을 할 때 옷을 더럽히지 않기 위해 앞쪽을 가리는 치마인데 오늘날

행주대첩 기록화
행주산성에서 권율 장군의 지휘 아래 의병과 관군, 명나라 군대가 왜군에 맞서 싸웠어. 이때 아낙들이 앞치마에 돌을 담아 날랐는데, 그 치마를 행주치마라고 부르게 되었대.

앞치마라고 생각하면 돼. 부엌일은 주로 여자가 했기 때문에 주로 여자가 둘렀고, 행주치마를 두른 여자들이 집안일만 하지 않고 전쟁을 도와야 할 정도라면 전쟁이 얼마나 치열했는지 알 수 있어. 전쟁이 불리해지자 일본은 명나라에 강화를 제안했어. 당사자인 조선은 쏙 빼놓고 말이야."

"아이, 자존심 상해."

"이걸 보면 일본은 임진왜란을 명나라와의 싸움이라고 생각했는지도 몰라. 일본이 조건으로 내세운 내용이 너무 비현실적이어서 강화는 이루어지지 않았어. 강화 내용 중 하나가 '조선 8도 중 남쪽의 4도는 일본에게 넘겨준다.' 는 거였어. 정말 얼토당토않은 조건이지?"

일본의 2차 침략, 정유재란

"1597년 일본의 2차 침략이 시작되었어. 전쟁은 1598년까지 이어졌는데 이를 '정유재란' 이라고 해. 동원된 왜군은 15만 명이었어. 이때 이순신은 모함을 받아 옥에 갇힌 뒤 백의종군하고 있었지."

"백의종군이 뭐예요?"

"백의종군이란 벼슬 없이 군대를 따라 싸움터로 가는 것을 말해. 이순신을 대신해 삼도 수군통제사를 맡고 있었던 사람은 원균이었어. 원균이 칠천량에서 싸우다가 전사하자 선조는 이순신을 다시 수군통제사로 임명했어."

"와, 잘됐다! 선조도 이젠 믿을 사람은 이순신 장군뿐이란 걸 안 거죠?"

"그렇지만 이순신에게는 배가 겨우 12척뿐이었어. 하지만 이순신은 명량 해협에서 왜선 133척을 맞아 대승을 거두었어."

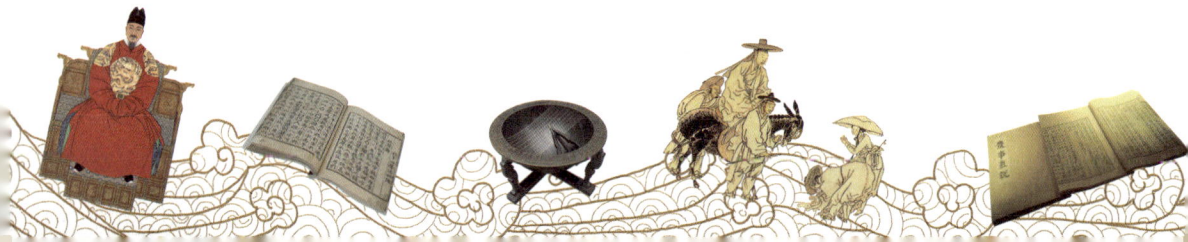

"고작 12척의 배로 어떻게 133척의 배를 이겨 냈죠?"

"명량은 간조와 만조 때 급류가 소용돌이치면서 흐르는 좁은 목이었어. 그래서 이곳을 울돌목이라고도 하는데 이순신은 명량의 급류를 이용해 승리를 이끌었던 거야."

"아, 행주대첩도 그렇고 꼭 숫자가 중요한 건 아니구나!"

"그 후 왜군에게 도요토미가 죽었다는 급보가 전해졌어. 1598년 8월 왜군은 퇴각을 시작했지. 하지만 이순신은 달아나는 왜군을 가로막고 끝까지 싸웠는데 이 싸움이 노량해전이야. 1598년 11월 18일 이순신은 적이 쏜 탄환에 맞아 숨지고 말았어. 이순신은 죽어 가면서 '내 죽음을 알리지 말라.' 라고 유언했지. 이 유언에 따라 조카 이완이 이순신을 대신해 지휘하였고 승리를 거두었어."

"이순신 장군이 죽은 줄 알았다면 군사들이 기가 죽어 싸움에 승리하기 힘들었겠죠?"

"1598년 정유재란도 끝나자 선조는 전란으로 인한 피해를 복구하기 위해 안간힘을 썼지만 그 피해가 극심해 복구는 쉽지 않았어."

광해군, 어렵게 왕위에 오르다

"선조 뒤를 이어 왕위에 오른 사람은 광해군이야. 광해군은 어렵게 왕위에 올랐어. 왕위에 오르기까지 일이 순탄치 않았거든."

"무슨 일이 있었는데요?"

"선조는 세상을 뜨기 얼마 전에 유영경을 불러 이런 유언을 남겼어. 광해군

이순신 장군 칼
"일휘소탕혈염산하(一揮掃蕩血染山河, 한번 휘둘러 쓸어버리니 피가 강산을 물들이도다), 삼척서천 산하동색(三尺誓天 山河動色, 석자 되는 칼로 하늘에 맹세하니 산과 물이 떨도다)."이라고 새겨져 있다. 칼의 길이가 무려 2미터나 되는데 실전에 사용한 것이 아니라 의전용이었다고 한다.

을 왕위에 앉혀라. 그리고 영창대군을 부탁한다."

"광해군을 왕위에 앉히라고 해 놓고 또 영창대군을 부탁한다니 참 알쏭달쏭한 말이네요."

"선조의 그 알쏭달쏭한 말이 문제였어. 유영경은 광해군을 왕위에 앉히라는 교지를 혼자만 읽고 숨겨 버려. 유영경은 광해군 편이 아니라 인목왕후가 뒤늦게 낳은 영창대군 편이었거든. 광해군은 공빈 김씨가 낳은 서자였고 영창대군은 인목왕후가 낳은 적자였다는 게 그 이유였지. 유영경이 교지를 숨긴 걸 눈치 챈 정인홍과 이이첨은 이 일을 선조에게 고발했어. 그런데 선조는 오히려 그들을 유배시켜 버렸어."

명량해전 기록화
이순신 장군은 명량에서 12척의 배를 이끌고 왜선 133척과 맞서 싸워 승리를 이끌었어. 이순신 장군은 급류가 심한 명량 바다의 지리적 특징을 이용해 왜군을 물리칠 수 있었어.

"아하! 그럼 선조는 영창대군이 왕위를 잇기를 바란 거네요?"
"꼭 그렇지만은 않아. 선조가 직접 광해군을 세자에 책봉했기 때문에 영창대군이 왕이 되게 할 수도 없는 노릇이었거든."
"왜 그렇게 갈팡질팡했어요? 선조가 어쩌려는 건지 도무지 모르겠어요."
"간단해. 마음은 영창대군에게 가 있었지만 현실은 광해군에게 가 있는 거야."
이때 마리가 반기듯 쌤의 말 중간에 끼어들었다.
"전 선조의 마음을 알 것 같아요. 마음은 빨간 김치에 가 있지만 현실은 백김치를 만들어야 했던 저와 처지가 똑같잖아요."
"듣고 보니 그렇네. 마리야말로 선조가 어떤 갈등을 겪었는지 잘 알겠구나. 유영경은 선조가 정인홍과 이이첨을 유배 보낸 것을 보고 아까 너희들처럼 영창대군이 왕위에 오르게 하려는 뜻이라고 생각했어. 그래서 인목왕후를 설득했지. 하지만 영창대군은 이제 겨우 세 살이었고 대신들 대부분이 임진

왜란 때 많은 공을 세운 광해군을 지지하고 있는 현실을 무시할 수는 없었어. 결국 인목왕후는 광해군에게 왕위를 계승하라는 언문교지를 내렸어."

"이런 우여곡절이 있을 줄이야."

"광해군은 왕위에 오르자 자신의 지지 세력인 정인홍과 이이첨의 주장에 따라 유영경을 유배 보내 죽였어.

"자기를 왕위에 오르도록 힘써 준 사람한테는 꼼짝 못 한 거네요."

"한편 명나라는 조선의 왕위 계승에 간섭했어. 장자를 제치고 둘째 아들인 광해군이 왕위에 오른 것을 조사하겠다며 진상 조사단을 파견한 거야. 이 사건은 다행히도 별일 없이 지나갔지만 장자인 임해군에게 역모를 꾸몄다는 죄목을 씌워 강화도 교동으로 유배시킨 후 죽였어. 광해군은 자기를 왕위에 오르게 한 충신의 주장을 반대하지 못하고 사람을 죽이더니 이번에는 명나라의 간섭을 무시하지 못하고 사람을 또 죽인 거야."

굴비 엮듯이 엮인 강변칠우와 영창대군

"양반의 서자들이 모여 만든 산적 집단이 있었는데 그들은 모두 일곱 명이었어. 스스로를 '강변칠우'라고 불렀지. '우리 강변칠우는 새로운 세상을 만들기 위해 돈을 모은다.'고 하면서 전국을 돌아다니며 도적질을 했어."

"양반들이 뭐가 부족해 도적질을 했을까요?"

"양반이면 뭐해, 서자인걸. 서자라는 이유로 관리가 되고 싶어도 과거를 보지 못했지, 광해군에게 서자도 적자처럼 함께 등용하라는 상소를 올리자 그것도 들어주지 않지, 한마디로 서자로 사는 인생이 서러웠던 거야."

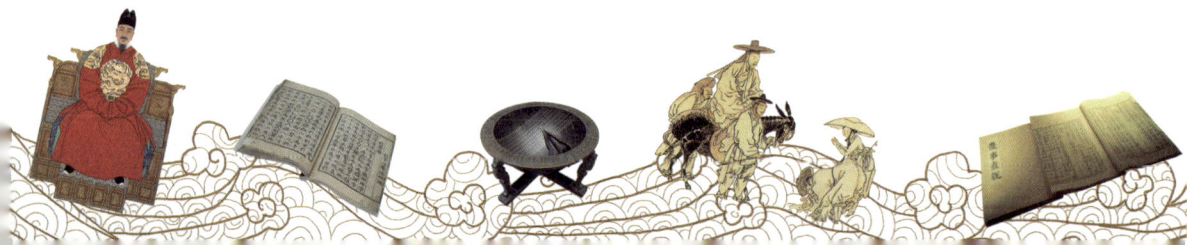

"아! 광해군도 서자라는 이유로 왕위에 오를 때 어렵게 올랐다고 하셨잖아요? 같은 서자인데 강변칠우의 마음도 몰라 주다니 너무해요."

"그런데 광해군은 강변칠우의 마음을 몰라주는 데 그친 게 아니야."

"무슨 일이 있었는데요?"

"어느 날 강변칠우의 본거지가 발각되자 광해군의 충신 이이첨이 계략을 꾸몄어. 이이첨은 강변칠우를 잡아들여 회유하고 협박했지. 결국 강변칠우는 '우리는 도적질을 통해 군자금을 마련하고 영창대군과 더불어 거사를 치르려 하였다.' 하고 거짓말을 했어.

"저 이거 알아요. 수사 드라마에서 많이 봤는데 이거 거짓 자백 같은 거죠?"

"그래. 가짜로 사실을 조작해 아무 관련 없는 강변칠우와 영창대군을 서로 엮은 거야. 결국 영창대군은 강화도로 유배 보내 죽였고, 인목대비는 평민 신분으로 떨어뜨린 후 서궁에 가둬 버렸어."

광해군, 나라의 이익을 위해 중립 외교를 펼치다

"만주에서는 1616년 누르하치가 여진족을 통일해 후금을 건국했어. 후금의 세력은 날로 강해져 명나라를 위협했지. 1618년 후금이 명나라를 공격하자 명나라 황제는 조선에 원군을 요청했어. 당시 명나라는 이미 쇠락하고 있는 나라여서 패배할 가능성이 컸어. 하지만 광해군은 그 사실을 알고도 병력 1만 3,000명을 내주었지."

"패배할 가능성이 컸던 명나라에 굳이 원군을 보낸 이유는 뭐죠?"

"그건 임진왜란 때 명나라가 군대를 보낸 사실을 외면할 수 없었기 때문이야. 그리고 광해군은 강홍립에게 '만일 명나라가 전쟁에 패한다면 누르하치에게 항복하라'라고 명했어."

"명나라에 원병을 보내면서 후금에게 항복하라니 앞뒤가 안 맞는데요?"

"그건 명나라가 지원군을 요청해 일단 보내기는 하겠지만 명나라 편에 서지는 않겠다는 거야. 동시에 후금과의 관계를 두텁게 하겠다는 거지."

"그러니까 명나라와 후금에 양다리를 걸친 거네요."

"그렇지. 명나라와 후금 사이에서 어느 편에도 치우치지 않는 중립을 취한 거야. 이른바 중립 외교지! 중립 외교를 펼친 목적은 조선이 실질적인 이익을 얻기 위해서고. 실제로 광해군의 명령을 받은 강홍립은 군사를 거느리고 누르하치에게 항복해 융숭한 대접을 받았어."

"우와, 광해군의 중립 외교가 통한 거네요."

"반면 서인 세력은 명나라를 버리면 곧 나라가 망한다고 생각했어. 그게 바로 '친명배금' 사상이야."

"친명배금이요?"

"명나라를 섬기고 후금을 배척한다는 뜻이지. 서인 세력은 광해군의 중립 외교가 못마땅한 나머지 반란을 일으켜 인조를 왕위에 앉혔어. 그리고 광해군을 대궐에서 내쫓고 강화도로 유배 보냈다가 다시 제주도로 유배 보냈어. 광해군은 제주도에서 살다가 결국 죽고 말았지."

"그깟 망해 가는 명나라가 뭐가 좋다고 광해군까지 내쫓아요?"

"친명배금 사상은 광해군을 왕좌에서 끌어내렸을 뿐 아니라 '호란'이라는 커다란 먹구름을 몰고 오게 해."

굶주린 백성들을 위해 대동법을 시행하다

"광해군은 중립 외교를 통해 전쟁을 막고자 안간힘을 쓴 한편 임진왜란으로 무너진 궁궐을 다시 지었어. 그리고 굶주린 백성들을 위해 개간 사업으로 경작지를 늘리고 대동법을 시행했어.

"대동법이 뭐예요? 우리처럼 대동단결해서 백김치를 담는다는 건가요?"

은지가 어려운 한자어까지 써 가며 백김치 담았던 얘기를 하자 쌤이 씩 웃었다.

"은지도 맛은 별로라고 했지만 백김치 담았던 일이 무척 자랑스러웠던 모양이구나. 대동법이란 대동단결한다는 뜻이 아니고 농민이 부담했던 온갖

강홍립의 항복
강홍립과 김경서가 후금의 수도인 흥경난성에 나아가 누르하치에게 항복하는 모습을 그린 그림이야.

세금을 토산물 대신 쌀로 통일하여 거둬들이는 것을 말해."

"세금을 토산물 대신 쌀로 거둬들이는 게 왜 굶주린 백성들을 위한 거죠?"

"어느 마을에 생산되지 않는 토산물이 있는데 그 토산물을 나라에서 공납* 하라고 한다면 어떨까? 그 마을 사람들은 공납하라는 물품을 구하지 못해 발을 동동 구르겠지. 이걸 보고 토산물을 대신 납부하고 값을 받는 사람이 생겨났어. 이런 행위를 '방납'이라고 해. 그런데 방납을 하는 사람에게만 큰 이익을 안겨 주었어. 하지만 토산물 대신 쌀로 세금을 낸다면 방납하는 사람을 찾을 필요가 없고 방납에 드는 비용도 생기지 않겠지."

*공납
세금을 각 지역에서 나는 토산물로 내게 하는 제도야. 광해군은 이 공납 제도도 개선해 토산물 대신 쌀로 내게 했어.

"그럼 방납 비용만 안 들었지 결국 세금의 양은 똑같지 않아요?"

"그래서 세금을 내는 기준도 바꿨어. 집집마다 내야 했던 기준에서 토지의 크기에 따라 내는 걸로. 그렇게 되면 토지를 얼마 가지고 있지 않은 농민이나 토지가 없는 농민은 세금을 조금만 내도 되겠지. 그럼으로써 농민들의 공납 부담을 줄인 거야."

"아, 그럼 이제 백성들의 어려움이 많이 줄었겠네요?"

"아니, 안타깝게도 그렇지 못했어. 광해군 시기에는 경기도에 한해 대동법을 실시했는데, 이에 반대하는 사람들이 많아서 전국적으로 실시되지는 못했거든."

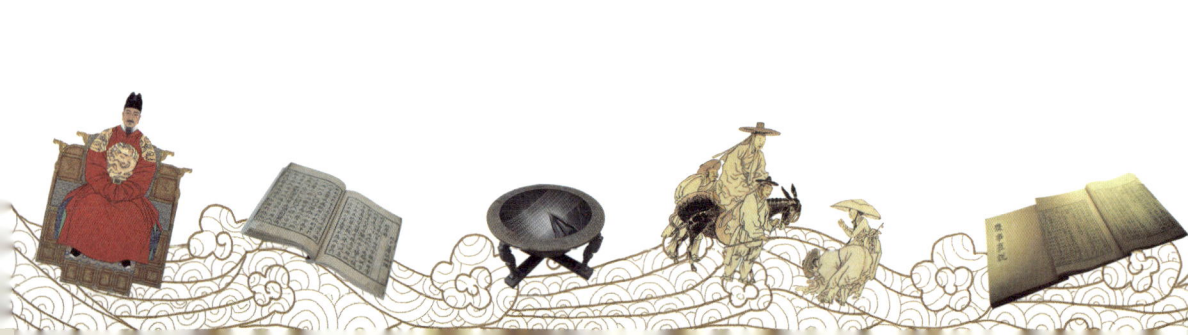

 밑줄 쫙! 은지의 한국사 노트

1. ⬜⬜ ⬜⬜는 성리학의 양대 산맥 중 한 사람으로 신사임당의 아들이며 동인과 서인이 싸우는 것을 적극적으로 말렸다.
이이 눈롤

2. 뜻이 같은 사람들끼리 편을 갈라 만들어진 무리를 ⬜⬜이라 한다.
음옹

3. 1592년 일본이 조선에 쳐들어온 이유는 명목상으로는 조선에게 '⬜⬜⬜를 치겠으니 길을 터 달라.' 는 것이었다.
라거명

4. 임진왜란이 일어나자 ⬜⬜⬜ ⬜⬜은 해전에서 ⬜⬜⬜과 ⬜⬜⬜으로 맹활약했다.
이순신 장군, 거북선, 판옥선

5. 일본이 ⬜⬜⬜⬜을 공격하기 시작하자 권율이 이끄는 군인들은 물론 아낙들이 ⬜⬜⬜⬜에 돌을 담아 나르고 아이들은 돌을 던져 승리를 가져왔는데 이 싸움을 ⬜⬜ ⬜⬜이라 한다.
행주산성, 행주치마, 행주 대첩

6. 광해군은 명나라와 청나라 사이에서 ⬜⬜ ⬜⬜를 펴고 세금을 낼 때 현물 대신 쌀로 내는 ⬜⬜⬜을 시행해 백성들의 부담을 줄여주었다.
중립 외교, 대동법

청나라가 쳐들어오다

명나라와 후금(청나라) 사이에서 중립 외교를 펼치던 광해군에게 불만이 많은 신하들은 광해군을 끌어내리고 인조를 왕으로 세웠어. 인조는 명나라를 가까이하고 후금과 거리를 두었어. 이에 후금은 조선을 침략했고 조선은 후금과 좋은 관계를 갖겠다고 약속하며 위기를 모면했지만, 그 후에도 후금 대신 명나라의 편에 섰어.

나라의 힘이 커져 청나라로 이름을 바꾼 후금은 마침내 조선

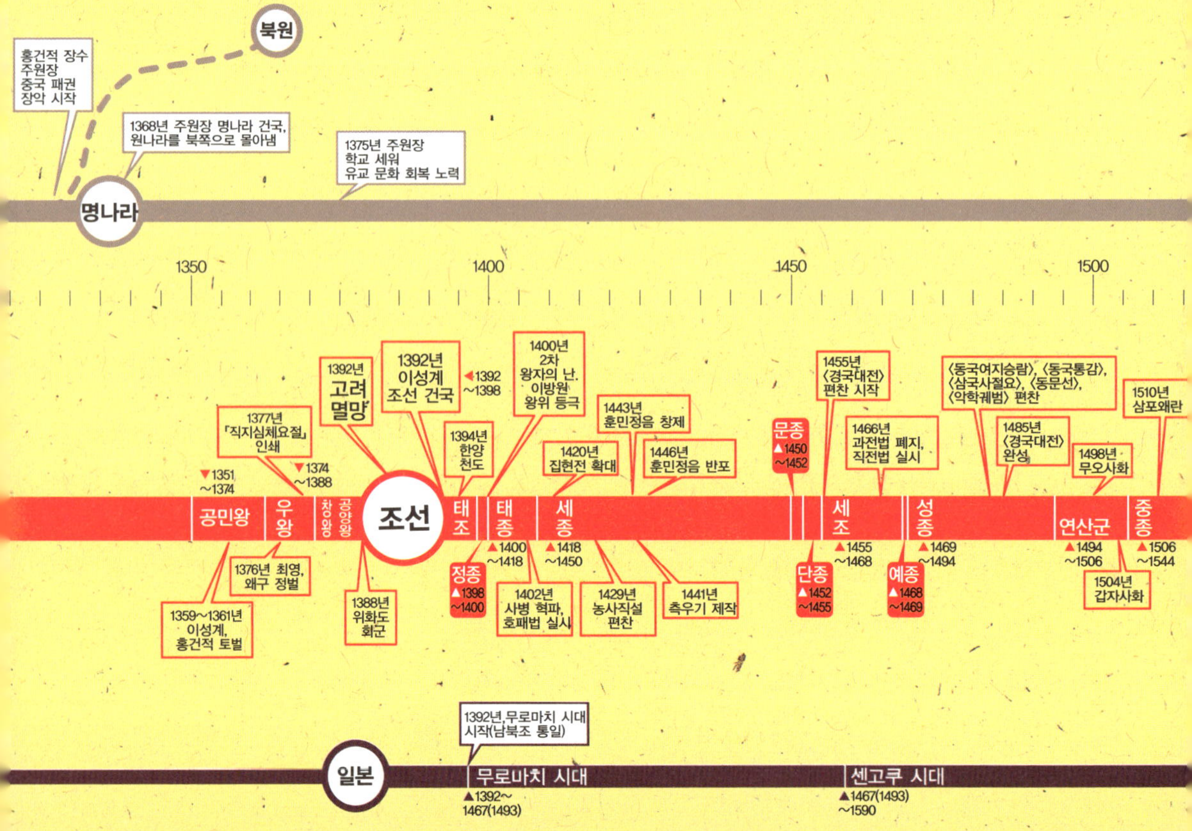

북원

- 홍건적 장수 주원장 중국 패권 장악 시작
- 1368년 주원장 명나라 건국, 원나라를 북쪽으로 몰아냄
- 1375년 주원장 학교 세워 유교 문화 회복 노력

명나라

1350 ・ 1400 ・ 1450 ・ 1500

조선

- 1377년 『직지심체요절』 인쇄
- 1392년 고려 멸망
- 1392년 이성계 조선 건국
- 1392~1398
- 1394년 한양 천도
- 1400년 2차 왕자의 난, 이방원 왕위 등극
- 1418 집현전 확대
- 1420년 집현전 확대
- 1443년 훈민정음 창제
- 1446년 훈민정음 반포
- 1455년 『경국대전』 편찬 시작
- 1466년 과전법 폐지, 직전법 실시
- 1485년 『경국대전』 완성
- 〈동국여지승람〉, 〈동국통감〉, 〈삼국사절요〉, 〈동문선〉, 〈악학궤범〉 편찬
- 1498년 무오사화
- 1504년 갑자사화
- 1510년 삼포왜란

공민왕 ▼1351~1374
- 1359~1361년 이성계, 홍건적 토벌
- 1376년 최영, 왜구 정벌

우왕 ~1374~1388

창왕 공양왕
- 1388년 위화도 회군

태조 ▲1392~1398

정종 ▲1398~1400

태종 ▲1400~1418
- 1402년 사병 혁파, 호패법 실시

세종 ▲1418~1450
- 1429년 농사직설 편찬
- 1441년 측우기 제작

문종 ▲1450~1452

단종 ▲1452~1455

세조 ▲1455~1468

예종 ▲1468~1469

성종 ▲1469~1494

연산군 ▲1494~1506

중종 ▲1506~1544

일본

- 1392년 무로마치 시대 시작(남북조 통일)
- **무로마치 시대** ▲1392~1467(1493)
- **센고쿠 시대** ▲1467(1493)~1590

으로 쳐들어왔어.

인조는 남한산성으로 도망갔다 오래 버티지 못하고 항복하고 말았고, 세자와 대군을 포함한 많은 사람이 인질로 끌려갔지.

항복할 때 인조는 한강 동쪽 삼전도에서 무릎을 꿇고 절을 하며 신하의 예를 갖춰야 했어. 이를 '삼전도의 굴욕'이라 불러. 참으로 굴욕적인 일이었지.

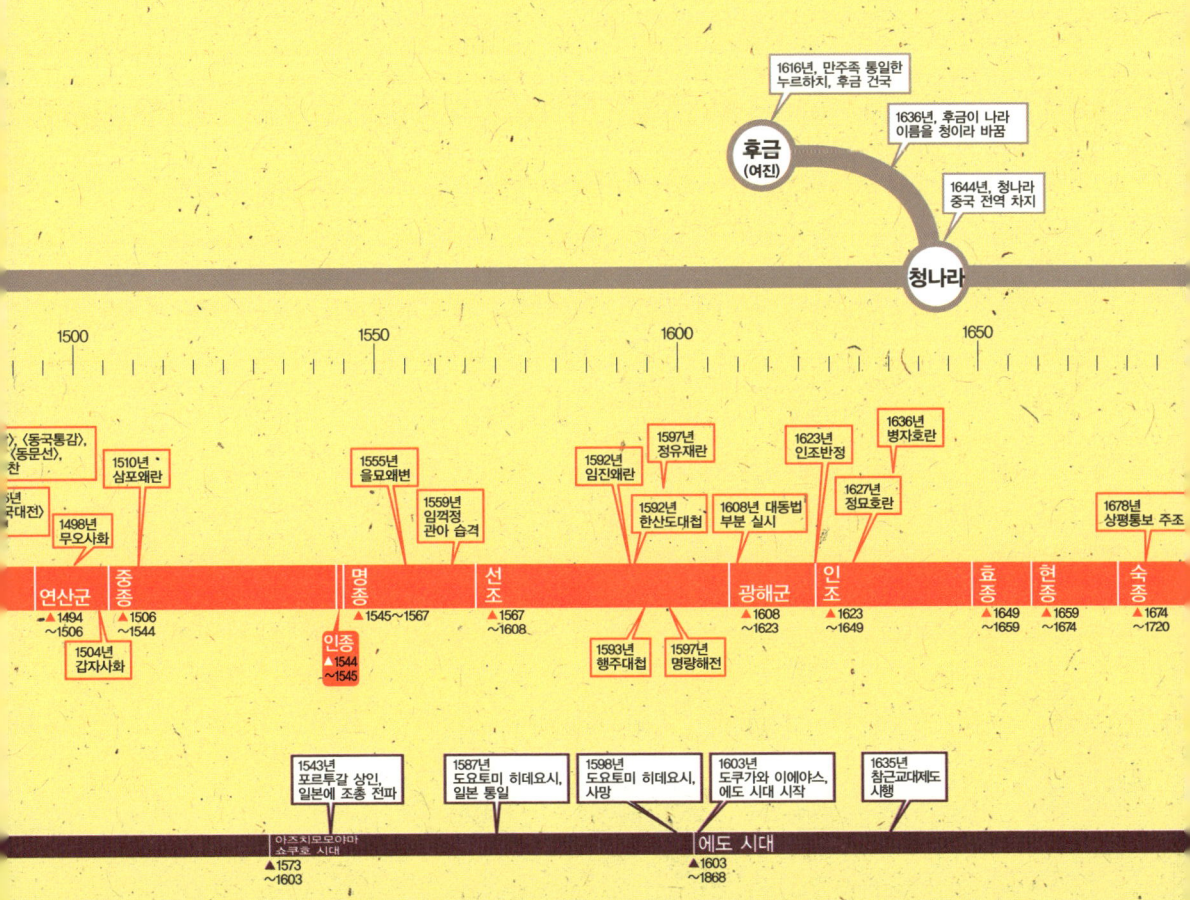

인조, 반정으로 왕위에 오르다

"광해군이 쫓겨나고 그다음으로 왕위에 오른 사람은 광해군의 조카인 능양군인데 그가 바로 인조야. 인조반정에 가담했던 사람들은 모두 서인 세력이었어. 평소 서인 세력은 광해군의 중립 외교를 못마땅해 하고 있다고 했지?"

"네. 서인은 명나라를 버리면 나라가 망한다고 생각하는 사람들이라고 하셨어요. 이것을 '친명배청'이라고도 하셨고요."

"맞아. 잘 기억하고 있네. 광해군이 명나라를 섬기지 않는 데다가 인목대비를 평민 신분으로 떨어뜨려 서궁에 가두고 영창대군을 죽이는 일까지 벌어지자 거사를 떠올렸어. 지금이야말로 광해군을 왕위에서 끌어내리고 능양군을 왕위에 앉혀야 할 때라고 생각한 거야. 1623년 3월 12일 밤 반정은 계획했던 대로 착착 진행되었어. 능양군이 대궐을 장악하자 광해군은 궁궐 밖으로 달아났어. 그러다가 붙잡혀 결국 유배 가는 신세가 되고 말았지."

"아뿔싸! 중립 외교와 대동법이 다 날아갔네요."

"중립 외교는 날아갔지만 광해군 때 처음 시행된 대동법은 날아가지 않고 이어지다가 숙종 때 완성되었어. 다시 거사 얘기로 돌아가서! 능양군은 서궁에 갇힌 인목대비를 풀어 주고 인목대비의 교지를 받아 왕위에 올랐어. 이렇게 인조반정은 성공적으로 마무리되었던 거지."

정묘호란과 병자호란이 벌어지다

"1627년 1월 후금이 조선에 쳐들어왔어."

"일본이 쳐들어온 지 얼마나 됐다고 또 후금이 쳐들어온 거예요?"

"후금은 '친명배금'의 태도를 취하는 인조가 거슬렸어. 대세는 이미 후금 쪽으로 기울었는데 인조는 명나라를 여전히 큰 나라로 섬겼던 거지. 그래서 '광해군을 위해 복수하겠다.'라는 명분을 내세워 쳐들어온 거야."

"안타깝네요. 인조도 광해군처럼 청나라를 배척하지 않았으면 좋았을 텐데요."

"후금의 장수 아민은 군대 3만을 이끌고 조선을 공격했는데 이 전쟁을 '정묘호란'이라고 해."

"왜란 말고 호란이요?"

"호란에서 호는 오랑캐 호자야. 오랑캐란 북쪽에 사는 만주족을 깔볼 때 쓰는 별칭이었어. 후금은 만주족이 세운 나라니까 후금을 두고 오랑캐라고 한 거야."

"지금 3만의 군대가 쳐들어왔는데 오랑캐라고 우습게 볼 때가 아닌 것 같은데요?"

"맞아. 장수 아민의 기세는 대단했어. 아민은 압록강을 넘어 황해도까지 순식간에 내려왔는데 불과 11일 만이었어. 이때 인조는 강화도로 피난을 가야 했지."

"임진왜란 때는 선조가 피난 가고 정묘호란 때는 인조가 피난 가고. 두 왕은 왜 힘없이 피난만 가는지 모르겠어요."

"그런데 장만의 군대가 개성에 진을 치고 있고

누르하치
중국에서 여진족을 통합하고 후금의 초대 황제가 된 인물이야.

전국 각지에서 의병이 일어나 청을 치기 시작하자 판세가 달라졌어. 아민이 조선에 화의를 제의해 온 거야."

"우와! 역시 의병이 최고예요."

"화의의 내용은 조선은 후금과 '형제의 나라'가 된다, 조선은 후금과 청나라의 전쟁에 중립을 지킨다였어."

"중립이요? 조선이 광해군 시대로 돌아간 것 같아요."

"하지만 얼마 지나지 않아 청나라는 먼저 약속을 깨고 조선에 무리한 요구를 했지."

"잠깐만요, 쌤. 후금 얘기하다 왜 갑자기 청나라예요?"

"아, 내가 그 얘길 안 했구나. 후금은 만주족 족장 누르하치가 세웠는데 그가 죽자 뒤를 이은 홍타이지는 나라 이름을 청나라로 바꿨거든."

청나라의 요구는 '명나라와의 전쟁에 군대를 지원해 달라.'는 거였어. 그리고 '형제의 나라에서 군신의 나라로 관계를 변경하자'는 요구도 덧붙였지."

"약속도 어기고 그렇게 무리한 요구를 하다니 진짜 너무한 거 아니에요?"

"조선 조정에서는 청나라를 공격하자는 목소리가 높았어. 이를 눈치 챈 청나라는 1636년 12월, 두 번째로 조선에 침입해 왔는데 이 전쟁을 '병자호란'이라고 해. 청 태종 홍타이지는 직접 12만

홍타이지(태종)
누르하치의 아들로 나라 이름을 후금에서 청나라로 바꾸었어.

남한산성
병자호란이 일어나자 수도인 한양은 단 6일 만에 청나라 군대에 점령되었어. 인조는 한양을 버리고 남한산성으로 피신했지.

명의 군대를 이끌고 압록강을 건넜어. 단 6일 만에 한양이 무너지고 인조는 남한산성으로 피신했지."

"남한산성이 강화도만큼 피신하기 좋은 곳인가요?"

"그렇진 않아. 강화도로 피신하려다가 길이 막혀 못 가서 대신 남한산성으로 간 거야. 남한산성으로 피난 간 걸 보고 청 태종은 기뻐했어. 지금이야말로 전쟁을 승리로 이끌 수 있는 좋은 기회라고 생각한 거야. 그래서 병력을 더 증가시켜 20만의 병력으로 남한산성을 에워쌌어."

"이를 어째요. 완전히 독 안에 든 쥐나 마찬가지네요."

"남한산성 안에 있던 조정 대신들은 수세에 몰려 화친하자는 쪽과 끝까지

병자호란 기록화
인조가 남한산성으로 피신하자 청나라 군대 20만 명이 산성을 에워쌌어. 조선군은 47일간 항전했지만 결국 청나라에 항복하고 말았어.

싸우자는 쪽으로 갈려 서로 다투었지. 이런 가운데 강화도가 함락되었다는 소식까지 들려오자 결국 인조는 항복하겠다는 뜻을 전했어."

"왕이 자존심도 없이 어떻게 다른 나라에 항복하겠다고 말해요."

"정말 굴욕적이지. 1637년 인조는 한강 동쪽 삼전도에서 무릎을 꿇고 절을 하며 신하의 예를 갖춰야 했어. 이를

삼전도비
청나라 태종이 인조가 항복한 장소에 자신의 공을 자랑하려고 세우게 한 비석이야.

'삼전도의 굴욕'이라 불러. 청 태종은 물러가면서 소현세자, 봉림대군, 청나라와 끝까지 싸워야 한다고 주장했던 대신들, 또 수많은 조선 여인들을 청나라로 끌고 갔어."

청나라를 배우는 게 뭐가 죄라고! 소현세자

"청나라에 볼모로 잡혀갔던 사람들은 어떻게 됐을까? 그중 소현세자는 8년 동안 청나라에 인질로 잡혀 있었어. 그런데 소현세자가 청나라에 머문 동안 나쁜 일만 있었던 건 아니야. 청나라에서 서구 문물을 배웠을 뿐 아니라 능수능란한 외교력을 발휘했거든."

"와! 그 정도면 인질이 아니라 인재 아닌가요?"

"1645년 소현세자는 인질 생활을 마치고 조선으로 귀국했어. 귀국하면서 서양의 천문학, 수학, 천주학, 지구의, 망원경, 화포 같은 것을 가지고 들어왔어. 그리고 조선에 새 학문과 사상을 널리 퍼뜨리겠다는 결심도 했지."

"그렇게 귀한 물건들을 가져왔으니 인조가 좋아했겠어요?"

"아니, 그 반대야. 인조는 '나에게 삼전도의 굴욕을 안긴 나라의 물품들을 들고 왔느냐' 하고 소리치며 그것들을 모두 불태워 버렸어. 그 후 인조는 소현세자를 박대했고 소현세자는 귀국한 지 두 달 만에 병으로 죽고 말았어."

"저도 자존심을 짓밟은 나라의 물건은 쳐다보기도 싫을 거 같아요."

정의감에 넘치는 시루가 이렇게 얘기하자 은지가 반대 의견을 내놓았다.

"저는 아무리 적이라고 해도 장점이 있다면 배우는 게 낫다고 생각해요."

"당시 급변하는 정치 상황에서 은지의 말대로 청나라를 배우는 것이 옳았

을까, 시루의 말대로 청나라를 배척하는 것이 옳았을까 하는 문제는 한번 곰곰이 생각해 볼 일이야. 인조에 이어 왕위에 오르는 효종은 시루 쪽에 가까웠어. 청나라가 싫어서 북벌론을 폈거든."

밑줄 쫙!  은지의 한국사 노트

1. ⬜⬜들은 ⬜⬜⬜의 중립 외교가 못마땅해 ⬜⬜⬜을 쫓아내고 인조를 왕위에 앉혔다.
서인, 광해군, 광해군

2. ⬜⬜을 세운 누르하치가 죽자 홍타이지가 왕위에 올랐다. 홍타이지는 나라 이름을 ⬜으로 변경했다.
후금, 청

4. 1636년 청나라는 두 번째로 조선에 침입해 왔는데, 이 전쟁을 ⬜⬜⬜⬜이라고 한다. 청 태종 홍타이지는 직접 12만 명의 군대를 이끌고 압록강을 건너 단 6일 만에 한양이 무너지고 인조는 ⬜⬜⬜⬜으로 피신했다.
병자호란, 남한산성

5. 정묘호란, 병자호란에서 호는 ⬜⬜라는 뜻이다. ⬜⬜⬜는 북쪽에 사는 ⬜⬜⬜을 깔볼 때 이르는 별칭이었다.
오랑캐, 오랑캐, 북방족

6. 1637년 인조는 청나라에 항복하고 한강 동쪽 ⬜⬜⬜에서 무릎을 꿇고 절을 하며 신하의 예를 갖춰야 했다. 이를 '⬜⬜⬜⬜ ⬜⬜'이라 한다.
삼전도, 삼전도의 굴욕

7. 소현세자는 병자호란으로 ⬜⬜⬜에 끌려갔다가 인질 생활을 마치고 조선으로 귀국했다. 귀국하면서 서양의 ⬜⬜⬜, 수학, 천주학, ⬜⬜⬜, 망원경, 화포 등을 가지고 들어왔다.
아시거, 국무원, 아니가

전쟁을 극복하다

BC700000 ▶ AD2000

인조 이후 왕이 된 효종은 청나라에 대한 반감이 컸어. 그래서 청나라를 공격하겠다는 계획을 세우지. 그러나 효종이 죽으면서 북벌은 흐지부지되었어.

이후 별다른 외부의 침입이 없는 상태가 유지되면서 나라는 조금씩 안정을 찾게 되었지.

그런데, 이 시대에 우리 역사에서 중요한 일 하나가 었었어. 바로 독도와 관련된 얘기야.

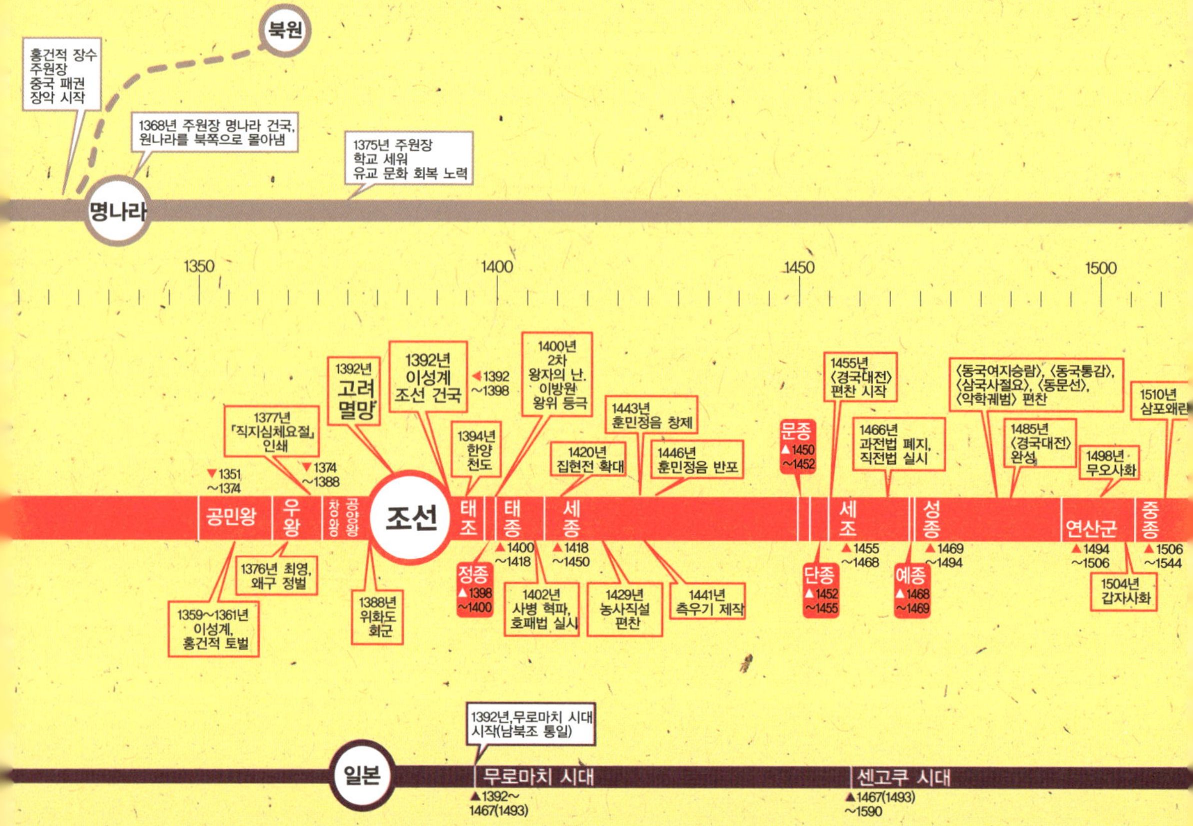

명나라
- 홍건적 장수 주원장 중국 패권 장악 시작
- 1368년 주원장 명나라 건국, 원나라를 북쪽으로 몰아냄 / 북원
- 1375년 주원장 학교 세워 유교 문화 회복 노력

1350 — 1400 — 1450 — 1500

조선
- 공민왕
- 1359~1361년 이성계, 홍건적 토벌
- 1376년 최영, 왜구 정벌
- 우왕 ▲1374~1388
- 1377년 『직지심체요절』 인쇄
- ▼1351~1374
- 창왕·공양왕
- 1388년 위화도 회군
- 1392년 고려 멸망
- 1392년 이성계 조선 건국
- 태조 ▲1392~1398
- 정종 ▲1398~1400
- 1394년 한양 천도
- 태종 ▲1400~1418
- 1400년 2차 왕자의 난, 이방원 왕위 등극
- 1402년 사병 혁파, 호패법 실시
- 세종 ▲1418~1450
- 1420년 집현전 확대
- 1429년 농사직설 편찬
- 1443년 훈민정음 창제
- 1441년 측우기 제작
- 1446년 훈민정음 반포
- 문종 ▲1450~1452
- 단종 ▲1452~1455
- 1455년 《경국대전》 편찬 시작
- 세조 ▲1455~1468
- 1466년 과전법 폐지, 직전법 실시
- 예종 ▲1468~1469
- 성종 ▲1469~1494
- 1485년 《경국대전》 완성
- 《동국여지승람》,《동국통감》,《삼국사절요》,《동문선》,《악학궤범》 편찬
- 1498년 무오사화
- 연산군 ▲1494~1506
- 1504년 갑자사화
- 1510년 삼포왜란
- 중종 ▲1506~1544

일본
- 1392년, 무로마치 시대 시작(남북조 통일)
- 무로마치 시대 ▲1392~1467(1493)
- 센고쿠 시대 ▲1467(1493)~1590

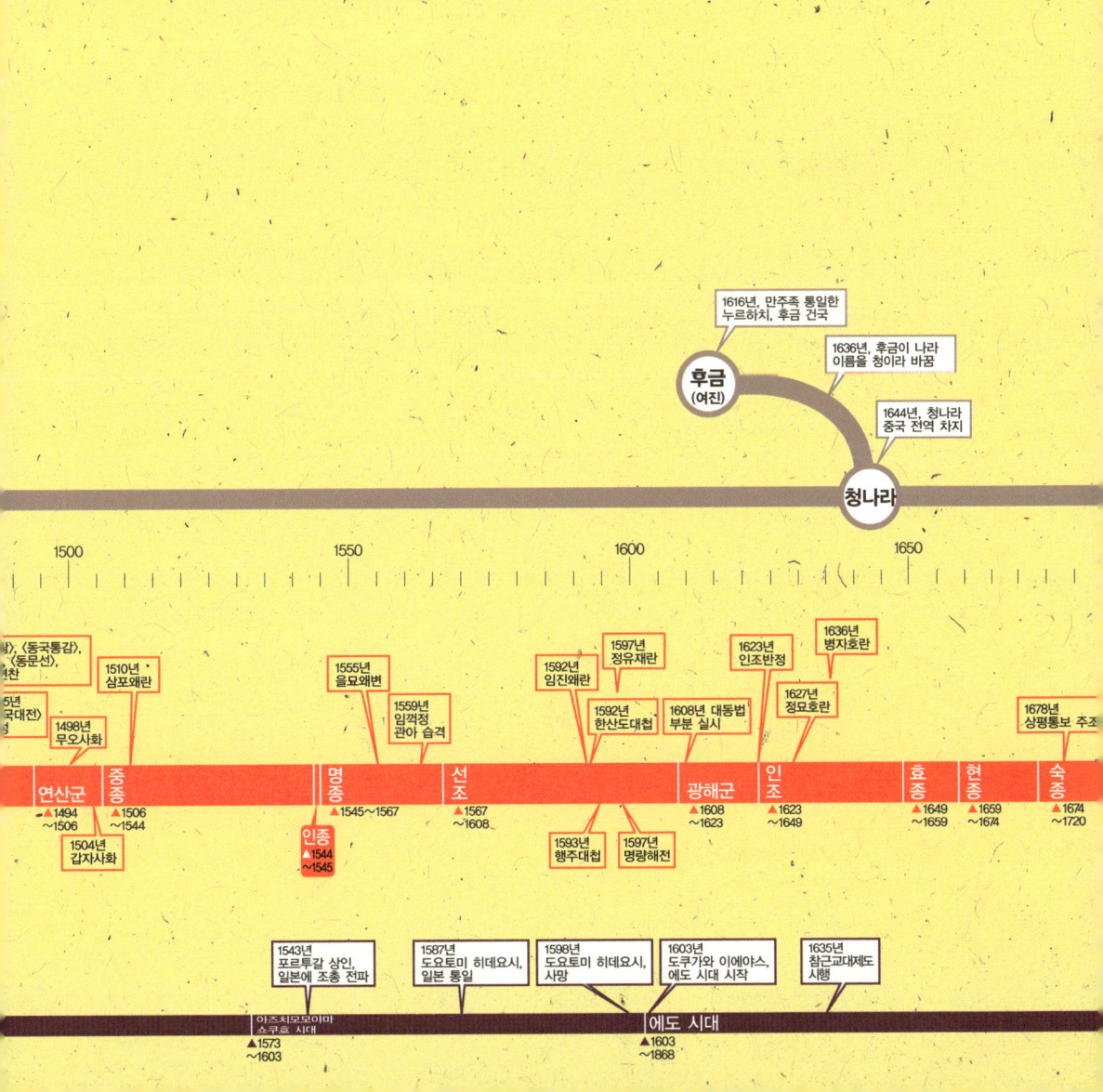

청나라는 싫다 북벌이 답이다! 효종

"소현세자가 죽자 인조는 청나라에 있던 봉림대군을 불러들여 세자로 삼았어. 그가 바로 효종이야. 봉림대군은 소현세자의 동생인데 인조는 봉림대군을 왕위에 앉히려고 소현세자의 맏아들인 세손까지 유배시켰어."

"아무리 소현세자가 미워도 그렇지 세손이 무슨 죄가 있다고요?"

"인조는 소현세자가 미웠다기보다는 청나라가 싫었던 거야. 봉림대군은 소현세자와 나란히 청나라에 끌려가 볼모 생활을 했어. 그런데 봉림대군은 소현세자와는 달리 볼모 생활 중에 온갖 고초를 겪으며 청나라에 대한 반감을 키웠어."

"어떻게 한 형제가 똑같이 볼모 생활을 하고도 정반대의 생각을 가질 수 있죠?"

"그러게 말이야. 귀국 후 효종이 가장 먼저 한 일은 청나라와 친한 세력을 제거하는 일이었어. 그리고 송시열의 건의에 따라 북벌 계획을 세웠지."

"북벌이 무슨 뜻이에요?"

"북쪽 청나라를 정벌한다는 뜻이야. 효종은 북벌을 위해 군대를 확충하고자 했어. 그런데 신하들의 반대로 뜻을 이룰 수 없게 되었지."

"청나라와 친한 세력을 다 제거했는데 신하들이 왜 반대했죠?"

"군비를 확충하려면 돈이 드는데 나라의 재정 상태가 어려운 데다가 이 사실을 알면 청나라가 쳐들어올 수 있다는 게 이유였어."

"순 겁쟁이들이네요."

"하지만 효종은 뜻을 굽히지 않았어. 북벌을 위해 강력한 무기를 만들어야겠다고 생각했어. 효종이 생각한 무기는 조총이야. 그래서 조총 부대를 창설

하멜의 배
제주 용머리 해안에 하멜이 탔던 배 스페르베르호를 재현한 모형이야. 하멜 일행은 이 배를 타고 일본으로 가던 중 제주 해안에 표류했단다.

하고 조총을 만드는 데 심혈을 기울였어. 마침 제주도에 표류한 네덜란드 선원들이 있었는데 그들을 한양으로 데려와 조총 만드는 작업에 투입시켰어. 덕분에 조총의 화력을 높일 수 있었지. 네덜란드 선원 중 한 사람이 바로 『하멜 표류기』를 쓴 하멜이야. 조총 부대는 청나라 국경 지대에 골칫거리인 러시아 군대를 격퇴하는 데 큰 성과를 거두었어."

이때 가만히 듣고 있던 은지가 예리한 질문을 던졌다.

"쌤, 이상해요. 청나라를 정벌한다면서 오히려 청나라를 돕고 있잖아요?"

"그건 겉으로 볼 땐 청나라가 원병을 요청해서 따른 것이었지만, 효종의 속

『하멜 표류기』

일본으로 가던 네덜란드 상인의 배가 제주도 앞바다에서 침몰했다. 간신히 목숨을 건진 하멜 일행은 광해군이 제주도로 유배 와서 살았던 집에서 지냈다. 그러다가 조선인으로 귀화한 네덜란드인 박연을 만나 훈련도감에서 일하게 되었다. 일행 중 한 사람이 잘못을 저지르는 바람에 전라도로 유배를 갔다. 그 후 하멜과 동료 여덟 명은 배 한 척을 구해 탈출에 성공해 일본을 거쳐 고국으로 돌아갔다. 하멜은 배의 서기였다. 13년 8개월 동안 조선에 지내면서 겪었던 일을 꼼꼼히 기록했는데, 이 기록물은 1668년 암스테르담에서 『하멜표류기』라는 제목을 달고 한 권의 책으로 간행되었다.

하멜 표류기

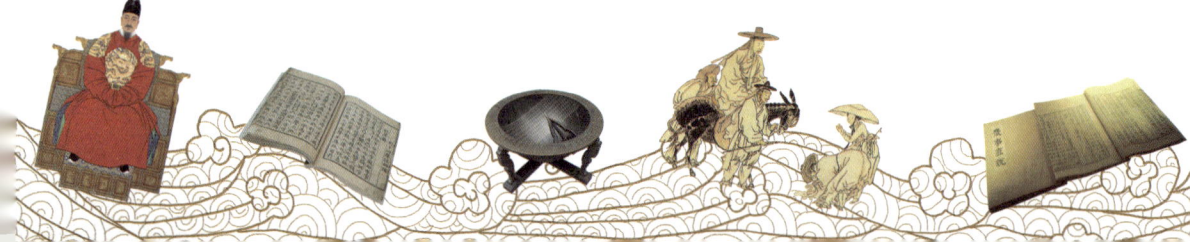

셈은 조총이 얼마나 대단한지 그 위력을 시험해 보고 싶었던 거야."

"우와! 그렇다면 북벌에 성공할 수도 있었겠네요?"

"안타깝게도 효종은 북벌의 뜻을 이루지 못했어. 재정의 어려움을 계속 겪었고 러시아군을 정벌한 지 1년 만에 병에 걸려 죽고 말았거든."

예송 논쟁에 휩쓸리다! 현종

"1659년 효종이 죽자 그의 장남 현종이 왕위에 올랐어. 현종은 조선의 평화를 위해 효종이 추진했던 북벌 정책을 완전히 중단시켰어."

"북벌이 효종 한 시대에서 끝나 버리다니 아쉬워요. 그깟 오랑캐들 이 조총으로 무찔러 버렸어야 하는데! 피용! 피용!"

시루가 솔이 빠진 빗자루를 조총 삼아 장난치자 평소 조용하던 은지가 나섰다. 어디서 그런 힘이 나왔는지 은지가 시루가 든 빗자루를 확 빼앗고 시루에게 말했다.

"지난번에 네가 반장 했으니까 약속대로 이젠 내가 반장이야. 앉아!"

시루는 은지의 평소 같지 않은 행동에 놀랐지만 바로 자리에 앉았다. 반장이라는 말에 순순히 말을 들을 수밖에 없었다. 마리는 은지가 빼앗은 빗자루를 이어받아 한쪽 구석에 가져다 두었다. 마치 약속이나 한 듯 호흡이 척척 맞았다.

"오오! 은지도 반장이 되니까 무섭네."

파래가 딱딱한 분위기를 깨보려고 은지에게 놀리는 말을 한 것이다. 그런데 마리는 놀리려는 의도는 무시한 채 이 한마디로 파래를 눌러 버렸다.

"그러니까 너도 조심해."

"시루야, 언제부터 은지가 반장을 이어받는다는 말은 없었잖아. 그러니까 아직까지 네가 반장이야. 효종이 만든 조총 부대에 나도 낄래."

마토는 마리가 한쪽 구석에 가져다 놓은 빗자루를 가져와 시루 앞에서 조총을 드는 시늉을 했다.

그 순간, 꿈틀 안 분위기가 삼엄해졌다.

"너희들 왜 그래? 가만, 백김치 만들었을 때 만들어진 팀끼리 으르렁대는 거잖아? 그때 백김치 팀과 빨간 김치 팀 이렇게 서로 두 팀으로 갈렸지만 결국 백김치를 만들어 나눔이라는 훌륭한 일을 해낸 걸 기억해야지."

빡쌤이 아이들을 타이르자 아이들은 죄송하다고 하면서 분위기는 다시 평화로워졌다.

"흠흠! 그럼 다시 현종 이야기로 돌아가자고. 나라는 외부의 침략 없이 평화로웠어. 하지만 나라 안 조정은 서인과 남인으로 나뉘어 '예송 논쟁' 이라고 하는 정치 논쟁을 벌이기 시작했어."

"예송 논쟁이 뭐예요?"

"예송 논쟁이란 '예법에 관한 논쟁' 이라는 뜻이야. 1659년 효종이 죽었을 때 이런 일이 벌어졌어. 인조의 왕비인 장렬왕후가 몇 년 동안 상복을 입어야 하는지를 두고 서인과 남인이 서로 치열하게 다툰 거야. 현종은 서인의 손을 들어주었어."

"고작 상복을 입는 문제가 정치 논쟁이라니 잘 이해가 안 돼요."

"남인과 서인이 예법을 주장할 때 그냥 마구잡이로 억지를 부린 건 아니야. 그들에게는 각기 다른 학문적인 근거가 있었거든. 그러니까 왕이 그들의 학문적인 근거를 들은 후 남인과 서인 중 누구의 손을 들어 주느냐에 따라 누가

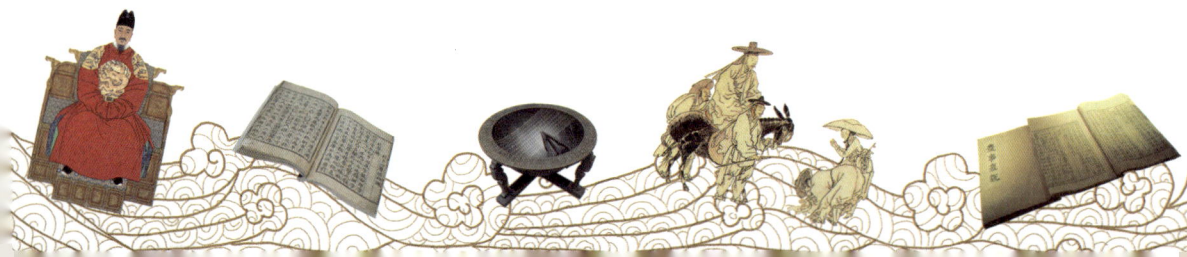

나랏일을 맡느냐가 결정되었던 거야."

"쌤! 현종이 서인의 손을 들어 주었다면 쌤은 꿈틀의 두 반장 중에서 시루의 손을 들어 주실 건가요, 아니면 은지의 손을 들어 주실 건가요?"

"내가 손을 들어 주고 말고가 어디 있어? 너희들 스스로가 추천하고 추천을 받은 사람은 알아서 반장 일을 잘만 하는데. 그것도 번갈아 가면서. 시루나 은지 말고 나머지 학생도 반장에 추천될 수 있으니 모두 다 꿈틀을 위해 무슨 일을 해야 할지 잘 생각해 보렴."

이 말을 들은 시루와 은지는 뿌듯했고 나머지 아이들도 자기가 반장이 될 상상을 하면서 행복했다.

"두 번째 예송 논쟁은 1673년 효종의 왕비 인선왕후가 죽었을 때 벌어졌어. 이번에도 인조의 왕비인 장렬왕후가 몇 년 동안 상복을 입어야 하는지를 두고 남인과 서인이 또다시 서로 다투었지. 현종은 이번에는 남인의 손을 들어 주었어."

"현종은 왜 이랬다 저랬다 하는 건가요?"

"현종이 이렇게 중심을 잡지 못하고 왔다 갔다 하는 모습은 붕당의 정치적 대립을 부추기는 결과를 가져왔어. 예송 논쟁은 현종에서 끝나지 않고 숙종 시대까지 지속되었어."

붕당은 나의 정치적 도구다! 숙종

"현종이 죽자 장남 숙종은 14세의 어린 나이에 왕위에 올랐어. 숙종은 어리지만 조숙하고 똑똑해서 수렴청정도 받지 않고 직접 정치를 했지. 하지만

숙종은 왕위에 오르자마자 커다란 문제에 부딪혔어."

"붕당 맞죠? 효종 때 벌어진 예송 논쟁이 숙종 때까지 이어진다고 하셨잖아요."

"그래. 붕당! 1674년 현종이 승하했을 때 상복 문제를 두고 또다시 예송 논쟁이 벌어졌어. 서인 송시열이 올린 상소가 논쟁의 시작을 알렸지. '현종이 예송 논쟁 때 남인의 손을 들어 준 것이 잘못된 일이다' 라는 내용의 상소를 올린 거야. 그러자 숙종은 아버지인 현종의 뜻을 받들어 송시열을 유배 보내고 남인의 손을 들어 주었지."

"그럼 남인 세상이 됐겠네요?"

"그래. 숙종은 남인 중심으로 조정을 이끌어 갔어. 그러자 남인의 힘이 지나치게 커졌지. 숙종은 이번에는 남인을 견제하려고 서인 중심으로 조정을 이끌어갔어."

"이젠 서인 세상이 된 거죠?"

"그래. 그런데 숙종의 뜻을 거스르는 한 사건이 벌어졌어. 사건은 후궁 장옥정이 왕자 윤을 낳으면서 시작되었어. 숙종은 장옥정을 정1품인 빈으로 삼고 윤을 왕위를 이을 원자로 세웠지. 그런데 이 일에 서인들이 반대하고 나섰어. 그러자 숙종은 서인들을 숙청하면서 장옥정을 아예 왕비로 임명하고 왕비인 인현왕후를 궁궐에서 내쫓았

사씨남정기
조선 후기에 김만중이 지은 고전 소설이야. 교채란(희빈 장씨)을 인격 모독에 가깝게, 그리고 사정옥(인현왕후)은 현숙한데도 부당하게 박해받는 인물로 묘사해 백성들로부터 인현왕후에 대한 동정심을 이끌어냈어.

어."

"후궁을 왕비로 삼고 왕비는 내쫓다니 나쁜 남자네요."

"조선은 성리학의 질서에 따라 움직이는 사회였기 때문에 일부다처제는 당연한 일이었겠지. 하지만 후궁을 곁에 두려고 본처를 내쫓는 건 너무하긴 했어. 이 일에는 정치적인 이유도 작용했지. 서인을 내쫓고 남인을 등용하려고 했던 거야."

"그래서 그다음엔 남인 세상이 되었겠네요?"

"그래. 그런데 얼마 후 인현왕후 복위 운동이 일어났어. 남인들은 이 일을 비판했어. 그러자 숙종이 이번에는 남인을 숙청하고 장옥정에게도 사약을 내렸어."

"인현왕후는 다시 궁궐로 들어왔어요?"

"그래. 인현왕후는 궁궐로 들어와 왕비로 복권되었지."

"그럼 다시 서인의 세상이 되었겠네요?"

"그래."

"숙종은 현종보다 더 왔다 갔다 하네요?"

"맞아. 숙종은 정치적으로 필요할 때마다 붕당을 이용했지. 덕분에 숙종은 왕권을 강화하는 데 성공했어."

어부 안용복, 울릉도와 독도를 지키다

"얘들아, 독도는 어느 나라 땅일까?"

"그야 당연히 우리나라 땅이죠. 노래도 있잖아요. 울릉도 동남쪽 뱃길 따라

"200리 외로운 섬 하나 새들의 고향 그 누가 아무리 자기네 땅이라고 우겨도 독도는 우리 땅!"

파래가 갑자기 일어나더니 작대기를 두들겨 가며 노래를 부르기 시작했다.

"너 그 노래 어떻게 아니?"

"〈독도는 우리 땅〉이라는 노래잖아요. 아빠가 노래방 가실 때마다 부르셔서 이젠 가사를 몽땅 외웠는걸요."

"그래? 참 기특하구나. 그런데 일본은 지금 독도를 자기네 땅이라고 우기고 있어. 그런데 그건 과거에도 마찬가지였어. 조선 숙종 때 일본은 울릉도와 독도를 자기네 땅이라고 주장했지. 그때 일본으로부터 울릉도와 독도를 지켜 낸 사람이 있었어."

"그게 누구예요?"

"안용복이야. 안용복은 고기 잡는 어부였어. 1693년 어느 날 울릉도로 고기 잡으러 갔다가 어이없는 일을 당했어. 고기를 잡던 일본 어부들이 안용복을 일본 오키 섬으로 끌고 간 거야. 안용복이 일본의 허락 없이 고기잡이를 했으니 따끔한 맛을 보여 주겠다는 거였어."

"말도 안 돼요. 그건 오히려 안용복이 해야 할 일 아닌가요?"

시루가 씩씩대며 말했다.

"이 상황에 딱 어울리는 속담이 하나 있어요. 방귀 뀐 놈이 성낸다."

은지가 한 이 말에 방귀라는 말이 나오자 맥락도 없이 아이들은 까르르 웃었다.

"일본에 붙잡혀 간 안용복은 일본 어부들에게 기죽지 않았어. 오히려 당당하게 위엄 있는 목소리로 말했지. "울릉도와 독도는 우리 땅이다."라고 말이야. 일본 어부들은 안용복의 기세에 놀라 사실을 인정했고 일본 막부 장군이

독도
조선 시대에도 독도를 두고 우리나라와 일본은 다툼이 심했어. 일본 어부들이 울릉도와 독도에서 마음대로 고기를 잡자, 안용복은 일본에 건너가 울릉도와 독도가 조선 땅임을 확인하고 돌아왔어.

직접 써 준 울릉도와 독도가 조선 땅임을 인정한다는 내용의 문서를 들고 귀국 길에 올랐어. 하지만 안타깝게도 그 문서는 돌아오는 길에 대마도의 도주에게 빼앗기고 말았지.”

“문서는 빼앗겼어도 일본 어부들이 겁먹고 다시는 울릉도와 독도에 나타나지 않았겠네요?”

“아니. 일본은 이후로도 쭉 울릉도와 독도에서 고기잡이를 했어. 안용복은 아무래도 안 되겠다 싶어 결판을 내기 위해 울릉도로 출동했어. 안용복은 일본 어부들이 울릉도에서 고기를 잡고 독도에서 집을 짓고 살고 있다는 것을 알게 되었어. 안용복은 관복을 차려입고 일본 태수를 직접 찾아가 이렇게 말했지. ‘나는 울릉도와 독도의 감세관이다. 3년 전에 막부 장군으로부터 울릉

도와 독도가 조선 땅임을 인정한다는 내용의 문서를 받았다. 그런데 그 문서를 대마도 도주가 빼앗아 갔으니 그 일을 막부 장군에게 고발하겠다.' 하고 말이야."

"관리 복장을 하고 위풍당당한 모습으로 일본 태수를 위협한 거네요."

"그래. 태수는 겁을 잔뜩 집어먹고 울릉도와 독도를 다시는 침범하지 않겠다고 약속했지. 이후 1697년 일본은 울릉도 독도가 조선 땅임을 인정하는 외교문서를 보냈어. 이렇게 해서 안용복은 독도와 울릉도를 지켜 낸 거야."

몸이 약해 연잉군에게 대리청정을 받다! 경종

"1720년 숙종이 죽자 경종이 왕위에 올랐어. 경종은 장희빈이 낳은 숙종의 맏아들이야."

"어머니는 사약을 받고 죽었지만 그 아들은 결국 왕이 되었네요."

"경종은 어머니 장희빈이 사약을 받고 죽었기 때문에 정신적 충격이 컸어. 그 후로 건강이 좋지 않았지. 병약한 상태에서 왕위에 올랐기 때문에 경종의 이복동생인 연잉군(영조)이 대리청정을 했어."

"대리청정이요? 수렴청정과 비슷한 거예요?"

"대리청정이란 왕의 허락을 받아 왕세자나 왕세손, 왕세제가 왕 대신 정치를 하는 것을 말해. 연잉군은 경종의 동생, 즉 왕세제가 되어 대리청정을 하게 되었던 거야. 경종을 지지하는 세력은 소론이었고 연잉군을 지지하는 세력은 노론이었기 때문에 소론과 노론은 연잉군의 세자 책봉 문제를 놓고 서로 대립했어."

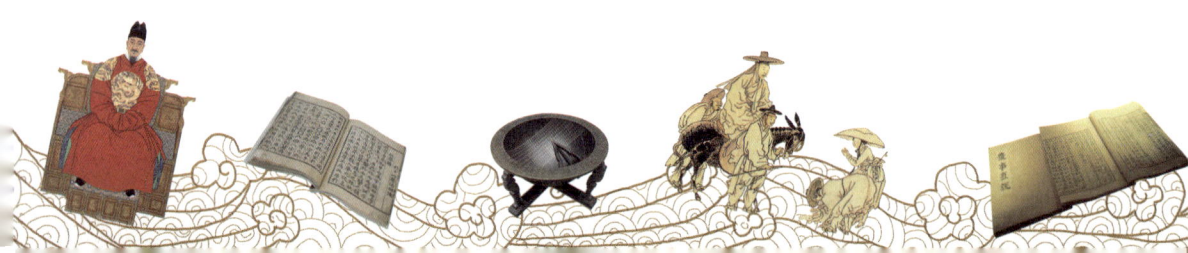

밑줄 쫙!  은지의 한국사 노트

1. 봉림대군은 왕위에 오르자 송시열의 건의에 따라 ☐☐ ☐☐을 세웠다. ☐☐은 북쪽 청나라를 정벌한다는 뜻이다.
북벌, 북벌 계획

2. 효종이 만든 ☐☐ ☐☐는 청나라 국경 지대에 골칫거리인 러시아 군대를 격퇴시키는 데 성공해 큰 성과를 거두었다.
나선 정벌

3. 현종이 왕위에 오르자 북벌을 중단시켰다. 나라는 외부의 침략 없이 평화로웠지만 나라 안 조정은 서인과 남인으로 나뉘어 '☐☐ ☐☐'이라고 하는 정치 논쟁을 벌이기 시작했다.
예송 논쟁

4. 현종에 이어 왕위에 오른 ☐☐ 때도 붕당이 여러 번 벌어졌는데, ☐☐은 붕당의 순간마다 그것을 정치적으로 이용해 왕권을 강화하는 데 성공했다.
숙종, 숙종

5. 1696년 어부 ☐☐☐은 관복을 차려입고 일본 태수를 직접 찾아가 울릉도와 독도가 태수로 하여금 조선 땅이라는 사실을 인정하게 하고 울릉도와 독도를 지켜 냈다.
안용복

6. ☐☐은 병약한 상태에서 왕위에 올랐기 때문에 연잉군(영조)이 ☐☐☐☐을 했다. ☐☐☐☐이란 왕의 허락을 받아 왕세자나 왕세손, 왕세제가 왕 대신 정치를 하는 것을 말한다.
경종, 대리청정, 대리청정

붕당을 극복하려는 움직임

경종이 죽자 왕위에 오른 영조는 자신을 지지하던 노론뿐만 아니라 소론 역시 등용했어. 어느 붕당이든 한 붕당이 조정을 온통 차지하고 있으면 나라가 위태로워질 것이라고 생각했지. 그래서 영조는 각 붕당의 인재를 골고루 등용하기 위한 탕평책을 실시했어.

탕평책이란 어느 편에도 치우치지 않는 정책을 말해. 예를 들면 이런 방식이었어. 영의정 자리에 노론 대신을 앉히고 좌

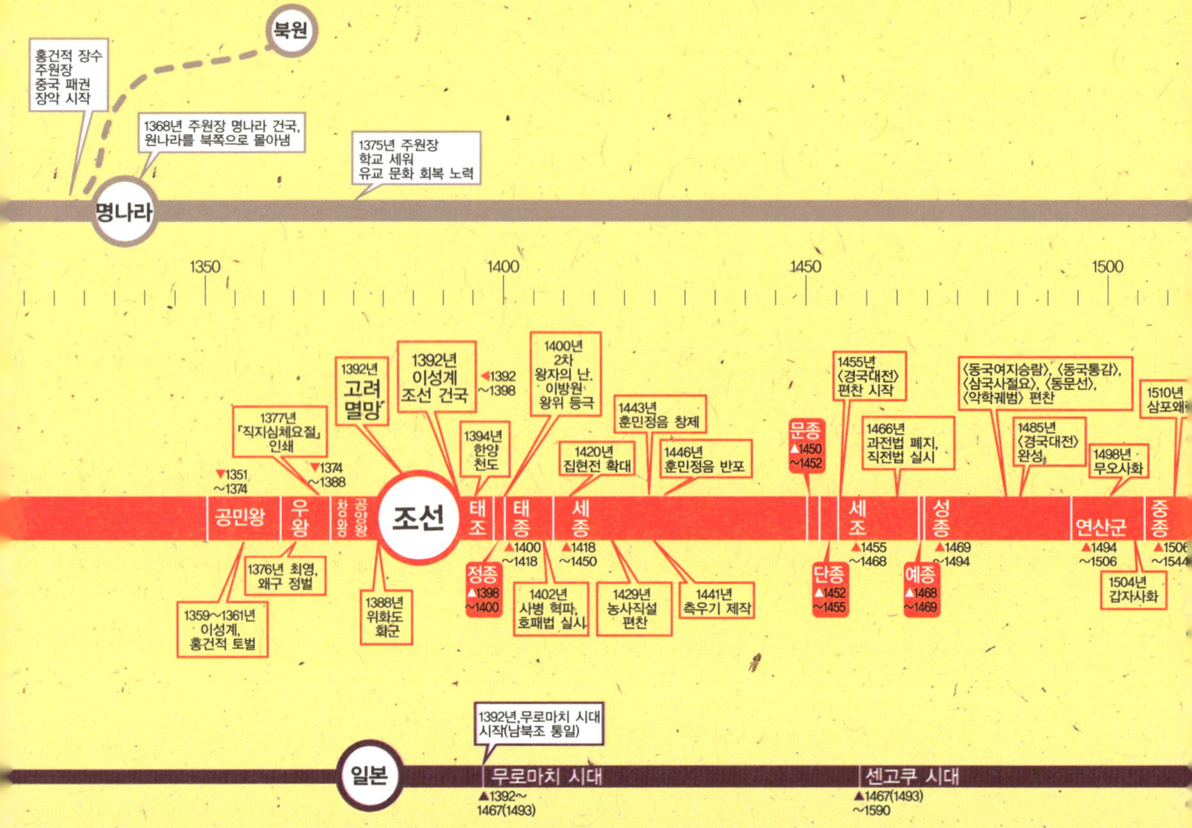

명나라
- 홍건적 장수 주원장 중국 패권 장악 시작 → 북원
- 1368년 주원장 명나라 건국, 원나라를 북쪽으로 몰아냄
- 1375년 주원장 학교 세워 유교 문화 회복 노력

조선 연표 (1350~1500)

- 1351~1374 공민왕
- 1359~1361년 이성계, 홍건적 토벌
- 1374~1388 우왕
- 1376년 최영, 왜구 정벌
- 1377년 『직지심체요절』 인쇄
- 창왕 / 공양왕
- 1388년 위화도 회군
- 1392년 고려 멸망
- 1392년 이성계 조선 건국
- 1392~1398 태조
- 1394년 한양 천도
- 정종 1398~1400
- 1400년 2차 왕자의 난, 이방원 왕위 등극
- 태종 1400~1418
- 1402년 사병 혁파, 호패법 실시
- 세종 1418~1450
- 1420년 집현전 확대
- 1429년 농사직설 편찬
- 1441년 측우기 제작
- 1443년 훈민정음 창제
- 1446년 훈민정음 반포
- 문종 1450~1452
- 단종 1452~1455
- 1455년 《경국대전》 편찬 시작
- 세조 1455~1468
- 1466년 과전법 폐지, 직전법 실시
- 예종 1468~1469
- 성종 1469~1494
- 1485년 《경국대전》 완성
- 《동국여지승람》, 《동국통감》, 《삼국사절요》, 《동문선》, 《악학궤범》 편찬
- 연산군 1494~1506
- 1498년 무오사화
- 1504년 갑자사화
- 중종 1506~1544
- 1510년 삼포왜란

일본
- 1392년 무로마치 시대 시작 (남북조 통일)
- 무로마치 시대 1392~1467(1493)
- 센고쿠 시대 1467(1493)~1590

의정 자리에 소론 대신을 앉혀 균형을 맞추고, 이조 판서 자리에 소론을 기용하면 호조 판서 자리에는 노론을 기용하여 균형을 맞추는 식이지.
    영조는 탕평책을 통해 분열과 갈등을 끝내고 힘을 모아 나라를 발전시킬 방법을 모색한 거야.

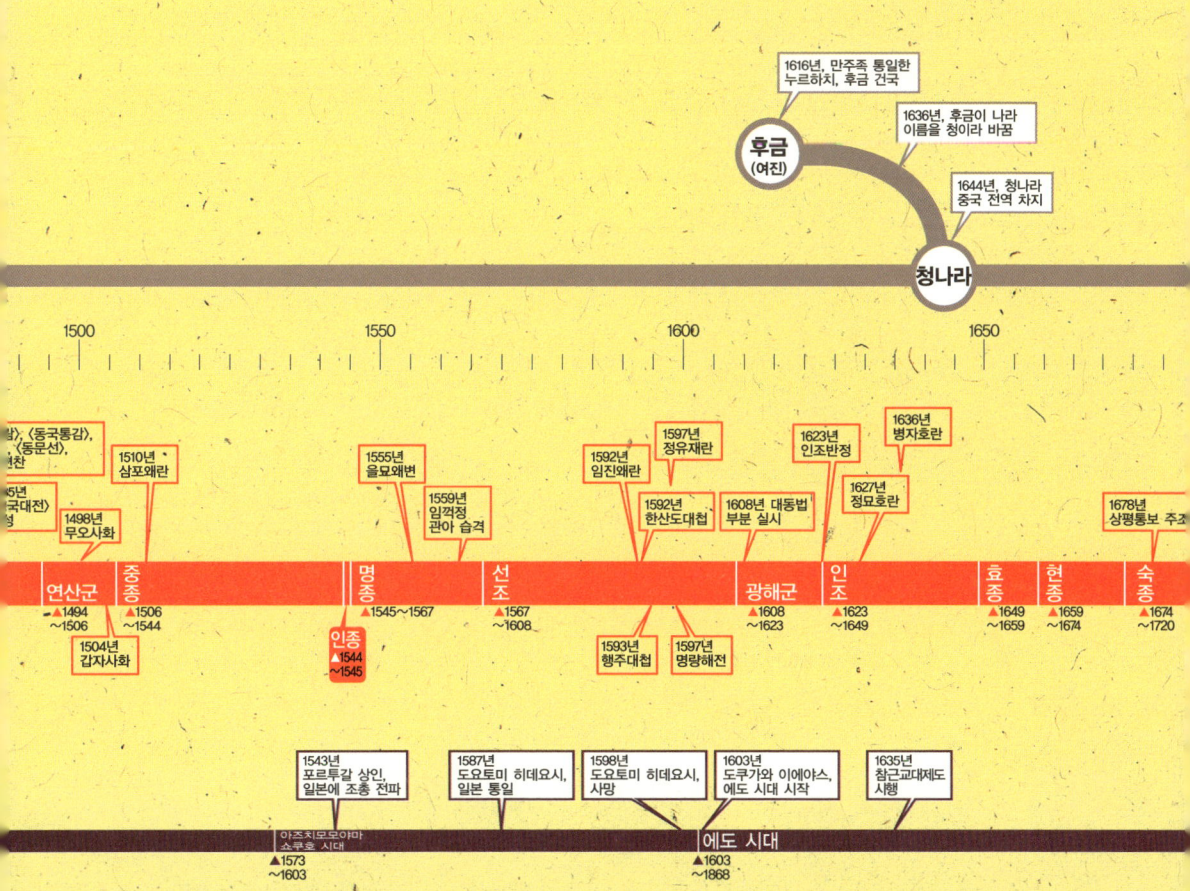

탕평책으로 붕당의 정치적 대립을 극복하겠다! 영조

"영조는 1724년 경종이 죽자 왕위에 올랐어. 경종 시대에 노론과 소론이 대립해 소론이 힘을 얻었지만 영조가 왕위에 오르자 그를 지지하던 노론이 힘을 얻었어. 하지만 영조는 노론만 등용한 건 아니야. 어느 붕당이든 한 붕당이 조정을 온통 차지하고 있으면 나라가 위태로워질 것이라고 생각했지. 그래서 영조는 각 붕당의 인재를 골고루 등용하기 위해 탕평책을 실시했어."

"탕평책이 뭐예요?"

"탕평책이란 어느 편에도 치우치지 않는 정책을 말해. 예를 들면 이런 방식이었지. 영의정 자리에 노론 대신을 앉히고 좌의정 자리에 소론 대신을 앉혀 균형을 맞추고, 이조 판서 자리에 소론을 기용하면 호조 판서 자리에는 노론을 기용하여 균형을 맞추는 거야."

"우와, 그럼 자리를 두고 서로 싸울 일은 없었겠어요?"

"그런데 영조는 어느 순간 깨달았어. 네 개의 붕당 대신들을 숫자에 맞게 앉히다 보니 능력보다는 파벌만 따지게 된다는 거야. 그래서 노론, 소론, 남인, 북인 등 붕당에 구애받지 않고 재능을 중심으로 인재를 골고루 등용했어."

영조
붕당 간의 다툼이 심해지자 각 붕당의 인재를 골고루 등용하는 탕평책을 펼쳤어.

"그럼 탕평책으로 붕당의 정치적 대립이 완전히 사라졌나요?"

"아니. 탕평책으로 대립을 완전히 뿌리 뽑지는 못했어."

"에휴, 실망이에요."

"영조의 뒤를 이을 사도세자가 죽자 조정 대신들은 다시 둘로 갈라져서 싸웠어. 사도세자의 죽음이 억울하다는 쪽은 시파, 사도세자의 죽음이 당연하다는 쪽은 벽파가 된 거지. 영조가 사도세자의 아들인 세손에게 왕위를 물려주려 하자 벽파는 세손의 즉위를 반대하고 나섰어. 하지만 영조는 반대 세력에도 불구하고 세손을 끝까지 믿고 세손에게 왕위를 물려주었어."

"아들은 전혀 안 믿으면서 손자는 전적으로 믿다니 영조의 사랑은 오직 손자뿐이네요."

"노론 벽파와 시파의 싸움은 세손이 정조가 된 후에도 이어졌어."

"영조가 정조에게 물려주는 건 오로지 붕당뿐인가요?"

"그렇지는 않아. 정조는 영조의 탕평책을 이어받아서 시행했거든."

"후유, 다행이다! 붕당을 극복하려는 움직임이 대를 잇는 거네요."

"탕평책 외에도 영조는 1746년에 그동안 공포된 법령 중 시행할 만한 법령을 추려 『속대전』을 편찬했어. 1750년에는 균역법을 시행했지. 균역법이란 1년에 2필을 내던 군포를 1필로 줄여 준 제도를 말해."

탕평비
영조는 탕평책을 널리 알리기 위해 성균관에 앞에 탕평비를 세웠어.

내가 뒤주에 갇혀 죽은 건 붕당 때문이었다! 사도세자

"사도세자는 영조의 맏아들이야. 영조가 나이가 들고 건강이 나빠지면서 사도세자에게 대리청정을 맡겼어. 그러자 영조를 지지했던 노론 세력이 불안해지기 시작했어. 사도세자를 지지하는 사람들은 노론이 아니라 소론이었거든. 당연히 사도세자와 노론은 사이가 좋지 않았지. 그러던 중 노론과 사도세자의 사이가 아주 나빠지는 계기가 생겼어. 1757년 영조는 왕비 정성왕후가 죽자 15세의 어린 정순왕후를 새 왕비로 임명한 거야."

"당시는 결혼 연령이 낮았다고 들었는데, 나이 어린 게 문제가 됐나요?"

"당시 사도세자의 나이는 25세! 그러니까 자기보다 열 살이나 어린 여자를 어머니라고 불러야 했겠지. 그렇다고 그 자체가 문제는 아니었어. 진짜 문제는 사도세자는 소론의 지지를 받는 사람이었는데 정순왕후는 노론 측의 사람이었다는 거야. 사도세자와 정순왕후는 정치적으로 대립하는 위치에 있었던 거지.

정순왕후와 노론의 신하들은 세자를 폐위시켜야 한다고 생각했어. 자신들의 정치적 적이 왕이 되는 것을 앉아서 가만히 지켜볼 수는 없었겠지. 이를 위해 노론은 영조와 사도세자 사이를 이간질하기 시작했어. 세자가 밤에 궁궐 밖으로 나가 누군가를 만나고 온다, 소론이 동궁에 드나들면서 정치에 간섭한다, 사도세자는 영조가 경종을 시해했다고 생각한다는 등의 소문을 퍼뜨렸어."

"그게 사실이에요?"

"아니! 사도세자가 소론과 가까이 지낸다는 사실 말고는 대부분 꾸며낸 이야기야. 사도세자는 그런 일이 없다고 영조에게 말했지만, 그런 이야기들이

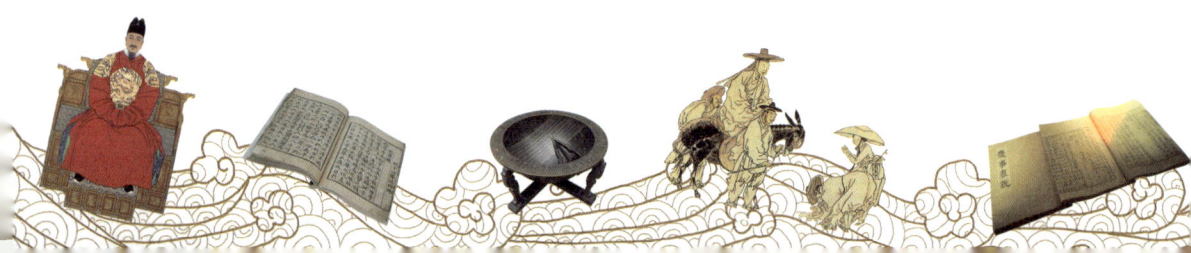

자꾸 이어지자 영조도 사도세자에게 신뢰를 보낼 수만은 없었지. 사도세자를 두고 온갖 안 좋은 말들이 퍼지고 정치적 대립이 격렬해졌어. 그렇게 칼날 같은 말들이 궁궐 안을 어지럽게 나돌던 끝에 결국 영조의 명으로 세자는 뒤주에 갇혀 8일 만에 죽고 말았어."

"노론 말만 믿고 자기 아들을 죽이다니 영조는 너무 잔인해요."

"사도세자는 격렬하게 대립하던 붕당에 의해 안타깝게 희생된 셈이지."

뒤주
영조는 아들인 사도세자를 쌀과 같은 곡식을 담아 두는 뒤주에 가두어 죽였어.

밑줄 쫙! 은지의 한국사 노트

1. 영조는 어느 붕당이든 한 붕당이 조정을 온통 차지하고 있으면 나라가 위태로워질 것이라고 생각했다. 그래서 각 붕당의 인재를 골고루 등용하기 위해 □□□을 실시했다.

   탕평책

2. 1750년 영조는 □□□을 실시했다. □□□이란 1년에 2필을 내던 군포를 1필로 줄여 준 제도를 말한다.

   균역법, 균역법

3. 영조가 나이가 들고 건강이 나빠지자 □□□□에게 대리청정을 맡겼다. 그러자 노론 세력은 정치적 기반을 잃을까 두려워 영조와 □□□□ 사이를 이간질했다.

   사도세자, 사도세자

4. 영조가 사도세자의 아들인 세손에게 왕위를 물려주려 하자 □□는 세손의 즉위를 반대하고 나섰지만 영조는 세손을 끝까지 믿고 세손에게 왕위를 물려주었다. 이는 훗날 □□가 되는 사람이다.

   노론, 정조

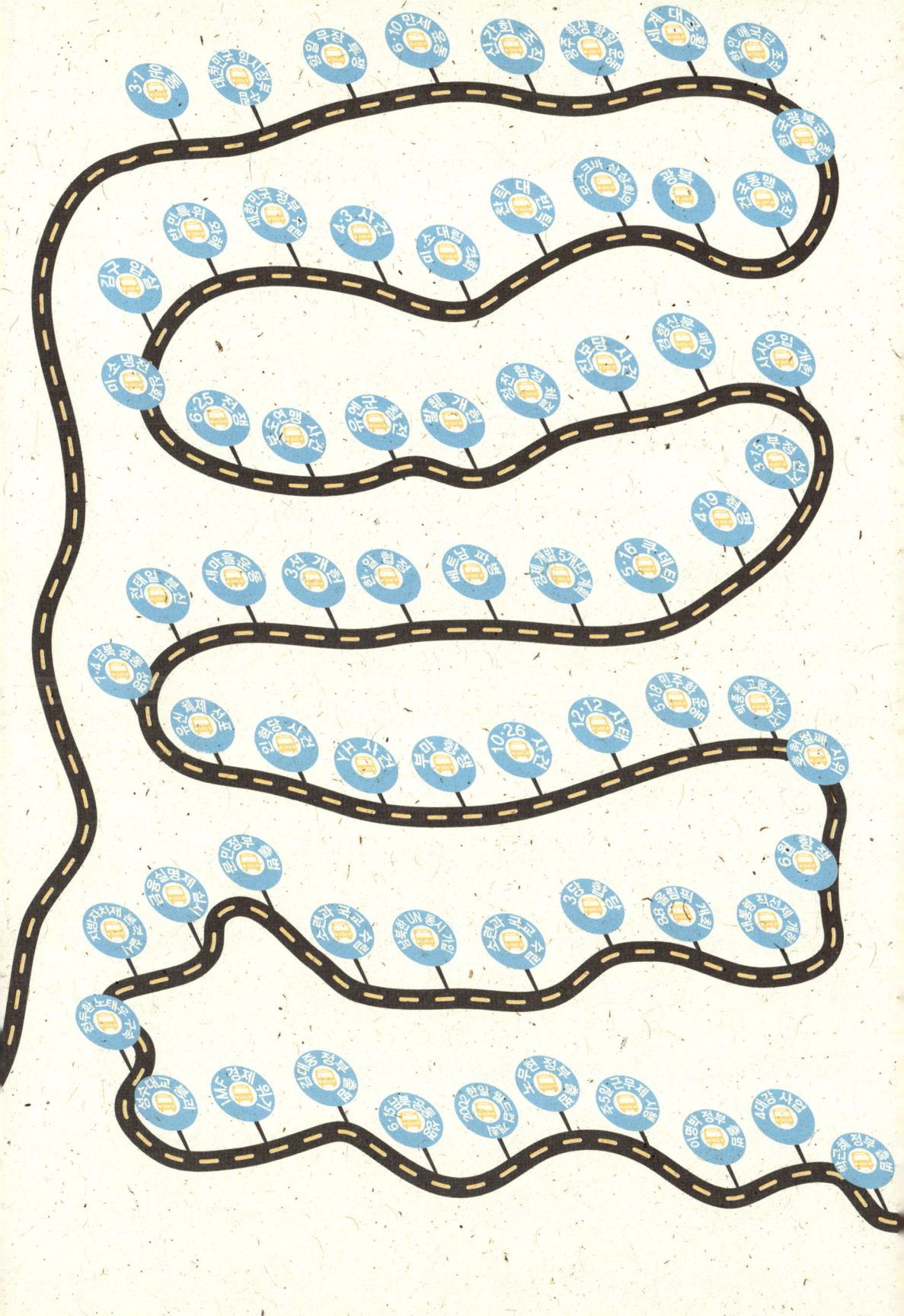

4부 조선을 다시 세우려 한 사람들

지구 옆 화성에서 수원 갈비를 먹은 마토

빡쌤이 꿈틀 안으로 들어섰을 때 평소처럼 꿈틀은 소란스러웠다. 그런데 오늘의 소란은 다른 때와는 이상하게 좀 달랐다. 평소에는 아이들이 한꺼번에 날뛰면서 난리법석을 떨었다. 그런데 이번에는 아니었다.

"야, 수원 갈비가 조선 시대부터 있었던 거라고? 말이 되는 소리를 해라. 조선은 농업 국가라고. 그래서 농사를 지을 소를 잡아먹는 것을 엄격히 금지했어."

은지가 평소답지 않게 언성을 높였다.

"내가 직접 수원에서 갈비를 먹고 들은 얘기야. 수원 갈비를 먹어 보지 않은 사람은 말을 말라고."

평소에는 큰 소리로 다투지 않던 마토가 얼굴까지 붉히며 맞섰다.

이번 소란은 파래나 시루처럼 왁자지껄한 친구들이 아닌 은지와 마토가 벌이고 있었다.

"직접 경험해 보지 않았으면 말을 말라고? 그럼 역사는 직접 경험해 보지 않았으니 말하면 안 되겠네? 선사 시대, 삼국 시대, 고려 시대 모두 우리가 직접 경험해 보지 않았으니까 말할 필요가 없다는 거야? 도대체 말이 안 통한다니까. 아휴, 답답해."

은지가 가슴을 쿵쿵 쳤.

"그건 기록이나 유물, 유적 등을 통해 직접 보고 경험할 수 있는 거니까 얘기할 수 있는 거고."

마토도 먹는 거라면 절대 물러설 생각이 없었으므로 한국사 수업에서 배운

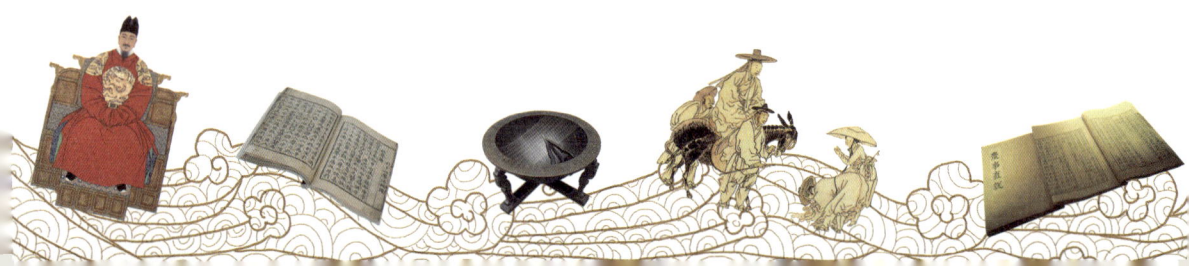

지식을 총동원하며 버텼다. 아이들은 마토가 역사로 은지와 논쟁을 벌이고 있는 상황이 신기했다. 마치 탁구대 위를 오가는 탁구공을 보듯 흥미진진하게 은지와 마토의 얼굴을 번갈아 쳐다보았다.

"그럼 수원 갈비와 조선 시대를 연결하는 기록이나 유물, 유적이 있어? 기껏해야 네 혀와 머리에 남은 고기 맛 말고 또 있냐고?"

"물론 내 혀로 느낀, 현대의 고기 맛과는 다른 역사적 느낌의 맛이야말로 가장 중요한 증거지만, 그 외에 다른 증거도 있지."

"뭔데?"

"화성."

마토의 말에 아이들이 한꺼번에 웃음을 터뜨렸다.

"야, 조선 시대 사람들이 무슨 우주인이냐? 화성에서 소갈비를 먹게?"

파래가 배를 움켜쥐고 웃었다. 빡쌤은 둘의 이야기를 듣고 빙그레 웃음을 지었다.

"누가 태양계의 행성인 화성이래?"

마토가 버럭 화를 냈다. 파래가 같은 남자인 자신이 아닌 은지를 편드는 것이 속상했기 때문이다. 빡쌤은 이러다 큰 싸움으로 번질까 걱정돼 대화에 끼어들기로 했다.

"마토야, 그럼 네가 말하는 화성은 뭔데?"

빡쌤의 말에 아이들은 그제야 쌤을 발견하고 꾸벅 인사를 했다.

"쌤, 왜 맨날 스파이처럼 몰래 우리 말을 엿들으세요?"

파래가 빡쌤에게 삐죽거렸다.

"내가 언제 엿들었어? 너희가 내가 온 걸 몰랐던 거지. 암튼 마토야, 화성 이야기 좀 해 줄래?"

빡쌤의 말에 마토가 흥분을 가라앉히며 말했다.

"조선 시대에 정조 임금님이 백성들에게 화성을 쌓게 했어요. 그런데 백성들이 성을 쌓는 걸 힘들어 하니까 소를 잡아서 다 같이 둘러앉아 구워 먹었대요. 그래서 수원에서 갈비가 유명해진 거고요."

"하하하하하하하!"

마토의 말에 빡쌤이 허리를 꺾고 웃기 시작했다. 아이들은 그럼 그렇지 하는 표정으로 마토를 쳐다보았다. 마토는 자기가 뭔가 크게 잘못 알고 있었던 것 같은 불안감에 얼굴이 붉어졌다. 한참을 웃던 빡쌤이 겨우 웃음을 가라앉히며 마토를 바라보았다.

"미안. 마토의 말이 너무 재미있어서. 아이고, 하하하!"

"그렇죠, 조선 시대랑 수원 갈비랑 아무 상관없죠?"

은지가 손을 툭툭 털며 아무것도 아닌 걸로 괜히 다퉜다는 표정을 지었다.

"이번엔 너무 나갔다, 얘. 임금님이 백성들과 둘러앉아 고기를 구워 먹다니. 갈비가 너무 맛있어 어디서 들은 말을 잘못 기억한 거겠지. 뭐, 그럴 수 있어."

마리가 풀이 죽은 마토의 어깨를 토닥였다.

"아니야. 마토의 말이 전혀 근거가 없는 건 아니야."

빡쌤의 말에 아이들의 눈이 휘둥그레졌다.

"그럼 진짜 임금님이 백성들과 함께 고기를 구워 먹었다고요? 그것도 먹지 말라고 금지한 소고기를요?"

"맞는 부분도 있고 그렇지 않는 부분도 있어. 이렇게 말하면 적절할 거야. 정조 임금님은 백성들의 삶이 나아질 방법을 궁리하느라 밤을 새는 신하들을 위로하며 음식을 나눠 먹었어."

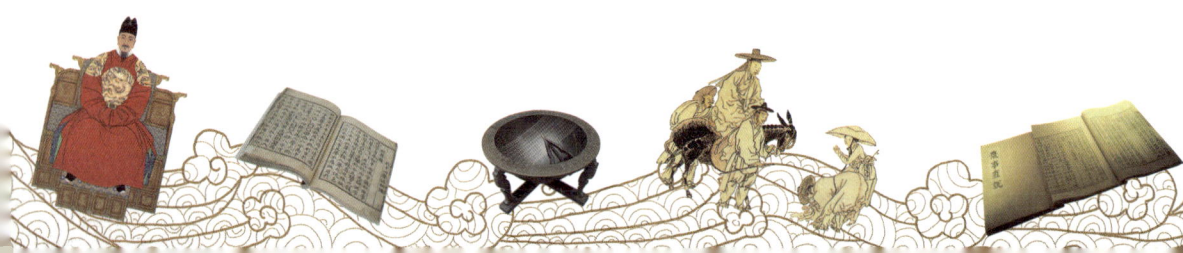

"그럼 화성은요? 그건 무슨 상관이에요?"

"화성은 바로 백성들의 나라를 만들기 위해 만든 성이야. 성을 만들려면 거대한 나무뿌리를 뽑고 바위를 옮기는 일을 해야 하므로 아주 힘들었어. 그래서 나라에서 먹지 말라고 한 소고기를 화성을 쌓는 동안에는 허락했지."

"거봐. 수원 갈비가 정조 임금님과 화성 때문에 생겼다는 말이 맞지?"

기가 죽어 있던 마토가 어깨를 으쓱했다.

"그런데 수원 갈비와 정조를 바로 연결시키는 건 무리가 있단다. 소고기는 아주 귀했는데 구워서 먹는다면 한 사람당 몇 점이나 먹었겠니? 그래서 국을 끓여서 많은 사람이 먹었을 거야. 현대에 와서야 갈비를 구워 먹었지."

"그럼 그렇지. 정조와 소갈비라니. 마토가 잘못 알아들은 거 맞죠?"

파래가 얄밉게 한마디 던지자 마토의 얼굴이 구겨졌다.

"맞다 틀리다만 따지려 하면 숨어 있는 역사적 진실을 놓칠 수 있어. 수원 갈비와 정조의 수원 화성을 직접 연결하긴 어렵지만, 수원 갈비가 나온 중요한 원인이 되기는 해. 정조는 수원 화성을 만들고 그곳에 백성들이 농사를 짓고 잘 살 수 있게 하려고 종자와 땅과 소를 나누어 주었어. 그리고 수확하면 갚게 했지. 특히 소는 새끼를 낳아 잘 키워 갚게 했단다. 수원에 소가 많아지면서 우시장이 서게 되었고, 소 장수와 농민들이 소를 사기 위해 수원으로 몰려들었지. 나중에는 점점 커져서 전국 3대 우시장 중 하나로 꼽히게 되었어. 소가 많이 모이니 소와 관련된 음식도 생겼고, 소갈비를 구워 먹는 조리 방법도 생겼겠지. 어때? 마토의 말처럼 화성이 소갈비를 만들었다는 말이 전혀 틀린 건 아니지?"

그제야 아이들은 고개를 끄덕이며 힙합 보이들처럼 마토와 주먹을 부딪쳤다. 마토도 자기 혼자 감당해야 했던 설움을 털고 주먹을 맞부딪쳤다.

4부 조선을 다시 세우려 한 사람들

"쌤, 그런데 백성들의 나라를 만들기 위해 세운 화성은 도대체 어떻게 생겼어요?"

"이걸 보렴. 대단하지?"

빡쌤이 태블릿 컴퓨터에 화성 사진을 띄워서 보여 주었다.

하지만 아이들의 반응이 시큰둥했다.

"왜? 대단하지 않아? 이렇게 멋있는데?"

"손바닥만 한 화면으로는 잘 모르겠어요."

"그냥 장난감 같기도 하고."

"시시해."

아이들의 반응에 빡쌤은 속셈을 눈치 챘다.

"너희들……"

"왜요, 저희가 뭐요?"

"안 돼."

"뭐가요?"

"수원에 가서 화성을 직접 보고 싶다는 말이잖아? 안 돼. 수원이 여기서 얼마나 먼데."

"전에는 경주도 갔었잖아요. 그에 비하면 수원은 전철로 한 시간 반이면 가는데 뭐가 멀어요."

은지가 시간까지 정확히 말하자 빡쌤은 이 모든 상황이 연출된 게 아닌가 싶은 의심이 들었다. 지난번 경복궁에 갈 때도 아이들의 작전에 넘어간 일이 있지 않았는가.

"은지는 수원에 가 봤니?"

"아뇨."

"그런데 수원까지 가는 데 한 시간 반 걸린다는 걸 어떻게 알았어? 미리 가 본 건 아니지?"

빡쌤의 말에 아이들의 얼굴에 잠시 당황하는 빛이 지나갔다. 하지만 이 정도에 흔들릴 은지가 아니었다.

"무슨 말씀이에요. 수도권의 대부분 도시들은 서울에서 한두 시간이면 갈 수 있잖아요."

"한 시간 반이라면서? 정확하게."

아이들은 빡쌤의 날카로운 지적에 걱정스러운 얼굴로 은지를 바라보았다. 그러나 은지는 천연덕스럽게 대답했다.

"한 시간 걸리는 곳도 있고 두 시간 걸리는 곳도 있으니까 대략 한 시간 반이면 수도권 도시에 갈 수 있다, 뭐 그런 거죠."

"흠, 아무리 생각해도 수상해. 절대 흥분하지 않는 은지가 목소리를 높이는 것도 이상하고. 마토가 지나치게 논리적인 것도 이상해. 너희들 수원 가고 싶어서 그러는 거 아냐?"

"참, 쌤도. 저희가 수원에 가고 싶어 정조와 화성을 미리 공부했다고요?"

까부는 것 말고는 관심이 없는 까불이 파래가 대꾸했다.

"그렇지. 은지면 모르지만 너희가 미리 공부했을 리는 없지. 하지만 은지가 이 모든 계획을 짰다면 말이 되지."

"쌤, 너무 나가시는 거 아니에요? 아무리 저희가 머리가 좋아도 이 모든 상황을 연출하는 게 가능할까요? 쌤은 우릴 너무 천재로 아셔."

은지의 반박에 빡쌤도 고개를 끄덕일 수밖에 없었다.

"하긴 이 정도 각본을 짤 수 있을 정도라면 당장 영화감독이 되어도 손색없겠지. 좋아, 너희가 꿍꿍이가 있는 게 아니라고 치고. 암튼 수원은 안 돼!"

빡쌤의 말에 아이들은 동시에 탄식을 터뜨렸다.

"웬만하면 그냥 넘어가 주지. 너도 참."

이때 경복궁 탐방 때 같이 갔던 빡쌤의 고등학교 단짝이 나타났다.

"수지야. 네가 여긴 어떻게 왔어?"

"어떻게 오긴. 불쌍한 내 친구 빡쌤 구해 주러 왔지."

"무슨 소리야, 그게?"

"아이들이 그러더라. 너 주말에 같이 놀 사람 찾다가 다 차였다며? 쯧쯧, 그럼 그렇다고 말을 할 것이지."

"너희들 수지한테 무슨 소리를 한 거야?"

빡쌤이 째려보자 아이들은 모두 딴청을 부렸다.

"이 녀석들이 진짜!"

빡쌤이 아이들에게 눈을 한번 흘긴 뒤 단짝을 현관 쪽으로 밀어냈다.

"쓸데없는 짓 하지 말고 가."

"그러지 말고 우리 화성 가자!"

"수지, 너 내일 소개팅 있다며. 너는 네 갈 길 가라."

"야, 의리가 있지. 단짝이 주말에 방바닥에 껌 딱지처럼 붙어 있는데 남자 만날 기분이 나냐? 잔소리 말고 내일 화성 가자. 간만에 서울 밖으로 좀 나가 보자고, 빡쌤!"

단짝이 콧소리를 내며 빡쌤의 팔을 붙잡자 아이들도 동시에 빡쌤에게 매달렸다.

"쌤, 이렇게 화창한 날 방구석이 웬 말이에요. 우리 화성 가요."

"쌤, 조선 후기를 실감나게 공부하고 싶어요. 공부하고 싶다는 제자들의 바람을 이렇게 단칼에 자르실 거예요?"

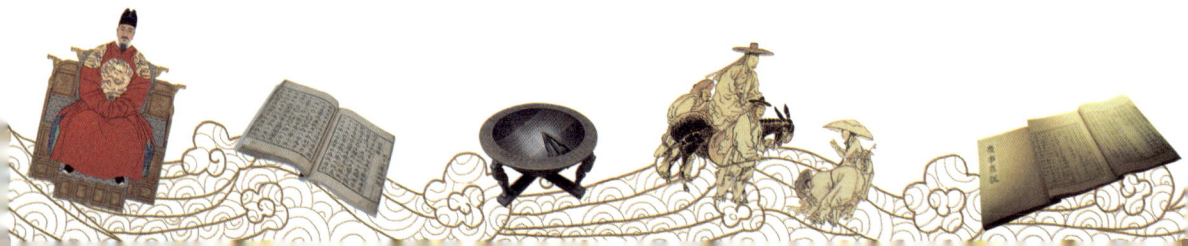

　　빡쌤이 아무리 뿌리치려 해도 단짝과 아이들은 찰거머리처럼 떨어질 줄 몰랐다. 몇 번 뿌리치는 시늉을 하던 빡쌤도 곧 단념했다.
　　"알았어. 가자, 화성! 영화처럼 우주선 타고 지구를 떠나 보자."
　　빡쌤의 말에 아이들과 쌤의 단짝은 환호성을 지르며 서로 손바닥을 맞부딪쳤다.
　　"내가 못 살아!"
　　말은 이렇게 했지만 빡쌤도 토요일에 화성 가는 것이 싫지만은 않았다.
　　미세 먼지가 없어 하늘이 푸르고 맑은 어느 가을날 토요일, 1호선 전철을 타고 지구와 목성 사이에 있는 화성이 아닌, 경기도 화성으로 여행을 떠나기로 했다.

　　다음 날, 4호선을 탄 꿈틀 일행은 서울역에서 전철을 갈아타기 위해 내렸다. 서울역에는 꿈틀과 반대편 동네인 강서구에서 온 빡쌤 단짝이 미리 도착해 있었다.
　　"쌤, 그럼 이제 1호선으로 갈아타면 되나요?"
　　"그전에 일단 바깥으로 나가 들를 곳이 있어."
　　일행은 전철역 회랑을 지나 서울역 4번 출구로 나왔다. 얼마 걷지 않았는데 숭례문 광장에 들어섰다. 일찍부터 서두른 덕분에 시간은 아직 오전 9시를 넘지 않았다.
　　"이야, 숭례문이다!"
　　아이들은 마치 반가운 친구를 만난 듯 숭례문을 보며 손을 흔들었다.
　　"쌤, 근데 화성을 가다 말고 왜 숭례문으로 왔어요?"
　　"여기서 우리랑 같이 출발할 사람들이 있거든."

"다른 사람들이 또 있었어요?"

"응. 그럼 저쪽에 앉아서 그 사람들 이야기를 들려줄게."

일행은 숭례문 광장 주변에 있는 돌 의자에 앉았다. 빡쌤 단짝이 언제 준비했는지 보온병에 든 코코아를 한 잔씩 따라 주었다. 가을 아침 마시는 코코아는 참 따뜻하고 달콤했다.

"지난번 조선 전기를 공부하면서 마지막으로 만난 왕이 누구였지?"

빡쌤의 질문이 끝나기도 전에 아이들의 대답이 이어졌다.

"영조요."

"그런데 수지 넌 왜 대답 안 해?"

빡쌤이 단짝을 쳐다보았다.

"나? 나도 대답해야 돼?"

"당연하지. 이번 탐방에서 나는 선생님이고 나머지는 학생이야. 너라고 예외는 없어."

빡쌤의 단호한 말투에 단짝은, '계집애, 아이들과 한패가 되어 일을 꾸몄다고 저러는구나. 한국사 공부한 지 오래돼서 잘 모르는데. 대답 못해 망신당하는 거 아냐?' 하며 걱정스러운 표정을 지었다.

이때 시루가 빡쌤 단짝에게, "그냥 우리 대답할 때 입만 뻥끗하시면 돼요. 사실 대답은 대부분 은지가 하고 우린 대충 소리만 내거든요." 하며 소곤거렸다. 단짝도 손가락으로 동그라미를 그리며 "알았어!" 하고 작은 목소리로 대답했다.

"어허, 수지. 집중 안 하니?"

"네 네, 죄송합니다. 말씀하세요, 박 선생님."

빡쌤의 지적에 단짝은 간드러지는 목소리를 내며 너스레를 떨었다. 아이들

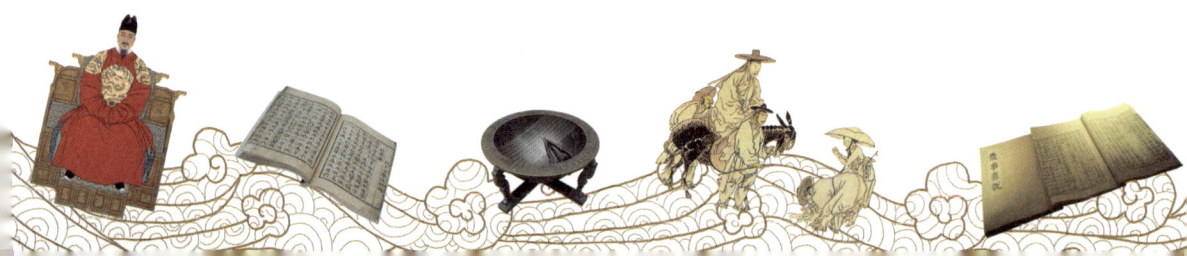

은 재미있는지 웃음을 터뜨렸다.

"영조와 그 뒤를 이은 정조 때는 조선 역사에서 나라가 가장 안정되었고 경제와 문화도 융성했어. 이 시기의 사회가 어땠는지 알면 정조를 더 잘 이해할 수 있지."

전쟁의 피해를 이겨내고 다시 일어서다

BC 700000 ▶ AD 2000 ▶

임진왜란과 병자호란을 겪으면서 조선은 황폐해졌고 백성들의 삶은 엉망이 되었어. 사람들은 황무지가 된 땅을 일구고 모내기법과 같은 농사법을 이용하고 저수지 등을 만들어 농업 생산량을 늘리려 노력했어.

나라에서는 세금 제도를 정비해서 백성의 부담을 덜어 주려 했지. 허준은 선조의 명을 받아 오랜 전쟁으로 병을 얻은 백성들이 쉽게 치료할 수 있도록 『동의보감』이란 책을 만들었어. 이 책에는 비싼 중국 약초가 아닌 우리 주변에서 쉽게 구할 수 있

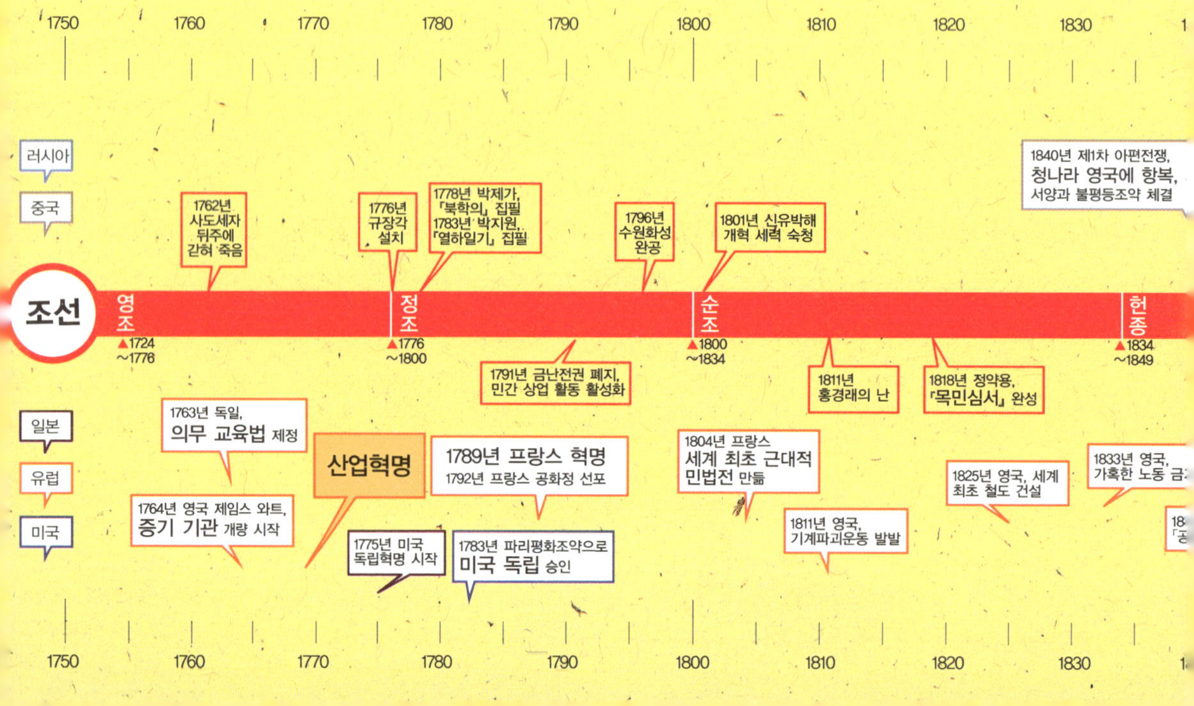

1750 — 1760 — 1770 — 1780 — 1790 — 1800 — 1810 — 1820 — 1830

러시아

중국
- 1840년 제1차 아편전쟁, 청나라 영국에 항복, 서양과 불평등조약 체결

조선
- 영조 ▲1724~1776
- 1762년 사도세자 뒤주에 갇혀 죽음
- 1776년 규장각 설치
- 1778년 박제가, 『북학의』 집필 / 1783년 박지원, 『열하일기』 집필
- 정조 ▲1776~1800
- 1791년 금난전권 폐지, 민간 상업 활동 활성화
- 1796년 수원화성 완공
- 1801년 신유박해 개혁 세력 숙청
- 순조 ▲1800~1834
- 1811년 홍경래의 난
- 1818년 정약용, 『목민심서』 완성
- 헌종 ▲1834~1849

일본

유럽
- 1763년 독일, 의무 교육법 제정
- 산업혁명
- 1789년 프랑스 혁명 / 1792년 프랑스 공화정 선포
- 1804년 프랑스 세계 최초 근대적 민법전 만듦
- 1811년 영국, 기계파괴운동 발발
- 1825년 영국, 세계 최초 철도 건설
- 1833년 영국, 가혹한 노동 금

미국
- 1764년 영국 제임스 와트, 증기 기관 개량 시작
- 1775년 미국 독립혁명 시작
- 1783년 파리평화조약으로 미국 독립 승인

1750 — 1760 — 1770 — 1780 — 1790 — 1800 — 1810 — 1820 — 1830

는 약초로 치료를 할 수 있는 방법이 적혀 있단다.
이렇게 상처 받은 국토에서 새살이 돋고 사람들의 마음의 병도 차츰 치료되어 나갔단다.

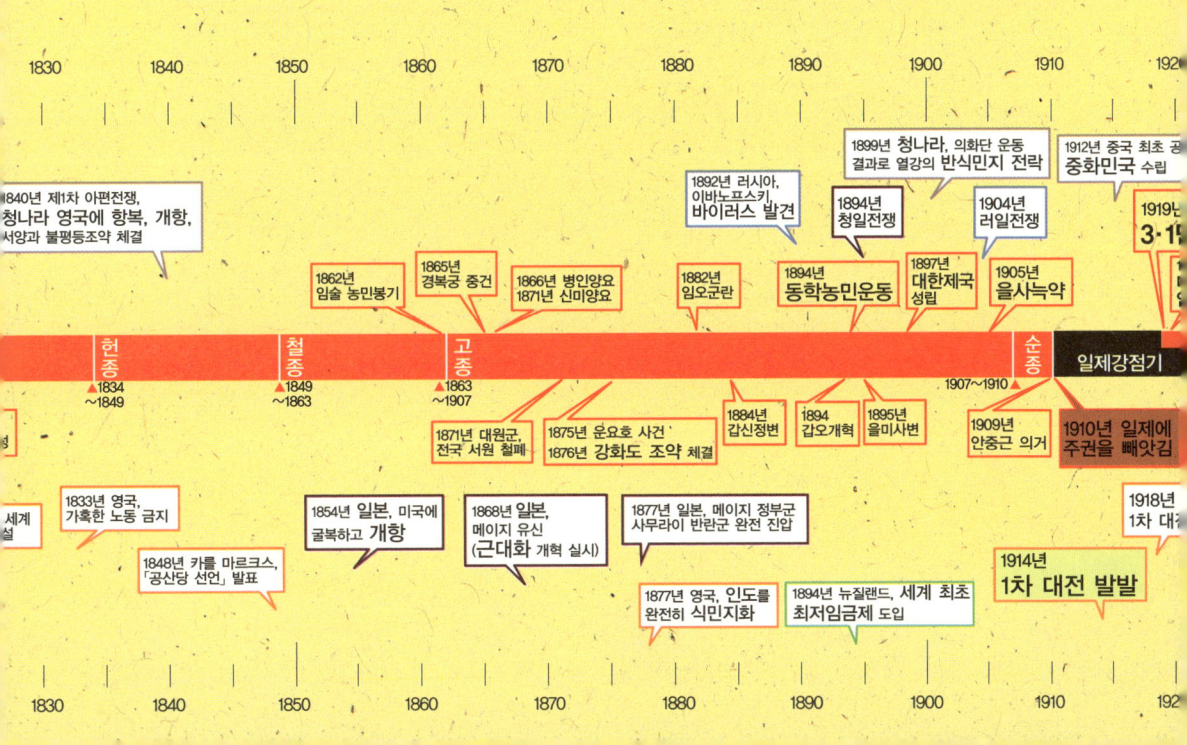

농업과 상업이 눈에 띄게 발달하다

"임진왜란과 병자호란이라는 두 차례의 전쟁은 나라를 황폐하게 만들었어. 그럼에도 백성들은 좌절하지 않고 황무지가 된 땅을 다시 일구었지. 물이 부족해 농사를 망치지 않도록 저수지나 보도 만들었어. 여기에 모내기법 같은 농사법을 적극적으로 이용했단다. 이전에는 직파법이라고 해서 논에 볍씨를 바로 뿌렸어. 그러다 보니 싹이 많이 튼 곳에는 벼가 너무 많이 자라서 문제고, 싹이 안 튼 곳은 빈 공간이 되어 땅을 제대로 활용하지 못했지. 하

모내기
〈경직도〉의 일부인 모내기 장면이야. 조선 시대 농민들이 모내기하는 장면을 엿볼 수 있지. 모내기법을 통해 벼의 수확량이 확실히 늘었어.

지만 모판에 볍씨를 싹 틔워 튼튼하게 자라게 한 뒤 논에 옮겨 심으니 뿌리를 튼튼히 내려 잘 자랄 수 있었어. 또 벼가 제대로 자랄 수 있도록 적당한 간격을 둘 수 있었고, 쓸데없이 빈 공간이 생기지 않았지.

그런데 여기서 모심기의 가장 중요한 효과! 줄을 맞춰 일렬로 벼를 심으니까 사람들이 오가기 수월해 잡초를 뽑기에 좋았어.

조선 시대에는 제초제가 없었기 때문에 농업에서 가장 중요한 것이 잡초 관리였어. 직파법은 흩뿌리기를 하다 보니 잡초와 벼가 함께 싹이 트고 자라서 벼의 생장도 어렵고 잡초 제거도 매우 힘들었지. 그러나 모내기법은 줄맞추어 많이 자란 벼를 심기 때문에 그사이로 새로 올라오는 잡초 제거가 매우 편리했어.

모내기법을 통해 수확량이 늘었는데, 이것은 한 사람이 농사 지을 수 있는 논의 면적이 늘어났다는 말이야. 이로써 더 많이 농사를 짓고 더 많은 수확을 거둬 부유해진 농민이 생기게 되고, 이들이 양반 신분을 사서 신분제가 흔들리는 원인이 되기도 했어.

또 모내기법은 벼의 수확량을 늘리는 데 그치지 않고 같은 논에서 다른 작물도 수확할 수 있게 했지."

"논에서 벼를 수확한 것으로 끝나지 않고 다른 작물도 거둬들였다고요?"

"벼를 모판에서 키우는 동안에는 논

보부상
조선 시대에 전국의 여러 장시를 돌아다니며 물건을 파는 일을 하는 장사꾼이야.

이 비어 있잖아. 그래서 이전 해에 벼를 거두고 난 빈 땅에 보리 씨를 뿌려 두는 거야. 보리가 다음 봄까지 자라면 수확하고, 보리를 거두고 빈자리에 어느 정도 자란 벼를 심어 가을에 거두어들이는 거지."

"아, 모내기를 하지 않고 바로 논에 볍씨를 뿌리는 농사법은 이른 봄에 씨를 뿌려야 하니까 보리농사를 지을 수 없겠네요."

"맞아. 쌀과 보리를 한 논에서 거두니 곡식 수확량이 훨씬 많아졌지. 또 전란 이후에 들어온 고구마, 감자, 고추, 담배 등을 재배하면서 먹을거리가 다양해졌고, 남은 작물을 장시에 내다 팔아 짭짤한 소득을 얻기도 했어. 농사법의 개량과 다양한 작물의 재배로 얻는 이익이 크게 늘었지.

장시가 열리면 각종 채소와 바구니 같은 수공업 제품을 팔려는 사람들과 그것을 사서 다른 장에 가져다 팔려는 장사꾼들로 북적거렸어. 조선 후기에는 장시가 늘어나고 전국을 돌아다니는 장사꾼도 늘어나면서 상업이 발달했단다. 여기서 보따리를 들거나 등짐을 지고 전국의 장시를 돌며 장사하는 사람을 보부상이라고 했지."

나아지지 않는 농민의 삶과 대동법의 확대

"농업과 상업이 발달하고 있었지만 일반 백성들의 삶은 여전히 고통스러웠어. 특히 공납이라는 세금 제도가 백성들을 힘들게 만들었지. 공납은 공물, 즉 나라에 필요한 물품을 각 지방의 백성들이 바치는 것을 말해. 공물은 식재료부터 옷감, 수공업품 등 아주 다양했어. 예를 들어 제주도에서 바쳐야 하는 공물로는 귤이 있었지. 그런데 공물이 없거나 부족하면 사서 바쳐야 했어. 그런데 세금을 걷는 관리들은 온갖 구실을 붙여 더 많은 공물을 내게 해 자기 주머니를 불렸지. 또 물품을 가진 상인과 관리들은 서로 짜고 가격을 제멋대로 올려 중간에서 이득을 챙겼어. 세금을 내지 않으면 심한 고초를 당해야 했기 때문에 백성들은 없는 살림에 빚까지 지며 공물을 바쳐야 했단다.

이렇게 부정부패로 백성들이 고통 받던 때였어. 1623년 김육이라는 사람이 충청도 작은 고을의 원님이 되어 내려가게 되었지. 김육은 백성을 잘 보살피겠다고 다짐했어. 원님 김육이 지켜본 농민들의 처참한 삶은 상상 이상이었어. 땅이 없는 대부분의 농민들은 지주의 땅을 빌려 농사를 지었는데, 가을에 거둬들인 농작물의 절반을 지주에게 바쳐야 했지. 게다가 이런저런 세금을 내느라 그나마 남은 농작물도 뜯기고 말았어. 종자로 쓸 곡식마저 세금으로 바치다 보니 이듬해 농사를 위해 빚을 내야 했고, 엄청난 빚과 이자를 갚기 위해 다시 거둬들인 농작물을 뜯기는 악순환이 되풀이되었어. 빚과 세금에 시달리다 조상 때부터 살아온 땅을 버리고 구걸하며 떠도는 사람들이 넘쳐났지. 심지어 어느 고을은 농민들이 떠나는 바람에 주민이 절반밖에 남지 않은 경우도 있었어."

"농업과 상업의 발달로 백성들이 살 만해졌는지 알았는데 아닌가 봐요?"

"혜택은 소수의 주머니로 들어갔지. 그 이야기는 나중에 실학자들이 나올 때 해 줄게. 현장에서 농민들의 실상을 목격한 김육은 중앙의 관직으로 나갔을 때 가장 문제가 심각한 공납 제도를 개혁해야 한다고 주장했어. 공물을 소유한 토지 면적만큼 쌀로 대신 내게 하는 대동법*을 확대하자고 했지. 하지만 지주와 관리들은 대동법 확대를 반대했어. 원래 공물은 재산의 유무에 관계없이 모든 가구에 부과되었는데, 대동법이 확대되면 소유한 땅만큼 내야 했으니까. 땅

> *** 대동법**
> 쌀이 대표적이고 베, 무명(면으로 만든 옷감), 돈 등도 특산물 대신 낼 수 있도록 했어.

이 없거나 적은 사람은 세금 부담에서 벗어날 수 있었지만, 땅을 많이 가진 지주들은 이전보다 세금을 많이 내야 했지. 그러나 김육은 자신의 뜻을 굽히지 않았어. 덕분에 경기도 지역에서만 시행되던 대동법이 전라도와 충청도 지역까지 확대되었어."

"아, 다행이다. 그럼 이제 농민들도 숨통이 좀 트였겠네요."

"그러면 좋겠지만 농민들의 고통스러운 삶은 크게 나아지지 않았어."

"공납 제도가 개선되어도요?"

"세금이 공물만 있는 게 아니었고, 또 남의 땅에서 농사짓고 절반 이상을 소작료로 바쳐야 하는 상황은 여전했으니까. 지주들은 자기가 내야 할 토지세를 땅을 빌려 농사짓는 농민에게 떠넘기기까지 했지."

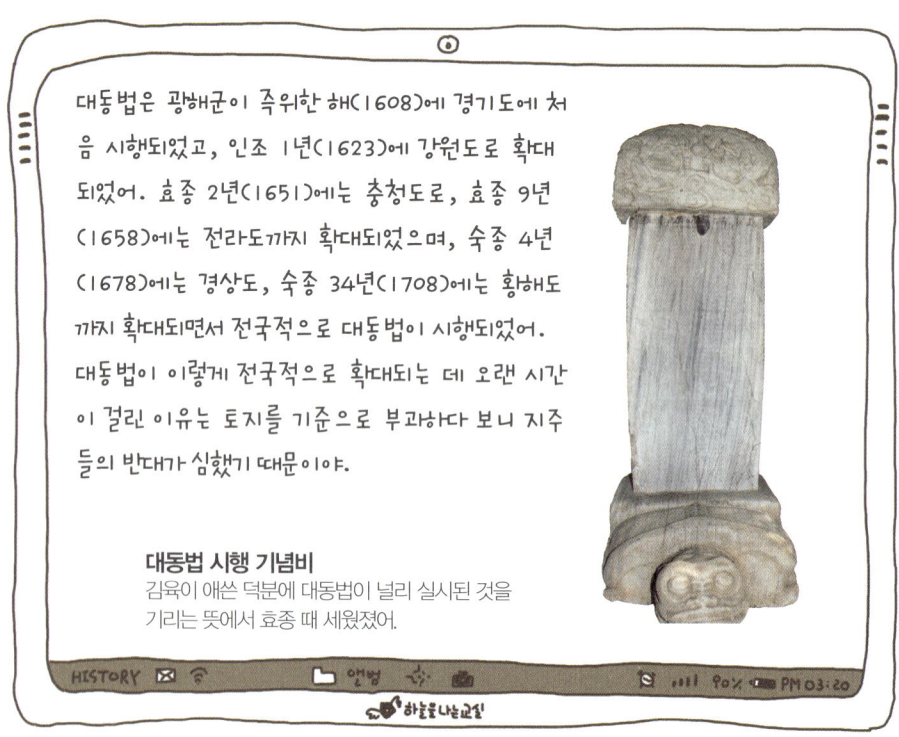

대동법은 광해군이 즉위한 해(1608)에 경기도에 처음 시행되었고, 인조 1년(1623)에 강원도로 확대되었어. 효종 2년(1651)에는 충청도로, 효종 9년(1658)에는 전라도까지 확대되었으며, 숙종 4년(1678)에는 경상도, 숙종 34년(1708)에는 황해도까지 확대되면서 전국적으로 대동법이 시행되었어. 대동법이 이렇게 전국적으로 확대되는 데 오랜 시간이 걸린 이유는 토지를 기준으로 부과하다 보니 지주들의 반대가 심했기 때문이야.

대동법 시행 기념비
김육이 애쓴 덕분에 대동법이 널리 실시된 것을 기리는 뜻에서 효종 때 세웠어.

"그럼 대동법의 확대는 아무 소용이 없었던 셈이네요."

"농민들의 부담이 어느 정도 줄어든 건 사실이야. 다만 농민들이 짊어지고 있는 짐이 너무 커서 그것만으로는 부족했던 거지. 대동법의 확대는 농민의 짐을 덜어준 것 말고도 다른 긍정적인 영향을 미쳤어.

공물이 왕실과 중앙 관공서에 필요한 물품인데 그것이 쌀로만 들어오게 되니 필요한 물품을 조달할 방법이 필요했겠지? 그래서 등장한 사람이 공인*이야. 공인은 필요한 물품을 현지에서 가져다가 중앙에 공급하는 역할을 했어. 공인을 통해서 상업은 더욱 발달했고 많은 물품이 오가다 보니 물품의 값을 지불하는 수단으로 상평통보라는 화폐도 자주 사용했고.

*공인
관청에서 필요로 하는 특산물을 사들여서 공급하는 일을 전문적으로 하는 상인을 말해.

상업의 발달은 다시 수공업의 발달로 이어져 경제 전체가 발전하는 기반이 되었어. 장시도 더욱 확대되면서 지역마다 일정한 날짜를 간격으로 장이 열렸어. 그중 대표적인 것이 5일장이야."

"전에 강화도로 고려 체험 학습 갔을 때 강화 5일장에 들렀잖아요, 쌤."

"맞아. 정말 사람도 많고 활기찬 분위기였지?"

"네, 진짜 신났어요."

"조선 후기에는 이처럼 농업과 상업, 수공업이 크게 발달하면서 시장 경제가 자리를 잡았단다. 그런데 너희들 5일장에서 가장 인상 깊었던 게 뭐야?"

"볼거리가 많다는 거요."

"먹을거리도요."

"그래. 물건을 사고팔러 장에 오는 사람들의 끼니와 간식을 위해 밥이나 떡, 엿을 파는 사람들도 모여들었어. 신나는 재주를 뽐내러 광대도 오고, 신명나는 노래를 부르러 소리꾼도 왔지. 장터는 물건뿐만 아니라 백성들의 문

4부 조선을 다시 세우려 한 사람들

김홍도의 〈씨름〉
서로 지지 않으려 힘을 쓰는 씨름꾼들의 표정과 이 광경을 재미있게 구경하는 사람들의 표정이 진짜 씨름판에 있는 듯이 생생해. 풍속화가인 김홍도가 그린 그림이야.

화가 꽃피는 공간이기도 했어. 온갖 세금과 소작료로 찌들어 살던 사람들은 장터에서 서러운 마음을 풀어 낼 수 있었겠지?"

빡쌤은 태블릿 컴퓨터에 그림 하나를 띄워 보였다.

"이 그림은 조선 시대 뛰어난 풍속화가인 김홍도가 그린 〈씨름〉이야. 장터의 한쪽에서는 이렇게 씨름판도 심심찮게 벌어졌단다."

밑줄 쫙!  은지의 한국사 노트

1. 볍씨를 논에 직접 뿌리지 않고 모판에서 튼튼히 키워 논에 옮겨 심음으로써 수확량을 늘린 농사법을 □□□이라고 한다.
   모내기법

2. 보따리를 들거나 등짐을 지고 전국의 장시를 돌며 장사하는 사람을 □□이라고 한다.
   보부상

3. 조선 시대 나라에 필요한 물품을 각 지방의 백성들이 바치는 세금 제도를 □□이라고 한다.
   공물

4. 공물 대신 소유한 토지 면적만큼 쌀로 내게 하는 세금 제도를 □□□이라고 한다.
   대동법

5. 공물은 왕실과 중앙 관공서에 필요한 물품인데, 그것이 쌀로만 들어오게 되니 필요한 물품을 조달할 방법이 필요했다. 그래서 등장한 사람이 □□이다. □□은 필요한 물품을 현지에서 가져다가 중앙에 공급하는 역할을 했다.
   공인, 공인

서민 문화의 발달

조선 후기, 농업과 상공업 등의 발달로 경제적으로 여유가 있는 서민이 많아졌어. 먹고 사는 문제에서 조금 자유로워진 서민들은 교육과 문화에 관심을 갖게 되었지. 그들은 자식을 서당에 보내 글을 익히게 했고, 글을 아는 사람이 많아지자 한글로 된 소설 책이 널리 보급되었어. 또 서민들은 장수와 행복을 비는 의미로 집에 걸어둘 그림

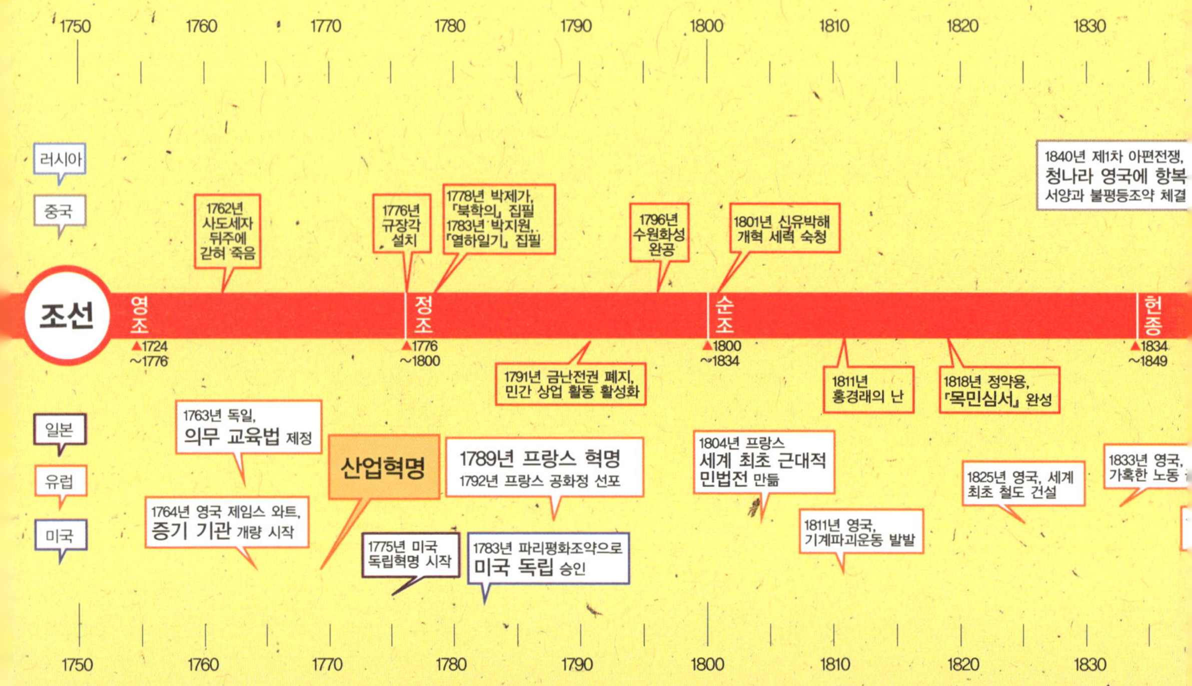

1750　1760　1770　1780　1790　1800　1810　1820　1830

러시아

중국
- 1840년 제1차 아편전쟁, 청나라 영국에 항복 — 서양과 불평등조약 체결
- 1762년 사도세자 뒤주에 갇혀 죽음
- 1776년 규장각 설치
- 1778년 박제가, 『북학의』 집필 / 1783년 박지원, 『열하일기』 집필
- 1796년 수원화성 완공
- 1801년 신유박해 — 개혁 세력 숙청

조선
- 영조 ▲1724~1776
- 정조 ▲1776~1800
- 순조 ▲1800~1834
- 헌종 ▲1834~1849
- 1791년 금난전권 폐지, 민간 상업 활동 활성화
- 1811년 홍경래의 난
- 1818년 정약용, 『목민심서』 완성

일본

유럽
- 1763년 독일, 의무 교육법 제정
- 산업혁명
- 1789년 프랑스 혁명 / 1792년 프랑스 공화정 선포
- 1804년 프랑스 세계 최초 근대적 민법전 만듦
- 1811년 영국, 기계파괴운동 발발
- 1825년 영국, 세계 최초 철도 건설
- 1833년 영국, 가혹한 노동

미국
- 1764년 영국 제임스 와트, 증기 기관 개량 시작
- 1775년 미국 독립혁명 시작
- 1783년 파리평화조약으로 미국 독립 승인

1750　1760　1770　1780　1790　1800　1810　1820　1830

을 찾으면서 민화가 발전하게 되었단다. 조선 후기에 유행한 그림으로는 민화 말고 풍속화도 있었어. 풍속화로 유명한 화가로는 김홍도와 신윤복이 있지.

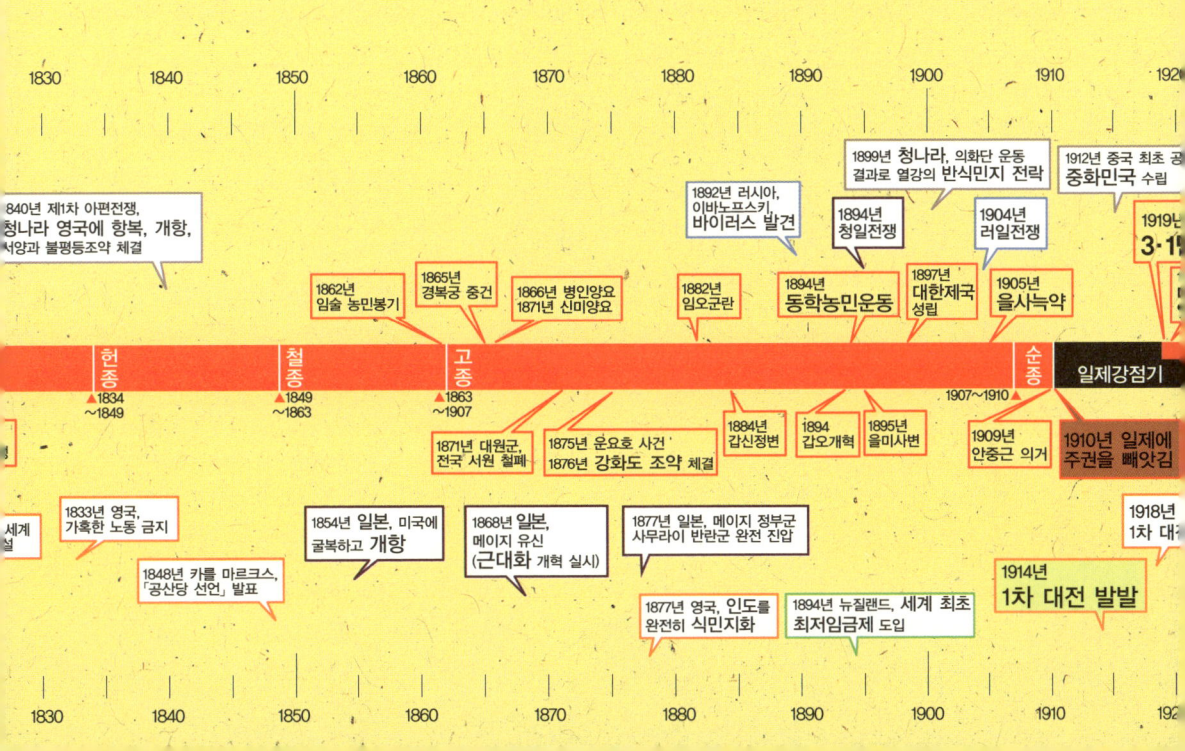

4부 조선을 다시 세우려 한 사람들

풍속화와 민화가 유행하다

"이 그림을 보면 사람들의 표정이 정말 리얼해 당시의 실생활을 생생하게 느낄 수 있어. 이렇게 그 시대 사람들의 삶을 사실적으로 그린 그림을 풍속화라고 해.

조선 후기에는 풍속화가 크게 유행했어. 이때 그려진 풍속화는 주로 사람들의 생활 모습을 재미있고 현실감 있게 표현한 것이 특징이야. 대표적인 풍속화가로는 김홍도와 신윤복이 있었지.

조금 전 김홍도의 그림에서 보았듯이 풍속화는 당시 사람들의 일상생활을 재미있으면서도 사실적으로 그려 냈어. 김홍도는 풍속화로 아주 유명한 사람이야.

김홍도의 그림 실력은 그의 스승이자 뛰어난 화가였던 강세황조차 혀를

김홍도의 〈서당도〉
김홍도는 서민들의 일상생활을 현실감 있게 그린 풍속화가야. 이 그림은 서당에서 훈장님과 학생들의 수업 장면을 묘사했어. 훈장님께 혼나서 울고 있는 학생과 그 모습을 보며 키득거리는 다른 학생들의 모습이 보이네.

내두를 정도였지. 강세황은 김홍도가 어릴 적부터 그림 그리는 실력이 남달랐고 과거의 어떤 실력자도 그와 견줄 수 없을 정도라고 했어.

강세황은 김홍도의 뛰어난 재능을 궁궐에 알려 그를 도화서*에 들어가 그림 그리는 일을 할 수 있도록 했어. 김홍도는 20대에 이미 재능을 인정받아 왕의 초상화를 그릴 정도였지. 정조는 김홍도의 재능을 귀하게 여겨 백성들의 생활을 그리게 했어.

김홍도의 그림에는 농사를 짓는 장면이나 나들이 가는 장면 등 일반 백성들의 활기찬 일상생활이 담겨 있단다. 또 훈장님께 혼

*도화서
조선 시대 그림에 뛰어난 화가들을 모아 놓고 궁궐에서 필요한 그림을 그리게 하던 관청이야.

김홍도의 〈논갈이〉
김홍도는 노동 현장의 모습도 많이 그렸어. 이 그림은 논에서 소를 이용해 논갈이를 하는 장면이야.

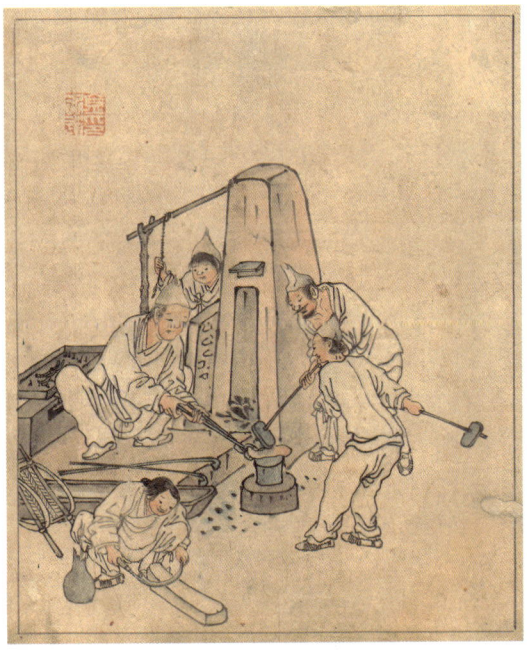

김홍도의 〈대장간〉
대장간에서 연장을 만드는 인부들의 모습을 그린 그림이야. 쇠를 쾅쾅 두드리는 소리가 여기까지 들리는 듯하네.

나는 아이의 표정이나 씨름하는 사람들이 힘을 쓰는 동작에서는 마치 살아 있는 듯한 생동감이 느껴지지. 그림에 등장하는 사람들의 표정이 익살스럽기도 해.

김홍도와 쌍벽을 이룬 풍속화의 대가는 신윤복이야. 생전에는 신윤복이 김홍도처럼 유명하지 않았어. 심지어 언제 죽었는지도 알려지지 않았지. 하지만 오늘날 그의 섬세한 표현과 화려한 색감이 알려지면서 그 가치를 다시 평가받고 있어. 신윤복은 여성들의 생활과 양반들을 풍자하는 내용을 그림으

신윤복의 〈단오풍정〉
신윤복은 여성들의 생활 모습을 즐겨 그렸어. 이 그림은 단옷날 여인들이 냇가에서 목욕하고 그네를 타며 즐거운 시간을 보내는 장면을 묘사했어.

신윤복의 〈미인도〉
조선 시대 미인의 모습을 표현한 그림이야. 그림의 모델은 기생이었는데 당시 기생들이 입던 복장이 어땠는지 엿볼 수 있지.

로 옮겼어.

 풍속화와 함께 조선 후기에 서민들 사이에서 크게 인기를 끈 그림은 민화야. 민화는 대부분 그린 이의 이름이 알려지지 않았어. 그건 그림을 정식으로 공부하지 않았지만 솜씨가 있는 사람이 그린 경우가 많았기 때문이야. 이들은 글을 모르거나 딱히 내세울 이름이 없었어. 그런데 이름이 있어도 드러내면 안 되는 사람들도 있었지. 바로 궁궐의 도화서에서 그림을 그린 화원들이야. 화원 중에도 높은 자리에 있는 사람은 어느 정도 봉급을 받았지만, 신참이나 실력이 출중하지 않은 화원은 먹고살기 힘들어 민화를 그려서 모자란 생활비를 충당했지."

 "요즘 말로 하면 '투잡'을 뛴 거군요."

 "맞아. 왕실의 일을 하는 사

람이 민가의 그림을 그린다는 일은 있을 수 없는 시대였으니 이름을 밝힐 수 없었지. 대신 도화서에서는 생각지도 못한 소재와 형태로 자유롭고 창의적인 그림을 마음껏 그렸어. 틀에 박힌 그림 교육을 받지 않은 백성들이 그렸기 때문인데, 또한 누구의 눈치도 보지 않고 맘대로 그린 화원들의 영향도 있지.

　민화는 일상에서 쉽게 볼 수 있는 해, 달, 나무, 꽃, 동물 등 다양한 소재로 오래 살기를 바라며 그린 그림, 부부 사이가 좋아지기를 바라며 그린 그림, 자식을 많이 낳기를 바라며 그린 그림 등 다양한 주제로 서민들의 소망을 표현했어. 서민들은 민화를 구입해 벽에 걸거나 병풍으로 만들어 집 안을 장식하기도 했단다."

"쌤, 그런데 아까부터 궁금했던 건데요. 백성이란 말을 쓰다가 왜 갑자기 서민이란 말을 사용해요?"

"너희들 서민이 어떤 사람을 말하는지 아니?"

"우리 같은 사람들 아니에요? 높은 지위를 가진 것도 아니고 돈이 엄청 많은 것도 아닌 사람들이요."

"그래, 맞아. 조선 후기 벼슬아치나 지주처럼 권력이나 큰 땅을 가지진 못했지만, 농업과 상공업의 발달로 어느 정도 여유가 생긴 백성을 서민이라고 생각하면 돼. 땅이 없어 경제적으로 고통 받는 농민보다 좀 더 살 만한 백성들이지. 여기에는 벼슬에 오르지 못하고 물려받은 재산도 얼마 안 되는 양반도 포함시킬 수 있어.

　먹고사는 데 여유가 좀 있는 서민들이 장식용으로 병풍이나 그림을 구입하면서 민화도 크게 발전한 거야.

작호도
까치는 좋은 소식을 전해 주는 새로 알려져 있고, 호랑이는 좋지 않은 기운을 물리치는 동물로 생각했어. 그래서 집안에 좋은 일은 들어오고 나쁜 일은 막으려는 사람들이 작호도를 즐겨 찾았고 그래서 민화에 많이 등장하지.

화조도
꽃과 새를 그린 민화야. 암수 한 쌍의 새가 아주 정다워 보이지? 이 그림처럼 부부가 화목하게 살았으면 하는 소망이 담겨 있단다.

문자도
문자를 그림으로 재치있게 바꾼 민화를 문자도라고 해. 물고기 모양을 한 글자는 효(孝) 자야. 이렇듯 문자도는 사람이 살면서 지켜야 할 도리에 해당하는 글자를 그린 거야.

백수백복도
목숨과 복의 뜻을 가진 글자를 반복해서 쓴 민화인데 행복하게 오래 살고 싶다는 바람을 담고 있지. 저 글자는 목숨 수(壽) 자인데 오래 살게 해 달라는 뜻으로 그린 거야. 복(福) 자는 복을 많이 받게 해 달라는 거겠지.

판소리와 탈춤이 유행하다

"조선 후기 장시처럼 사람들이 많이 모이는 곳에서는 판소리 공연도 벌어졌어. 판소리는 이야기가 있는 노래인데 소리꾼이 북으로 장단을 맞추며 불렀어. 구경하는 사람들도 다른 공연과는 달리 판소리에 참여했지. 어떻게 참여했냐고? 소리꾼의 소리 중간 중간에 '얼씨구' 하며 추임새도 넣고, 박수로 장단도 맞추면서 함께 즐겼어.

　이렇게 적극적으로 참여하며 즐기는 판소리의 재미는 입에서 입으로 전해졌고 나중에는 양반도 판소리를 즐기게 되었어. 그런데 양반이 일반 백성들처럼 땅바닥에 철퍼덕 앉아서 얼씨구절씨구 어깨를 들썩이자니 체면이 서질 않았어. 그래서 공연이 벌어지는 곳을 찾아가는 대신 자기 집으로 소리꾼을 불러다가 판소리를 시켰지. 판소리는 서민뿐만 아니라 양반도 함께 즐기는 조선 사람 모두의 공연 문화로 자리 잡았어.

　판소리는 원래 열두 마당이었는데 오늘날까지 전해지는 건 〈심청가〉, 〈흥보가〉, 〈춘향가〉, 〈수궁가〉, 〈적벽가〉 등 다섯 마당이야.

판소리 공연
조선 시대 유행한 판소리가 지금도 대표적인 전통문화로 계승되고 있어. 소리꾼이 고수(북 치는 사람)의 장단에 맞춰 판소리 공연을 펼치고 있어.

김준근의 〈탈판〉
김준근도 조선 말기에 활동한 풍속화가였어. 이 그림은 김준근이 그린 〈가산풍속도첩〉 중 〈탈판〉인데, 춤꾼들의 신명나는 춤 동작이 인상적이야.

판소리처럼 사람이 많이 모이는 장소에서는 탈놀이 공연도 벌어졌어. 우리가 흔히 탈춤이라고 부르는 공연이지. 원래 탈놀이는 마을에서 풍년을 기원하며 벌이던 놀이였는데, 그 범위가 넓어져 장시 같이 물품과 사람이 많이 흘러드는 곳에서 크게 성행했어. 탈을 쓰고 권력이나 돈을 가진 사람들의 위선을 우스꽝스럽게 비꼬는 내용 때문에 서민들이 아주 통쾌해하고 즐거워했지. 탈놀이의 내용은 풍자뿐만 아니라 서민들의 답답한 심정을 뻥 뚫어 주는 이야기와 풍년을 기원하는 이야기 등이 있었어. 오늘날까지 봉산 탈춤, 하회 별신굿 탈놀이, 송파 산대놀이, 고성 오광대놀이 등이 남아 있지."

하회 별신굿 탈놀이
경상북도 안동시 하회마을에서 전승되어 온 민속 탈춤이야. 1980년애 국가무형문화재로 지정되었어. 다양한 하회탈을 쓴 등장인물이 나오는데 하회탈의 미소가 매우 인상적이야.

탈놀이의 내용

하회 별신굿 탈놀이 중 한 대목

양반: 어허 자네 신분이 나만 하단 말인가?
선비: 그럼, 그대 신분이 나보다 낫단 말인가?
양반: 암, 낫고말고.
선비: 낫긴 뭐가 나아?
양반: 나는 사대부의 자손일세.
선비: 뭐라고? 사대부? 나는 팔대부의 자손일세.

양반: 팔대부? 팔대부는 뭐고?

선비: 팔대부는 사대부의 두 배이지.

양반: 뭐가 어째? 어험, 우리 할아버지는 문하시중*을 지내셨거든?

선비: 아, 문하시중, 그까짓 것. 우리 할아버지는 문상시대를 지냈거든?

양반: 문상시대? 그건 뭐고?

선비: 문하보다는 문상이 높고, 시중보다는 시대가 더 크다 이 말이지.

양반: 그것 참, 관직이 높은 게 최고인가? 학식이 있어야지. 난 사서삼경*을 다 읽었어.

선비: 그까짓 사서삼경을 가지고 그러나? 난 팔서육경을 다 읽었네.

양반: 뭐? 팔서육경? 도대체 팔서는 어디에 있으며, 육경은 또 뭔가?

(초랭이가 여태 두 사람 이야기를 듣고 있다가 잽싸게 끼어들며)

초랭이: 나도 아는 육경을 모른다는 말씀입니까? 팔만대장경, 장님의 안경, 머슴의 새경*….

*문하시중
고려 시대에 가장 높은 벼슬이야.

*사서삼경
유교를 공부할 때 기본인 책들이야.
사서는 『논어』, 『맹자』, 『중용』, 『대학』을 말하고,
삼경은 『시경』, 『서경』, 『역경』을 가리켜.

*새경
머슴이 1년 동안 일해서 받는 대가야.

"민화 가운데 독특한 것도 있는데 바로 이거야."
빡쌤의 태블릿 화면에 특이한 그림이 떴다.
"어, 이건 책꽂이 그림이네요."
"그래. 책꽂이를 그린 건데 책거리라고 불러.
책꽂이를 그린 그림으로 정조는 책거리를 아주 좋아해서 왕이 앉는 자리에

서민 문화의 발달

책거리 그림
위 아래 두 그림은 가로로 긴 하나의 그림이야. 너무 길어서 두 개로 잘라 위 아래로 배치했지. 위쪽 그림이 왼쪽에 있는 것이고, 아래쪽 그림이 오른쪽에 있는 것이란다.

꼭 있는 일월오봉도 대신 책거리를 놓기도 했어. 덕분에 도화서 화원들은 책거리를 그려야 했는데, 정조의 마음에 드는 책거리를 못 그려 애를 먹었다고 해. 그러나 김홍도는 아주 훌륭한 책거리를 그렸지. 그런데 지금은 전해지지 않아.

오늘 우리의 화성 체험 학습에 함께할 분이 바로 이 책거리를 아주 좋아하셔. 어, 저기 오시나 보다!"

밑줄 쫙!  은지의 한국사 노트

1. 조선 후기에 유행한, 당시 사람들의 삶을 사실적으로 그린 그림을 □□□라고 한다.
풍속화

2. 조선 후기에는 풍속화가 크게 유행했다. 이때 그려진 풍속화는 주로 사람들의 생활 모습을 재미있고 현실감 있게 표현한 것이 특징이다. 대표적인 풍속화가로는 □□□와 □□□이 있다.
김홍도, 신윤복

3. □□는 일상에서 쉽게 볼 수 있는 해, 달, 나무, 꽃, 동물 등 다양한 소재로 장수와 행복에 대한 서민들의 소망을 표현한 그림이다. 서민들은 이 그림을 구입해 벽에 걸거나 병풍으로 만들어 집 안을 장식하기도 했다.
민화

4. □□□는 이야기가 있는 노래인데 소리꾼이 북으로 장단을 맞추며 불렀다. 장터처럼 사람이 많이 모이는 장소에서 공연을 펼쳤고, 나중엔 양반들도 이를 즐겨 양반집에 불려가 공연을 하기도 했다.
판소리

5. 사람이 많이 모이는 장소에서는 □□□도 벌어졌다. 우리가 흔히 '탈춤'이라고 부르는 공연이다.
탈놀이

정조가 화성으로 간 이유

BC700000▶AD2000▶

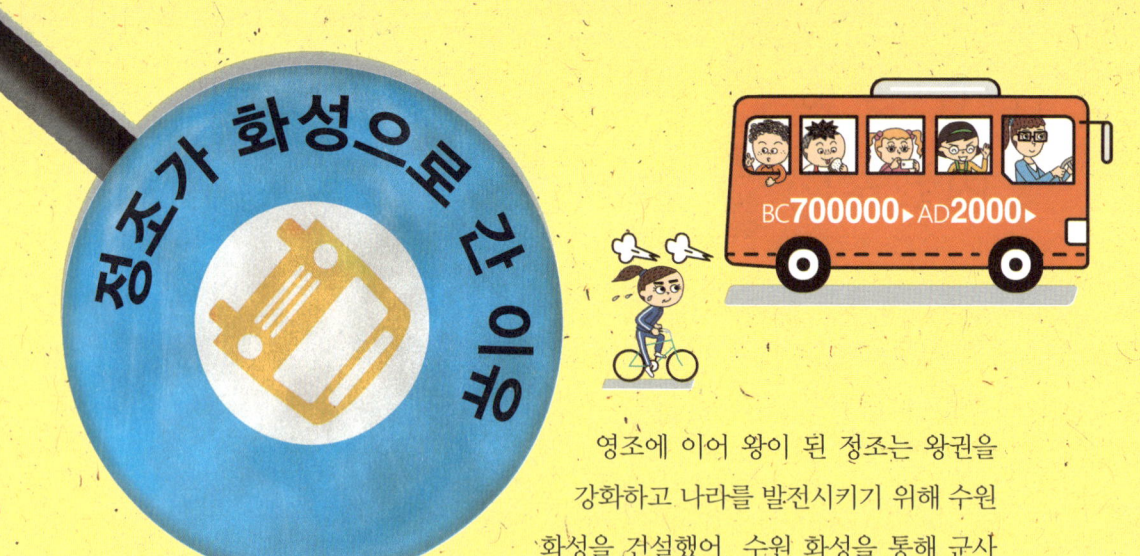

영조에 이어 왕이 된 정조는 왕권을 강화하고 나라를 발전시키기 위해 수원 화성을 건설했어. 수원 화성을 통해 군사와 상업의 새로운 중심지를 세우려 했지. 수원 화성은 당시 최첨단 과학 기술이 총동원되었고 여기서 실학자의 역할이 컸어. 또 백성을 중심에 놓고 나라를 다스리려했던 정조의 뜻에 맞게 축성 과정에서 힘들게 일한 백

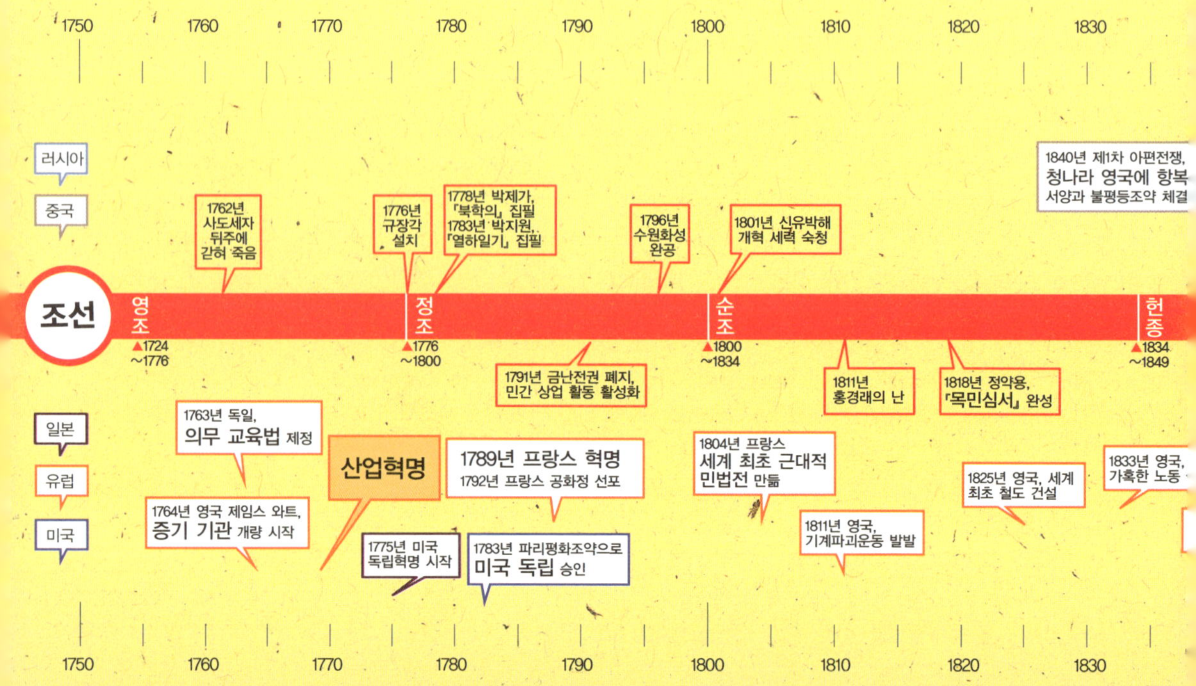
1750
1760
1770
1780
1790
1800
1810
1820
1830
러시아
중국
일본
유럽
미국
조선
영조 1724~1776
정조 1776~1800
순조 1800~1834
헌종 1834~1849
1762년 사도세자 뒤주에 갇혀 죽음
1776년 규장각 설치
1778년 박제가, 『북학의』 집필
1783년 박지원, 『열하일기』 집필
1796년 수원화성 완공
1801년 신유박해 개혁 세력 숙청
1840년 제1차 아편전쟁, 청나라 영국에 항복 서양과 불평등조약 체결
1791년 금난전권 폐지, 민간 상업 활동 활성화
1811년 홍경래의 난
1818년 정약용, 『목민심서』 완성
1763년 독일, 의무 교육법 제정
산업혁명
1789년 프랑스 혁명
1792년 프랑스 공화정 선포
1804년 프랑스 세계 최초 근대적 민법전 만듦
1825년 영국, 세계 최초 철도 건설
1833년 영국, 가혹한 노동
1764년 영국 제임스 와트, 증기 기관 개량 시작
1775년 미국 독립혁명 시작
1783년 파리평화조약으로 미국 독립 승인
1811년 영국, 기계파괴운동 발발

성들에겐 임금도 주어졌단다. 정조는 수원 화성에서 백성들과 함께
조선을 새롭게 만들려고 했어.

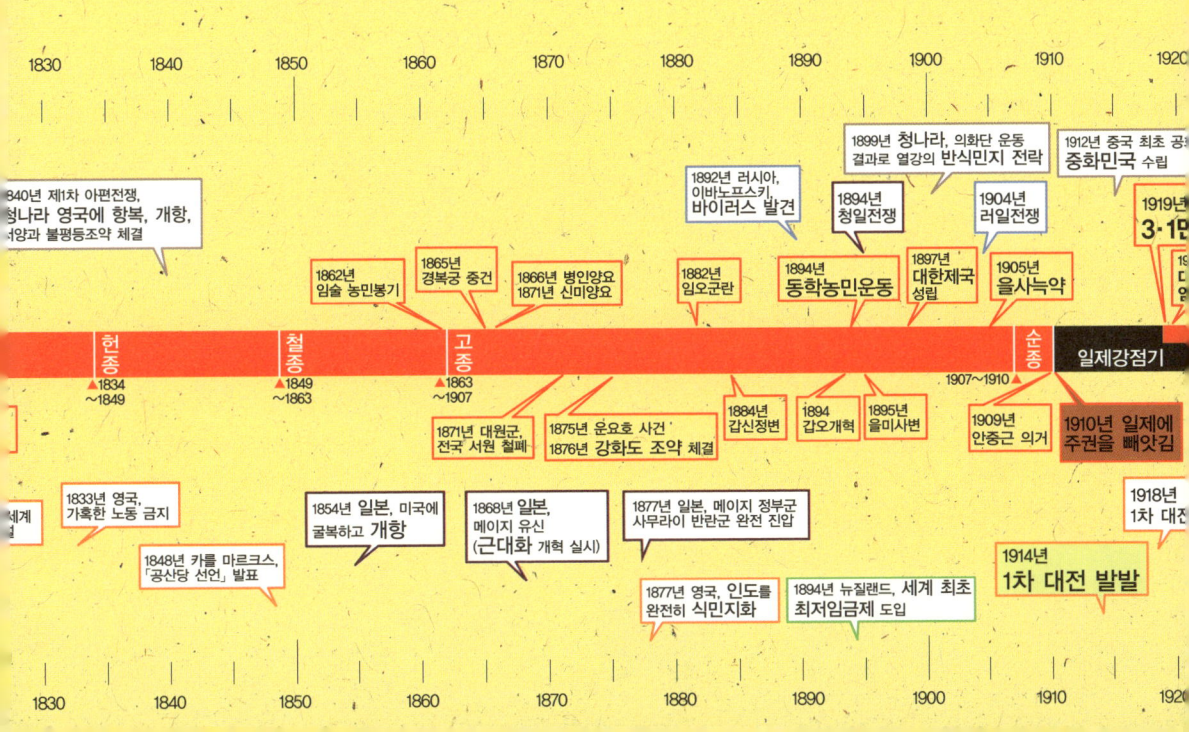

4부 조선을 다시 세우려 한 사람들

정조, 죽음의 위기를 극복하고 왕이 되다

빡쌤의 말에 고개를 돌리니 숭례문 광장에 조선 시대 군사 복장을 한 사람들이 깃발을 들고 행진하고 있었다.

"어디요, 어디?"

"저 군사 복장을 한 아저씨들이 우리랑 갈 거예요?"

"아니, 그건 아니고. 조선 후기에 저런 복장을 한 사람들이 우리가 가는 길과 같은 길을 걸어갔어. 정조를 모시고 화성으로 말이야.

저 모습은 조선 시대 파루를 하는 장면을 재현한 거야. 파루란 종루에서 통행 금지가 해제되는 시간(새벽 4시경)을 알리는 종을 치는 거지. 병사들이 성문을 열면 그때부터 사람들이 한성으로 들어가고 나오면서 하루를 시작했어.

지금으로부터 200여 년 전인 1795년 윤 2월 9일, 저 숭례문이 열리고 책거리를 좋아한 정조가 화성으로 가기 위해 문을 나섰어."

"아, 그러니까 우리랑 같이 화성으로 갈 사람이 바로 정조군요."

"그래. 정조가 화성으로 갔던 길을 우리도 따라갈 거야. 물론 옛날과 지금은 길이 다르니 완전히 같은 경로를 따라가지는 못하겠지만 말이야."

"그런데 왜 정조는 화성으로 갔나요?"

"아버지 사도 세자의 무덤인 현륭원이 화성에 있었는데, 그곳에서 어머니 혜경궁 홍씨의 회갑 잔치를 열기 위해서였지."

"한성의 궁궐에서 잔치를 열어도 될 텐데 굳이 무덤이 있는 곳까지 갈 필요가 있었나요?"

"사도 세자가 당쟁으로 죽임을 당했다는 건 지난번에 이야기했지? 정조는 아버지의 무덤을 화성으로 옮기고 자주 찾아뵈었어. 혜경궁 홍씨와 사도 세

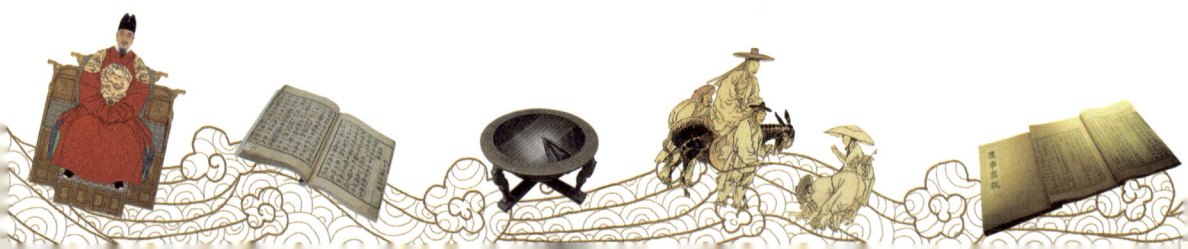

자는 동갑이었지. 즉, 살아 있었더라면 사도 세자도 회갑을 맞을 나이였어. 정조는 어머니와 아버지의 회갑을 함께 열기로 한 거야. 그래서 현륭원이 있는 화성으로 행차를 한 거고. 숭례문을 나서는 정조의 마음이 어땠을 것 같니?"

"착잡하지 않았을까요? 뒤주에 갇혀 죽은 아버지를 생각하면."

"물론 그랬겠지. 그런데 또 한편으로는 자유와 희망도 느꼈을 거야."

"아버지 무덤으로 나이든 어머니를 모시고 가는데 자유와 희망을 느꼈다고요?"

"정조에게 한성은 미래가 보이지 않는 답답하고 가망 없는 도시였거든. 당시 권력은 노론이라는 당파가 잡고 있었어. 영조를 왕위에 올리고 기세등등하던 노론은 소론의 편을 드는 사도 세자를 죽음으로 몰고 갔지. 그리고 사도 세자의 아들인 세손 이산을 어떻게 해서든 없애려 했지. 이산은 정조를 말해."

"만약 이산이 왕이 되면 자기 아버지를 죽인 노론을 가만둘 리 없었겠죠?"

"그렇지. 그래서 노론의 구심점 역할을 하는 영조의 계비* 정순왕후 쪽에서 왕위를 이을 방법을 궁리하고 있었어. 그러면서 영조가 죽으면 왕위를 이을 세손의 목숨을 호시탐탐 노렸지. 실제로 정조는 왕이 되기 전 노론이 보낸 자객들에게 몇 번이나 죽을 뻔했단다."

"아버지 사도 세자를 죽음으로 몰아넣고, 아들 정조 역시 죽이려 하는 한성이라면 저라도 정이 떨어졌을 것 같아요."

은지가 고개를 절레절레 흔들었다.

"어휴, 무서워. 나 같으면 이불을 뒤집어쓰고 벌벌 떨고만 있었을 것 같아요. 정조도 그랬겠죠?"

* 계비
왕비가 죽고 임금이 다시 들인 왕비를 말해.

마리는 은지보다 한술 더 떠 몸을 부르르 떨었다.

"천만에! 정조는 수많은 위협 속에서도 꿋꿋이 앉아 열심히 공부했어. 정조는 어려서부터 책을 좋아했는데 어린 나이에 너무 열심히 공부하다가 병이라도 날까 봐 어머니 혜경궁 홍씨는 공부를 그만하라고 타이를 정도였지."

"나도 엄마가 공부하지 말라고 하면 참 좋겠다!"

파래의 말에 아이들은 모두 고개를 끄덕였다.

"아까 정조가 책거리 그림을 좋아했다고 했잖아. 자기가 직접 책을 읽는 것도 모자라 책이 꽂힌 그림까지 걸어 둘 정도니 정조의 책 사랑이 어느 정도인지 느낌이 오지?

그런데 정조의 책 읽기에는 가슴 아픈 사연도 있었단다. 자신의 목숨을 노리는 적들이 사방에 있으니 잠을 제대로 잘 수가 없었지. 다른 사람 같으면 미치거나 병이 났겠지만 정조는 달랐어. 어차피 잠을 잘 수 없다면 그 시간에 더욱 열심히 책을 읽기로 한 거야. 그렇게 공부해서 뛰어난 학식을 갖추어야만 지식과 논리로 무장한 신하들을 상대할 수 있다고 생각했지.

조선은 학문을 가장 높은 가치로 삼는 유교 국가였거든. 정조는 열심히 공부해 신하들이 함부로 자신에게 대들지 못할 정도로 학문의 경지에 이른 왕이 되고자 했어. 그래야 미치광이 역적으로 몰려 죽임을 당한 아버지 사도 세자의 누명을 벗길 수 있고 자신이 꿈꾸는 나라를 만들 수 있다고 생각한 거야. 원래 책을 좋아하는 데다 공부를 열심히 해야 할 절박한 이유까지 더해져 정조는 잠도 안 자고 책을 읽었어. 책을 너무 많이 읽어서 바지의 무릎과 버선코가 닳을 정도였지."

"바지와 버선이 닳는 것과 공부가 무슨 상관이에요?"

"무릎을 꿇고 책을 읽으면 어디가 방바닥에 가장 많이 닿겠니?"

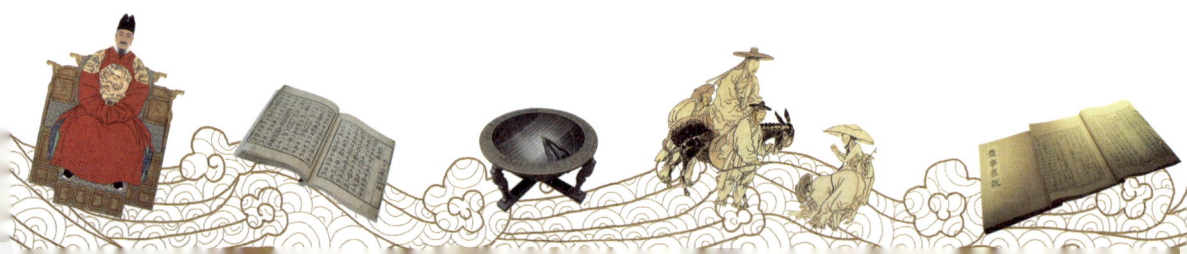

그제야 아이들은 '아!' 하며 동시에 손뼉을 마주 쳤다.

"그렇게 잠도 자지 않고 책을 읽었으면 눈도 나빠졌겠네요, 은지처럼?"

"그래서 나이가 들어서는 안경도 썼단다. 조선의 왕 중에 최초로 안경을 쓴 사람이 정조일 거야."

"오, 안경 낀 조선 왕이라니 왠지 멋있는데요?"

파래가 양손 엄지와 검지를 동그랗게 말아 안경 낀 흉내를 냈다.

"그런데 무슨 책을 그렇게 많이 읽었어요?"

"세자가 되면 기본적으로 공부해야 하는 것이 유교 경전과 역사야. 정조는 이뿐만 아니라 책이란 책은 두루두루 보이는 대로 다 읽었어. 특히 유교 경전은 최고의 학자 수준이어서 신하들을 앉혀 놓고 가르칠 정도였지."

"오, 거의 세종 대왕 급인데요."

"맞아, 정조의 롤 모델이 바로 자신의 선조인 세종 대왕이었어. 세종 대왕이 그러했듯이 백성이 근본인 정치를 하고자 했지. 그런데 한성은 그런 정치를 할 수 없는 곳이었어. 한성에는 백성이 아닌 자기 배 불리기에 여념이 없는 노론 세력과 그들에게 빌붙어 벼슬 하나 얻으려는 자들이 득실거렸거든. 한마디로 온갖 잡초가 깊이 뿌리내려 어떤 씨앗을 뿌려도 싹이 나지 않는 땅과 같았지."

"칡넝쿨이 마구 휘감은 나무가 떠올라요. 아, 답답해!"

시루는 정조의 심정에 공감되어 딱 붙은 트레이닝 복 소매를 당겨 느슨하게 만들었다.

"정조가 숭례문을 나서며 자유를 느꼈을 거란 말씀이 이제 이해돼요."

"그럼 숭례문 밖으로 나가면 희망은 어디에 있죠?"

"화성에!"

"왜요?"

"정조는 당시 조선을 '큰 병을 앓아 생명의 기운이 다한 나라'라며 한탄했어. 이렇게 말한 가장 큰 이유는 무엇일까? 우리가 앞서 배운 역사에서 어떤 나라가 망했는지 찾아볼까?"

"통일 신라 말기 백성들이 죽지 못해 살면서 차라리 신라가 망하길 바랐던 그런 나라요."

"고려 시대 말기 권문세족들이 땅을 다 차지해 땅이 없는 농민들은 굶어죽던 나라요."

"그래 다들 잘 기억하고 있구나. 망하는 나라의 공통점은 일부 특권층이 모든 것을 빼앗아 백성들이 살 수 없게 된다는 거야. 역사를 공부하던 정조도 당시 조선과 같은 상황이라면 조선의 앞날이 어떻게 될지 예상하고 있었어. 백성들을 행복하게 만들어야만 나라가 살 수 있다는 걸 잘 알고 있었던 거야. 그러나 나라가 망하든 말든 자기 당파 자기 집안의 곳간만 불리려는 사람들이 득실거리는 한성은 희망이 없었지.

그래서 새롭게 세운 도시 화성에 희망의 씨앗을 뿌리려 한 거야. 거기서 무럭무럭 자란 작물이 씨앗을 맺고 다른 곳으로 자꾸 퍼져 나가길 정조는 바랐어. 화성은 지금으로 말하면 신도시 같은 곳인데 개혁의 시작점이자 중심점이라고 할 수 있지."

아이들은 '희망'이란 말 속에서 갑자기 코가 시큰해졌다. 엄마 아빠의 희망이 바로 자신들 아니던가. 백성을 위한 나라라는 희망을 지키기 위해 싸우는 정조가 우리의 엄마 아빠처럼 느껴졌다.

"정조는 자신이 꿈꾸는 세상을 민국이라는 단어로 표현했어. 이것은 '백성의 나라'라는 뜻이야. 옛날 왕들이 나라를 자기 소유로 생각했던 것과는 완

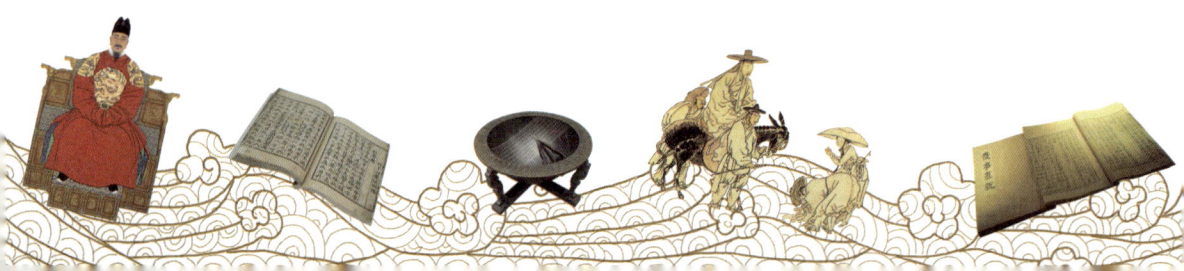

전히 다르지. 정조의 마음이 잘 드러난 그림이 있어. 이 그림을 보렴. 정조의 행차를 그린 그림인데 이렇게 나라의 행사를 있는 그대로 그려서 기록한 그림을 의궤라고 해. 그런데 뭔가 우리 상식과 다른 게 보이지 않니?"

"구경 나온 백성들 가운데 허리를 숙인 사람이 없어요. 관리가 행차해도 길바닥에 엎드리는데 왕의 행차에 고개를 뻣뻣이 들고 있다니. 곤장을 맞으려고 작정했나 봐요."

"정조는 백성들이 고개를 들고 행차를 구경할 수 있도록 했어. 나아가 백성들의 억울한 사연을 직접 들으려 노력했지. 관리들이 백성들의 억울한 사연을 처리하도록 했고 나중에는 잘 처리되었는지 확인까지 했단다. 그런데 여기서 한 가지 생각해 볼 문제가 있어. 정조가 아무리 관리들에게 백성들을 위한 일을 시켜도 관리들이 무능하거나 자기 배 불릴 궁리만 한다면 어떻게 되겠니?"

"아무 소용도 없겠죠."

"그럼 어떻게 해야 할까?"

아이들은 고개를 갸웃거렸다.

규장각을 설치하고 인재를 양성하다

"세종 대왕을 떠올려 보렴. 세종 대왕이 사정전 옆 건물에 설치한 기관이 있는데."

"아하, 집현전! 세종 대왕이 집현전에서 인재를 키웠듯이 정조도 기구를 설치하고 유능하고 바른 인재를 키운 거군요?"

"딩동댕! 정조는 궁궐 안에 주합루라는 건물을 짓고 1층에 규장각을 설치했어. 규장각은 왕실의 책들을 보관하기 위해 만든 거야. 사실은 우리나라와 이웃 나라 등에서 가치 있는 책을 모두 모아 놓고 젊고 유능한 관리들을 배치해 공부하도록 했지. 정조도 세종 대왕처럼 인재를 뽑는 데 출신을 가리지 않아야 한다고 생각했어. 그래서 능력은 있지만 차별 받던 서얼* 출신인 박제가, 유득공, 이덕무, 서이수 등을 규장각 관리로 뽑아 새로운 나라를 만드는 데 힘을 보탤 수 있게 했지."

"와우, 조선 전기 세종 대왕, 요, 노비 영실 뽑고, 조선 후기 정조 대왕, 요, 서얼 제가 뽑고, 예, 주면 먹기 마토 대왕, 예, 학교 앞 뽑기 뽑고, 오, 오, 새치 머리 베이비, 빡쌤, 웁스, 한 치 두 치 새치 뽑고, 치치기칙슉푹……"

*서얼
본부인이 아닌 여자가 낳은 아들로 사회 생활을 하면서 많은 차별을 받았어.

파래가 갑자기 세종 대왕 때 공부한 내용을 어설픈 랩으로 쏟아 내자 다들 웃음을 터뜨렸다. 빡쌤은 염색으로 가린 새치 머리를 어떻게 파래가 알아챘는지 몰라 당황했다. 그래서 서둘러 파래의 랩을 막았다.

"파래야, 침 튀긴다. 이제 그만해!"

하지만 한번 흥이 오른 파래는 멈추지 않고 랩을 이어 나갔다. 그러자 시루가 파래의 입을 틀어막았다.

"적당히 해라. 쌤이 침 튀긴다잖아. 젊은 나이에 흰머리 난 쌤이 불쌍하지도 않냐? 이렇게 뻥 뚫린 자리에서 오가는 사람 다 듣는데."

시루가 큰 소리로 파래를 나무랐다. 다행히 랩은 멈추었지만 빡쌤 이마에는 땀 한 줄기가 죽 흘렀다.

"세상에, 염색 잘 됐네."

"보기보단 나이가 많은가 봐."

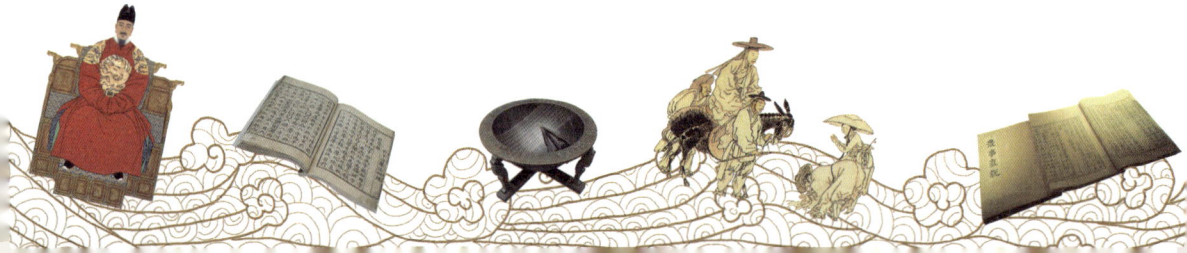

"보아하니 애들 가르치는 선생님인가 본데 고생이 이만저만 아닌가 봐."

지나가던 아주머니들이 빡쌤의 머리를 유심히 살피며 한마디씩 던졌다. 빡쌤은 자신의 머리카락으로 쏟아지는 주위의 시선을 돌리려고 일부러 크게 말했다.

"자, 자, 자! 그럼 이제 규장각 인재가 정조의 화성 행차에서 벌인 멋진 수상 쇼를 보러 가자."

"수상 쇼요? 그게 뭐예요?"

"그건 전철을 타면 보여 줄게."

빡쌤은 아이들과 단짝을 서울역 방향으로 몰고 갔다.

일행은 숭례문을 뒤로하고 서울역으로 돌아와 1호선 천안행 전철에 올랐다. 마침 네 자리가 비어 있어 빡쌤과 은지, 마토, 마리가 앉고, 단짝, 시루, 파래는 서서 갔다. 전철이 남영역을 지나 용산역에 이르자 빡쌤이 이야기를 다시 시작했다.

걸어서 한강을 건넌 정약용

"용산역 다음에는 노량진역이야. 두 역 사이에는 한강이 있지. 지금은 다리가 있지만 조선 시대에는 없었어. 그래서 몇 명씩 나룻배를 타고 건너야 했어. 그런데 왕의 행차에는 많은 사람이 함께했겠지? 특히 혜경궁 홍씨의 회갑 잔치를 위한 행차 때는 1,779명이나 되는 많은 사람이 동원되었어. 이런저런 일을 도울 사람까지 합하면 6,000여 명에 이르렀다고 해. 그 많은 사람

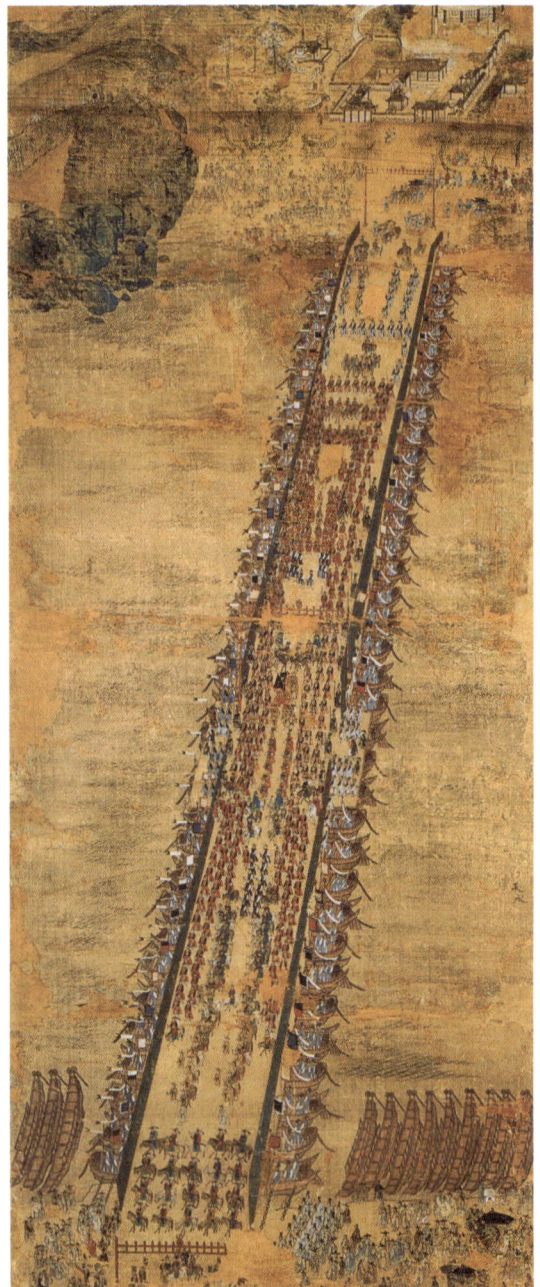

노량주교도섭도
정조가 현륭원을 참배하고 어머니 혜경궁 홍씨의 회갑 잔치를 마친 뒤에 노량진의 배다리를 건너는 장면을 묘사한 그림이야.

이 나룻배로 건너다간 며칠, 아니 몇 달이 걸릴지 모르지. 그럼 어떻게 했을까?"

"『성경』에 나오는 모세처럼 강을 쫙 갈라지게 하면 될 텐데. 그럼 많은 사람이 한꺼번에 걸어서 강을 건널 수 있잖아요."

교회에 다니는 마리의 말에 은지가 고개를 저었다.

"야, 어떻게 강을 갈라지게 해. 그건 하나님의 능력을 보여 주기 위해 기독교에서 하는 말이지."

"마리의 말이 아주 틀린 답은 아니야."

"정말 강을 갈라지게 했단 말씀이에요?"

"아니, 강을 갈라지게 한 건 아니지만 모두 걸어서 건넜어."

"에이, 말도 안 돼. 예수

님도 아니고 어떻게 물 위를 걸어서 건너요?"

"지금과 같은 콘크리트와 철근으로 만든 다리는 아니지만 출렁출렁 아주 재미있는 다리를 만들었어."

빡쌤이 다른 의궤 장면을 보여 주었다.

"이건 배다리라고 하는 거야. 배들을 강 위에 쭈욱 늘어세우고 그 위로 나무판자를 깔아 다리를 놓은 거지. 이 위로 행렬이 걸어서 건넜어."

"우아, 멋지다. 한강에 이런 다리를 놓으면 정말 인기가 많겠어요."

아이들은 배다리 위로 울긋불긋한 깃발을 휘날리며 질서정연하게 다리를 건너는 왕의 행렬에 입을 쩍 벌렸다. 그리고 고개를 돌려 용산에서 노량진으로 건너가는 전철에서 햇빛에 반짝이는 드넓은 한강을 내려다보았다. 그 옛날 정조의 화성행 행렬이 자신들처럼 한강을 건넜다고 생각하니 갑자기 가슴이 벅차올랐다.

"이런 멋진 수상 쇼를 연출한 규장각의 인재는 바로 실학자 정약용이야. 정약용은 당대에 가장 뛰어난 학자이자 관리로 정조의 총애를 한몸에 받던 인물이지. 정약용도 정조처럼 백성들이 고통의 굴레를 벗고 행복하게 살기를 간절히 바랐어. 정약용은 유학뿐만 아니라 다양한 학문에 조예가 깊었단다.

특히 명분과 논리만 따지는 성리학으로는 조선이 처한 문제와 백성들의 어려움을 해결할 수 없다고 생각하고 실제로 나라와 백성에게 쓸모 있는 학문을 연구했지. 이런 학문을 통틀어 실학이라고 해. 실학을 연구한 학자들은 실학자고. 배다리 역시 실생활에서 쓸 수 있는 과학을 통해서 만든 거야.

정약용은 배다리뿐만 아니라 정조의 명령으로 화성을 설계했고, 성을 쌓는데 꼭 필요한 기계도 만들었어. 정약용의 화성 설계와 건설 이야기는 수원에 가서 듣기로 하고, 지금은 실학이 나오게 된 배경부터 살펴보자꾸나."

한글 소설이 크게 유행하고 청나라 서적이 들어오다

"1795년 화성 행차를 그린 의궤를 보면 실학과 직접적인 관련은 없지만 작은 단서 하나를 찾아볼 수 있어. 이날의 행차는 수많은 인원이 함께하는 대규모 행렬이었어. 어마어마한 행렬의 중앙에는 혜경궁 홍씨가 탄 가마가 가고 그 뒤에는 정조가 말을 타고 따랐지. 또 그 뒤로는 정조의 누이인 청연군주, 청선군주가 탄 가마가 뒤따랐어. 바로 이 두 군주와 관련된 이야기야."

"정조의 누이라면 공주여야지 왜 군주예요?"

"사도 세자는 왕이 되지 못하고 죽었잖아. 왕이 되지 못한 세자의 딸은 공주가 아니라 군주로 불렸어. 재미있는 사실은 이 두 군주가 소설을 아주 좋아했다는 거야. 얼마나 좋아했으면 10권 10책이나 되는 『곽장양문록』이란 소설을 필사*하기까지 했겠어."

* 책이나 문서를 손으로 베껴 쓰는 일을 말해.

"그걸 베껴 써서 뭘 하려고요?"

"소중하게 아끼는 책을 자신만의 것으로 만들고 싶었던 거야."

"대체 어떤 내용이기에 베낄 정도로 좋아했어요?"

"먼 옛날 당나라 덕종 때 곽씨 집안 남자 선경과 장씨 집안 여자 광염이 혼인하면서 벌어지는 이야기로 시작돼. 광염이 아름답긴 하지만 지나치게 엄격해 선경은 부인으로 다른 여자들을 더 들이지. 그중 한 씨라는 여자가 광염을 모함해 내쫓고 한 씨의 음모를 아는 시어머니까지 내다 버려. 광염은 시어머니를 찾아 한 씨의 악행을 알리고 결국 쫓겨난 한 씨는 궁으로 들어가. 한 씨는 후궁과 짜고 선경을 유배 보내고 광염을 궁녀로 만들어 버리지. 그러나 광염은 황제의 신임을 얻고 선경은 반란을 진압해 공을 세워. 한 씨와 후궁은 황제의 자리를 차지하려고 음모를 꾸미다가 죽임을 당해. 그리고

마침내 광염과 선경은 행복하게 잘 살았다는 이야기야."

"그거 꼭 엄마들이 좋아하는 텔레비전 드라마 내용 같은데요?"

"하하, 그렇지. 옛날에는 궁이나 서민 여인들에게는 이런 소설이 일종의 드라마 같은 것이었어. 듣고 보니 꽤 흥미진진하지? 영화나 만화, 드라마 등 각종 영상 매체가 범람하는 시대에도 통할 만하지 않아? 나쁜 사람이 잘되면 막 분노하고 착한 사람이 어려움에 처하면 슬퍼하고, 또 나쁜 사람이 벌을 받고 착한 사람이 행복해지면 자기 일처럼 기뻐하는 것은 예나 지금이나 마찬가지야."

"조선 후기에는 소설을 좋아하는 사람이 아주 많았겠네요?"

"아까 판소리나 탈놀이 같은 서민 문화의 발전을 이야기했잖아? 한글 소설도 서민들의 사랑을 받으면서 발전했어.

먹고사는 데서 여유가 생긴 서민들은 자식을 가르치고 문화를 누리고 싶은 마음도 늘어났어. 이런 수요에 따라 서당이 많아지고 책을 빌려주는 곳도 많이 생겼지. 이렇게 서민들이 한글을 익히자 한글로 쓴 소설들이 날개 돋친 듯 팔려 나갔어. 한글 소설은 여성들에게 아주 인기가 있었는데 양반집 딸들도 즐겨 읽었어.

널리 알려진 한글 소설로는 『춘향전』, 『심청전』, 『흥부전』, 『홍길동전』, 『장화홍련전』 등이 있었단다.

글을 모르는 사람들도 한글 소설을 즐길 수 있었어."

"에이, 글을 모르는데 어떻게 소설을 읽어요?"

"전문 이야기꾼이 글을 모르는 사람들을 모아 놓고 소설책을 읽어 주었어. 이야기꾼은 단순히 책을 읽어 주는 데서 더 나아가 목소리도 바꾸고 표정과 몸짓까지 섞어서 흥미진진하게 이야기를 풀어 나갔지. 우리나라 사람이 쓴

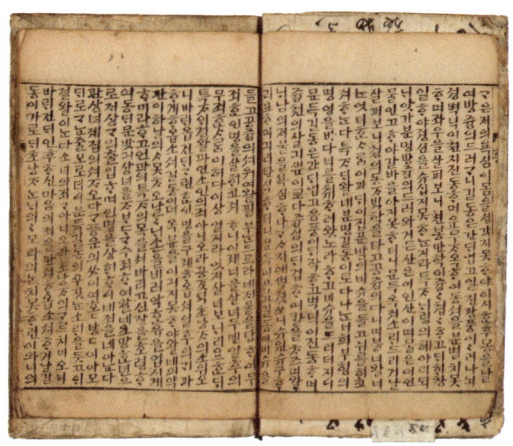

『홍길동전』
서얼인 홍길동이 백성들을 괴롭히는 못된 벼슬아치들을 혼내 주는 내용이야. 허균은 홍길동전을 통해 신분 제도가 가진 문제점을 비판하고 새로운 나라에 대한 희망을 이야기했지.

소설뿐만 아니라 청나라의 소설도 번역되어 널리 읽혔단다."

"지난번 조선 전기 공부할 때 청나라를 공격해서 원수를 갚겠다고 했던 것 같은데요. 심지어 청나라 문물을 받아들이려는 소현세자는 의문의 죽음을 당하고 세자빈도 처형당할 정도였잖아요. 그런 청나라에서 소설책이 들어왔다고요?"

은지가 고개를 갸웃했다.

"시간이 많이 흐르면서 청나라에 대한 원한도 많이 사라졌어. 또 많은 사람이 청나라를 오갔고 청나라 책뿐만 아니라 발달된 과학 기술로 만들어진 물품들이 들어왔어. 오랑캐 나라니 원수의 나라니 하며 청나라를 배척하는 것이 전혀 득이 될 게 없다는 걸 깨달았지."

조선 후기에 사용한 공예품

조선 전기에는 청자 겉에 하얀 흙을 덮어 구운 회색빛의 분청사기가 만들어졌어.

분청사기
조선 전기에는 고려 후기부터 유행한 분청사기가 계속 만들어졌어.

백자
조선 중기에는 선비들 사이에서 하얀 백자가 유행했어. 선비가 추구하는 검소하고 정직한 삶과 잘 어울렸지.

조선 중기에는 하얀 백자가 유행했지. 하얀 백자는 검소함과 깨끗함을 상징해. 검소하고 깨끗한 삶을 살고자 했던 양반들은 백자를 무척 좋아했어.

조선 후기에는 생활에 필요한 공예품을 많이 만들었는데, 이를 통해 조상들의 멋과 지혜를 엿볼 수 있어. 흰 바탕에 푸른색으로 그림을 그린 청화 백자는 주로 항아리, 술병, 접시, 필통 등 실용적인 것이 많았어. 하얀 백자에

청화 백자
조선 후기에 들어서면 하얀 백자에 푸른색 안료로 다양한 무늬와 그림을 그린 청화 백자가 널리 유행했어.

산, 나무, 꽃, 새 등 다양한 무늬를 그린 청화 백자가 널리 유행했지.

조선 시대에는 옹기도 사용했어. 옹기는 자연에서 쉽게 구할 수 있는 흙으로 만들었어. 옹기를 만들 때 쓰이는 흙에는 작은 돌이 섞여 있었지. 작은 돌은 옹기가 구어지면서 공기가 통할 수 있는 공간을 만들어 옹기가 숨을 쉬게 했어. 서민들은 옹기를 곡식이나 간장, 된장 같은 장류를 저장하는 용도로 많이 사용했단다.

조선 시대 사람들은 다양한 생활 도

장독대의 옹기
옹기를 만드는 흙에 들어 있는 모래 알갱이가 그릇에 매우 작은 구멍을 만들어 옹기의 안과 밖으로 공기를 잘 통하게 해. 이 구멍이 옹기 안에 담긴 곡식이나 장류 등을 오랫동안 보관할 수 있게 해 주지.

구를 만들어 사용했어. 이 도구들은 실용적이면서도 훌륭한 예술품이었지. 그럼 대표적인 생활 도구를 살펴볼까?

  목공예품은 밥상, 책상, 상자 등 생활용품이 주를 이루었어. 특히 나전 칠기는 옻칠을 한 그릇이나 가구의 나무 표면을 전복, 소라 등의 껍데기를 얇게 잘라 붙여 장식한 조선 후기의 대표적인 목공예품이야. 이를 자개라고도 하지. 우리 조상들은 문서를 담는 함부터 장롱까지 다양한 목공예품을 나전 칠기로 만들었어.

경상
책을 올려놓고 읽는 데 사용하던 나무로 만든 책상이야.

소반
역시 나무로 만든 작은 밥상이야.

나전 칠기
오색 빛깔이 나는 자개 조각을 여러 모양으로 박아 넣거나 붙인 칠기를 말해.

조각보
쓰다 남은 천 조각을 이어서 만든 보자기를 가리켜.

떡살
떡에 아름다운 무늬를 찍을 때 사용하는 기구야.

화로
겨울에 숯불을 담아 방 안을 따뜻하게 하는 일종의 난로였어.

이외에도 떡살, 조각보, 화로 등 다양한 생활용품을 만들었지.

떡살은 떡을 눌러 떡에 모양을 내는 도구야. 떡살로 떡을 누르는 순간 예쁜 모양의 떡이 완성돼. 단옷날이 되면 수레 모양을 찍고, 좋은 일이 있을 때는 꽃 모양을 떡에 새겼단다.

조선 시대 사람들은 남은 조각 천을 연결해 보자기를 만들었어. 이를 조각보라고 하는데, 조각 천도 버리지 않고 잘 활용하는 조상들의 지혜와 검소함을 느낄 수 있지.

화로는 숯불을 담아 두던 도구야. 화로는 추운 겨울 방 안을 따뜻하게 해 주기도 하고 차를 데워 주기도 했단다.

새로운 문물이 들어오고 중국 중심의 세계관이 무너지다

"전란이 지난 뒤 조선은 주변 나라들과 다시 활발한 교류를 시작했어. 청

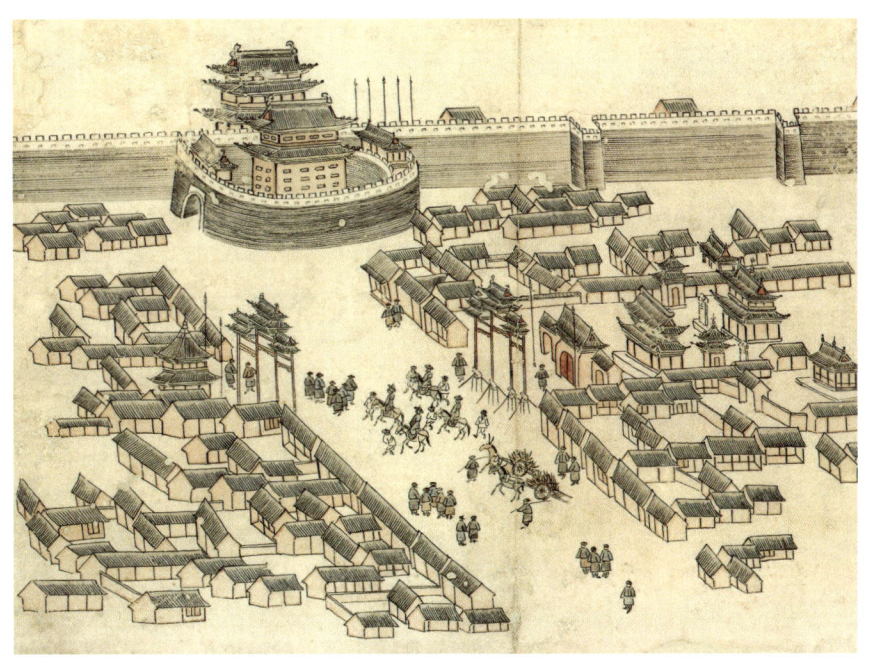

〈연행도〉
김홍도가 그린 것으로 추정되는 〈연행도〉라는 그림이야. 지금은 없어진 청나라의 연경성 동문인 조양문으로 조선 사절이 들어가는 모습을 그렸어.

나라로는 매년 연행사를 보냈고, 다시 교류하기를 청한 일본으로는 통신사를 보냈지. 이러한 교류를 통해 조선 사회 내부에서는 변화의 바람이 불기 시작했어.

사신들은 중국에서 세계 지도와 과학 기술 서적, 자명종, 천리경, 화포 등 서양 문물을 들여와 조선 사람들에게 알렸어. 앞서 서양 문물을 접한 조선 사람들은 청나라를 오랑캐로 배척하기보다는 오히려 배워야 한다는 분위기가 조성되었지.

청나라의 수도 베이징은 세계 여러 나라 사람들이 넘쳐났어. 이들을 통해 들어오는 새로운 문물로 점점 더 강해지는 청나라를 보고 조선 사람들은 눈

자명종
오늘날 알람처럼 시간을 맞춰 놓으면 그 시간에 울리도록 만든 시계야.

천리경
오늘날의 망원경에 해당돼. 하늘의 별이나 먼 곳을 살피는 데 썼어.

이 휘둥그레졌어. 그런 청나라에 맞서느니 발달된 문물을 받아들여 조선을 발전시키자는 주장들이 여기저기서 나온 건 어쩌면 당연한 일일 거야.

한발 더 나아가 중국을 세계의 중심으로 여기던 사람들의 생각에도 큰 변화가 있었어. 이 이야기를 하자면 정조 시대보다 150여 년 전 과거로 돌아가야 해. 본격적으로 청나라에서 서양 문물이 들어오기 전인 1627년(인조 5년), 네덜란드 상인 벨테브레이는 무역을 하러 일본으로 가다가 풍랑에 휩쓸려 제주도에 닿았어. 체포된 벨테브레이는 서울로 끌려왔는데 나중에 조선 여성과 결혼하고 이름을 박연으로 바꿨지. 박연은 조선의 군사 기구에서 총과 대포를 만드는 기술을 가르쳤어. 그는 서양의 군사 기술을 잘 알고 있었거든. 게다가 병자호란이 일어나자 전투에 나가 조선군으로 싸웠단다.

이제 조선 사람들은 중국이 세계의 중심이자 전부라는 의식이 뭔가 크게 잘못되었다고 생각했지. 다른 나라 사람이 중국인보다 뛰어난 지식과 기술을 가지고 있었던 거야. 이런 생각을 하던 차에 조선 후기에 서양 문물을 접하게 된 거지. 조선 사람들은 자연스럽게 중국 외에 더 큰 세상에 대한 궁금

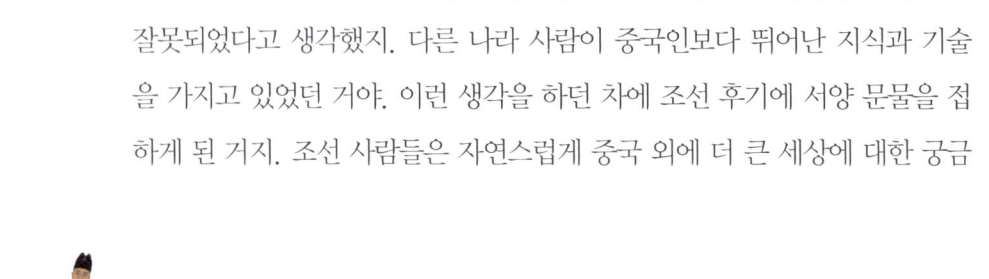

세계 지도가 사람들의 생각을 바꾸었다고요?

세계 지도를 보면 당시 사람들이 세상을 어떻게 이해했는지 알 수 있어. 세계 지도에는 사람들이 무엇을 중심으로 세상을 보고 무엇을 중요하게 여겼는지 나타나 있어.

조선 전기에 조선 사람들이 본 세계 지도인 혼일강리역대국도지도야.

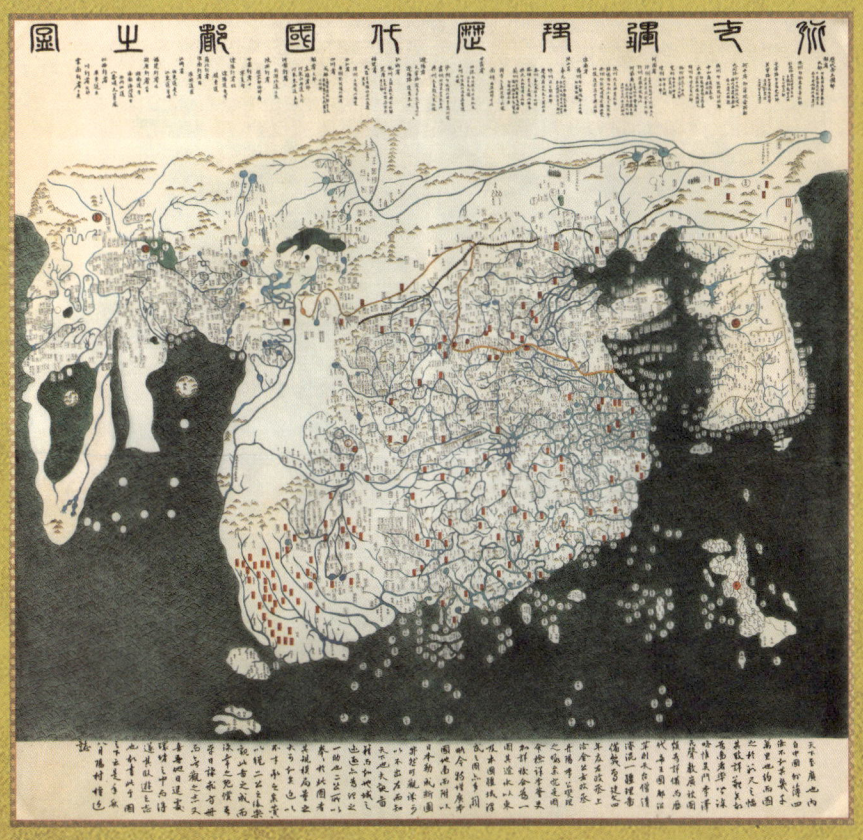

1402년 제작된 혼일강리역대국도지도에서 당시 사람들이 세계가 사각형으로 생겼다고 생각했던 것을 알 수 있어. 이 지도에는 조선, 중국, 일본이 그려져 있고, 아프리카, 유럽까지 들어가 있어. 그런데 조선이 크게 표현되었다는 데서 조선 사람의 시선으로 세상을 보았다는 것을 알 수 있고, 또 지도의 한가운데 중국을 그려 넣었다는 것에서 당시 사람들이 중국을 세상의 중심으로 이해했다는 것을 알 수 있지.

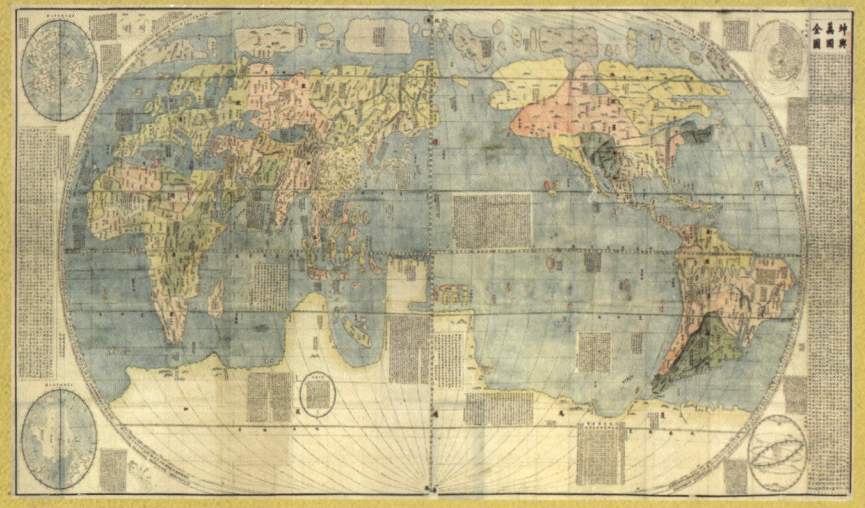

조선 후기에 조선 사람들이 본 세계 지도인 곤여만국전도야. 조선의 곤여만국전도는 1708년 중국에서 들여온 곤여만국전도를 보고 그렸어. 혼일강리역대국도지도가 사각형으로 세계를 그렸다면, 곤여만국전도는 세계를 원으로 표현하고 있어. 지구가 둥글다는 지금의 생각과 많이 비슷해졌지? 이 지도의 제작을 계기로 비슷한 세계 지도가 제작되었어. 사람들은 세계 지도를 보면서 더 넓은 세계가 있음을 깨닫게 되었지.

질문 있어요! 종교를 통해 평등사상이 전파되었다고요?

중국에 다녀온 사신들은 조선에 서양의 발달된 문물뿐만 아니라 서양 종교인 천주교도 소개했어. 그러나 초기에 사람들은 천주교를 종교가 아닌 서양 학문으로 받아들였어. 그래서 서양 학문이라 해서 서학이라고 했지.

시간이 지나면서 천주교를 신앙으로 받아들이는 학자들이 생기기 시작했어. 천주교의 교리인 평등사상과 죽음 이후의 '영생'은 사회적으로 차별을 받거나 차별을 옳지 않게 생각하던 사람들에게 깊은 감명을 주었지. 그리하여 양반 신분의 남자들에 비해 차별을 받던 상민과 부녀자들 속으로 퍼져 나가게 되었단다.

그런데 천주교에서는 하느님 외에는 어떤 신도 모시면 안 된다는 교리가 있어서 천주교를 믿는 사람들이 조상을 모시는 제사를 거부하는 일이 벌어졌어.

철저한 유교 국가인 조선에서는 조상에 대한 제사를 거부하는 천주교를 그냥 두고 볼 수 없었어. 게다가 모든 인간이 평등하다는 천주교 교리는 아주 위험한 생각이었어. 조상에 대한 '효'를 강조하고 양반 남자 중심의 엄격한 신분 제도를 바탕으로 한 유교 사회의 질서를 어지럽힐 수 있다며 천주교를 금지하고 탄압했지.

그러나 탄압의 이면에는 자신의 기득권을 지키고 반대 세력을 없애려는 의도가 크게 작용했단다.

「천주실의」
천주교 교리가 적힌 책이야. 이탈리아 신부인 마테오 리치가 중국에서 썼어.

증을 품게 되었어.

이탈리아인 마테오리치가 만든 세계 지도 곤여만국전도가 조선으로 들어왔어. 이 지도에는 아시아는 물론이고 유럽, 아프리카까지 나와 있는데 심지어 아메리카 대륙도 그려져 있었어. 조선 사람들은 자신들이 알던 세상은 일부분에 지나지 않고 중국보다 훨씬 더 넓은 세상이 있다는 것을 깨달았어. 중국 중심의 세계관이 통째로 무너지는 순간이었지. 중국이 세계의 중심이 아니고 더 큰 세계가 있다는 걸 깨닫자 근본적으로 생각이 변하기 시작했어. 더불어 성리학이 학문의 모든 것이라는 생각에서 벗어나 다양한 학문에 관심이 많아졌단다.

현실 문제를 탐구하는 실용적인 학문, 실학

"농업과 상업의 발달에 따라 생산력이 높아지고 생산량이 많아졌어. 하지만 이득이 모든 사람에게 골고루 돌아가지는 않았지. 아까 대동법 부분에서 말했듯이 땅을 가진 사람은 늘어난 재산으로 더 많은 땅을 사들이고 재산을 늘려 갔지만, 땅이 없는 농민들은 수확한 것의 대부분을 지주와 관리들에게 뜯겨야 했어. 일부 백성들은 어느 정도 경제 발전의 혜택을 보고 서민 문화를 즐길 수 있었지만, 대부분은 힘겨운 삶을 겨우겨우 버텨야 했지.

이때 천주교에서 주장하는 '하느님 앞에 모든 사람이 평등하다'는 사상은 엄격한 신분제의 정당성에 의문을 품게 했어. 신분제의 근거인 유교와 중국 중심의 생각이 서양 문물의 유입으로 이미 흔들린 상태였다는 걸 생각하면 조선이라는 사회를 지탱해 온 기본 질서를 다시 한번

*지도표
오늘날 지도의 범례에 해당하는 거야.

생각해봐야 할 때였던 거야. 하지만 기존 성리학은 여전히 명분과 이론에만 빠져 있었어. 빠르게 변화하는 조선의 현실 문제를 더 이상 해결할 수 없었지.

'예로부터 학문은 현실 생활에 쓸모가 있어야 해.'

조선 후기 몇몇 학자들은 당시 학문의 중심인 성리학이 실제 생활에서 벌어지는 문제를 풀어 나가는 데 부족하다는 것을 깨달았어. 현실적인 문제를 해결할 방안을 적극적으로 고민했지. 이 과정에서 등장한 학문이 바로 실학이야. 실학자 정약용은 정조 행차에서 생긴 문제, 즉 한강을 건너는 문제를 현실 생활에 필요한 과학으로 풀어서 보인 거야."

김정희가 대동여지도를 만들다

"1861년 김정호는 우리나라 전도인 대동여지도를 만들었어."

"지도 이름을 왜 대동여지도라고 했어요?"

"대동여지도에서 대동은 '동쪽의 큰 나라'라는 뜻으로 곧 우리나라를 말해. 그러니까 대동여지도는 '우리나라 지도'를 뜻하는 거지. 대동여지도를 만들 때 그동안 제작된 지도를 참고하고 종합했어. 그것도 부족하면 우리나라의 산과 강을 직접 돌아다니며 조사했지. 이 지도는 126개의 목판에 지도를 새긴 다음 종이에 찍어 만들었는데 원본이 목판본이라 필요할 때마다 인쇄해서 쓸 수 있었어. 또 우리나라를 남북으로 22층으로 나눠 22첩의 책으로 만들었고 각각의 책은 동서로 19판으로 이어져 있었어. 이 책들은 지그재그로 접을 수 있어 가지고 다니기에 편리했지. 대동여지도에는 강과 산, 도로 등이 자세히 표시되어 있을 뿐만 아니라 지도표*를 사용해 찾아가고자 하는 지역을 한눈에 찾아보기 쉽게 만들었어. 지도표에는 역참, 창고, 봉수, 도로 등이 표시되어 있어. 도로에는 10리마다 점이 찍혀 있어 점의 개수를 세어 보면 실제 거리를 알 수 있겠지?

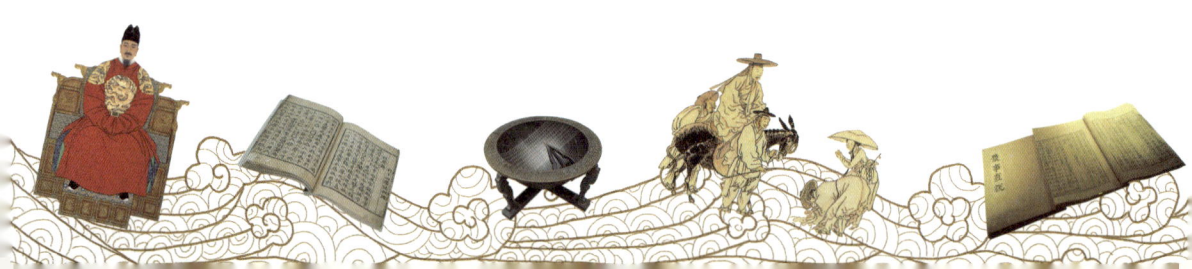

밑줄 쫙! 은지의 한국사 노트

1. □□□은 정조가 궁궐 안에 왕실의 책들을 보관하기 위해 설치한 왕실 도서관이다.
   규장각

2. 조선 후기 나라를 걱정하던 학자들은 실제로 백성에게 쓸모 있는 학문을 연구했다. 이런 학문을 통틀어 □□이라고 한다.
   실학

3. 전란이 끝난 뒤 조선은 주변 나라들과 다시 교류하기 위해 청나라에는 □□□를, 일본에는 □□□를 보냈다.
   연행사, 통신사

4. 중국에 다녀온 사신들은 조선에 서양 문물뿐만 아니라 서양 종교인 □□□도 소개했다. 초기에 사람들은 이것을 종교가 아닌 서양 학문의 하나로 받아들였다. 그래서 서양 학문이라 해서 □□이라고 불렀다.
   천주교, 서학

5. 혼일강리역대국도지도를 보면 다른 나라는 지도의 주변에 배치해 놓는 데 비해, □□은 한가운데 그려 넣었다. 여기서 당시 사람들이 이 나라를 세상의 중심으로 이해했다는 것을 알 수 있다.
   중국

실학은 어떻게 조선의 문제를 해결하려고 했니

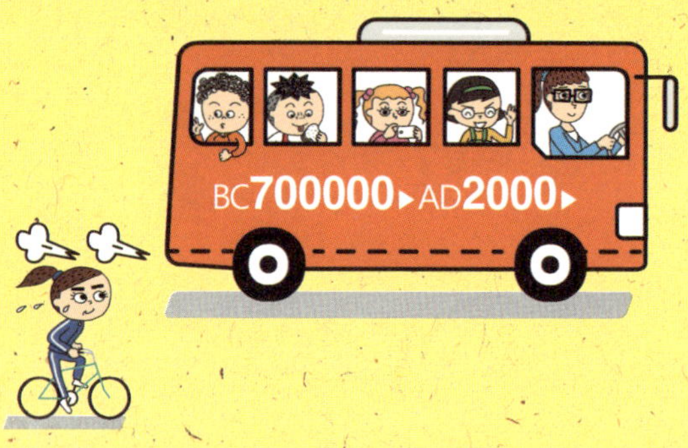

BC700000▶AD2000▶

실학자들이 관심을 기울인 분야는 다양했어.

농업을 중요하게 생각한 학자들은 핵심 산업인 농업을 바로잡지 않으면 나라의 미래도 백성들의 삶도 나아지지 않을 거라며 토지 제도의 개혁을 주장했어. 또 신분 제도를 폐지하여 백성의 고통을 덜고 신분 때문에 자신의 능력을 발휘하지 못하는 일이 없도록 해야 한다고 했어.

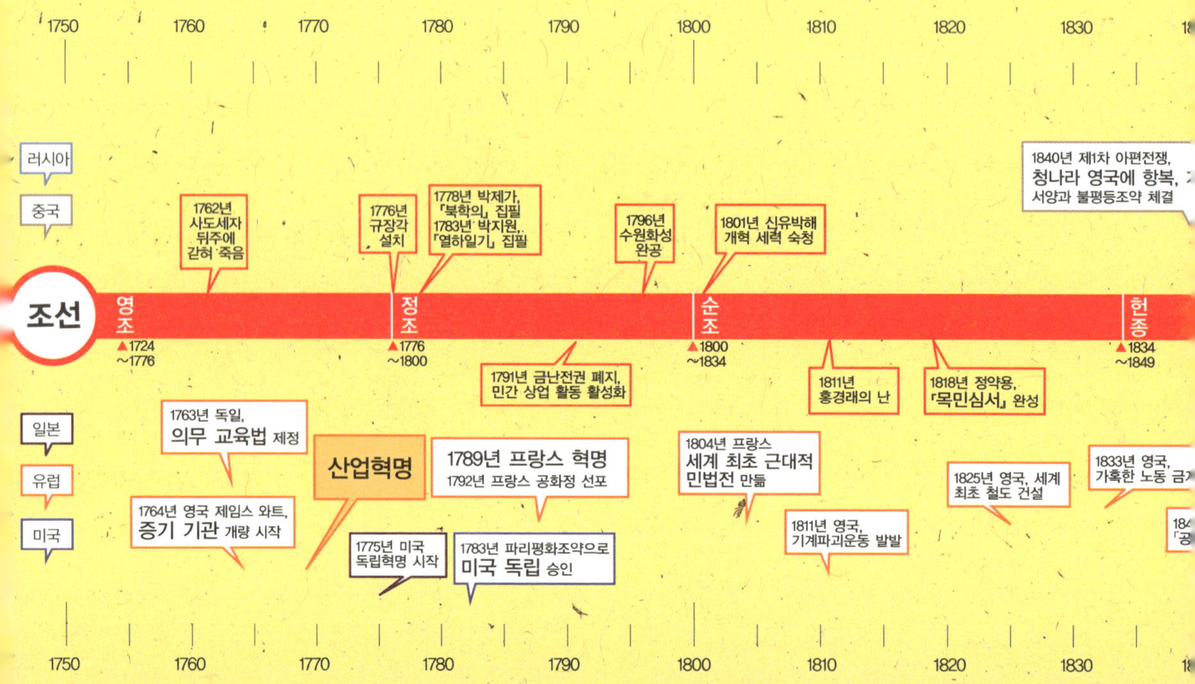

1750
1760
1770
1780
1790
1800
1810
1820
1830
러시아
중국
일본
유럽
미국
조선
영조 ▲1724 ~1776
정조 ▲1776 ~1800
순조 ▲1800 ~1834
헌종 ▲1834 ~1849
1762년 사도세자 뒤주에 갇혀 죽음
1776년 규장각 설치
1778년 박제가, 「북학의」 집필 1783년 박지원, 「열하일기」 집필
1796년 수원화성 완공
1801년 신유박해 개혁 세력 숙청
1791년 금난전권 폐지, 민간 상업 활동 활성화
1811년 홍경래의 난
1818년 정약용, 「목민심서」 완성
1763년 독일, 의무 교육법 제정
1764년 영국 제임스 와트, 증기 기관 개량 시작
산업혁명
1789년 프랑스 혁명 1792년 프랑스 공화정 선포
1775년 미국 독립혁명 시작
1783년 파리평화조약으로 미국 독립 승인
1804년 프랑스 세계 최초 근대적 민법전 만듦
1811년 영국, 기계파괴운동 발발
1825년 영국, 세계 최초 철도 건설
1833년 영국, 가혹한 노동 금
1840년 제1차 아편전쟁, 청나라 영국에 항복, 서양과 불평등조약 체결

상공업을 중요하게 여긴 학자들은 조선을 발전시키기 위해 청나라처럼 상공업의 발달이 필요하다고 느꼈어. 상공업의 발달은 유통 수단인 수레와 선박을 이용해야 하고, 또 화폐의 사용이 꼭 필요하다고 생각했지. 아울러 청나라의 발전된 문물을 받아들여야 한다고 주장했어.

또 우리의 역사와 문화를 연구하는 학자들도 있었어. 실학자들은 다양한 분야에서 활발한 연구를 통해 나라를 발전시키고 백성들이 잘 살 수 있는 방법을 찾았어.

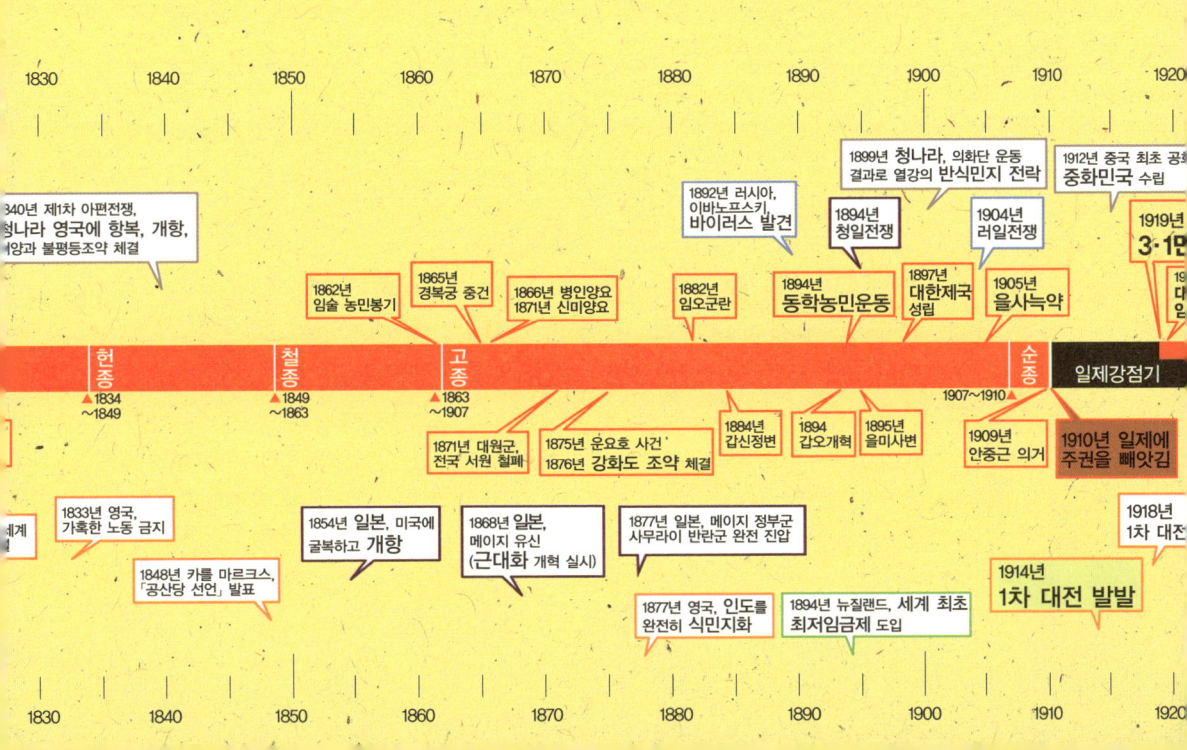

농업 개혁을 통해 백성의 삶을 개선하자

"실학자들이 현실의 문제를 해결하기 위해 성리학이 아닌 다른 여러 학문을 연구했다고 했는데, 현실에서 가장 큰 문제는 무엇이었을까?"

"그야 먹고사는 문제죠."

"그렇지. 조선은 농업 국가야. 농업을 통해 생산되는 것을 바탕으로 나라가 굴러갔지. 그런데 백성 대부분인 농민들은 땅을 갖지 못해 큰 고통을 당하고 있었어. 견디다 못한 농민들은 농사를 때려치우고 떠돌이가 되기도 했지. 농업이 중심인 나라에서 농민이 힘들어지면 그 나라의 근본이 흔들리는 것과 같아.

유형원, 이익, 정약용 등의 실학자는 농민의 문제를 잘 알고 있었어. 그들은 '부자의 토지는 엄청난 규모로 늘어나는데 가난한 자는 송곳 하나 꽂을 땅이 없다. 부자는 더욱 부자가 되고 가난한 자는 더욱 가난해진다.'라고 했어. 농업 기술이 발달해 생산량이 늘어도 몇몇 지주의 주머니로만 들어간다면 가난한 백성의 문제는 해결되지 않겠지. 대동법처럼 조세 제도를 개선해도 땅 없는 농민이 지주에게 소득의 대부분을 빼앗긴다면 역시 농민들의 삶은 나아지지 않아. 즉, 농민 대부분이 땅을 갖지 못하고 소수에게 땅이 집중되는 것이 가장 큰 문제라는 말이야. 이들은 근본적으로 토지 제도를 바꿔서 실제로 농사를 짓는 농민이 토지를 가질 수 있게 해야 한다고 주장했어."

"구체적으로 어떻게 농민들이 토지를 가질 수 있게 하자고 했어요?"

"유형원은 선비, 농민, 상인 등 신분을 고려해 토지를 나누자고 했어. 이익은 생활을 유지하는 데 꼭 필요한 최소한의 땅을 농민들에게 나누어 주자고 했지. 정약용은 마을별로 공동으로 농사를 지어 거둬들인 농산물을 일한 만

큼 나누어 가지자고 했단다.

   이들은 토지 제도뿐만 아니라 나라를 망가뜨리는 것으로 신분 제도를 꼽았어. 열심히 일하고 노력하면 성공하는 게 아니라 태어날 때부터 주어진 신분대로 살아야 한다면 사회를 이루는 구성원들은 좀 더 나은 세상을 만드는 데 소극적일 수밖에 없지. 또 능력은 있지만 신분 때문에 그 뜻을 펼 수 없다면 사회적으로 아주 큰 손해가 될 거야. 이런 사회는 결코 발전할 수 없고 다른 나라와의 경쟁에서도 뒤처져 망할 수밖에 없지.

   그래서 이익은 양반과 상민의 차별을 없애고 노비도 해방시켜야 한다고 주장했고 정약용은 조선 사람 모두가 양반이 되는 세상을 만들자며 신분제 폐지를 주장했어.

   이처럼 농업 개혁을 통해 나라를 바로잡으려는 실학자들이 있었는가 하면 상공업과 기술을 발전시켜 나라를 부강하게 만들자는 실학자들도 있었어. 이들은 청나라의 새로운 문물을 적극적으로 받아들이자고 주장했단다."

상공업을 발달시켜 나라를 부강하게 만들자

   "실학자 박지원은 청나라에 가서 직접 새로운 문물들을 보았어. 그러고는 조선을 발전시키기 위해 청나라처럼 상공업의 발달이 필요하다고 느꼈어. 상공업의 발달은 유통 수단인 수레와 선박을 이용해야 하고, 또 화폐의 사용이 꼭 필요하다고 생각했지. 박지원은 그런 생각을 『열하일기』라는 책에 정리해 조선 사람들에게 소개했단다.

   한편 사신으로 청나라에 간 박제가는 발달된 문물을 살펴보고 청나라의 학

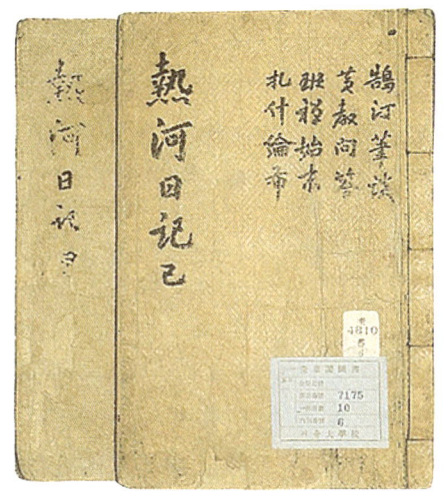

박지원의 『열하일기』
실학자 박지원이 청나라 열하를 방문하고 나서 쓴 견문록이야. 당시 청나라의 발전상을 생생하게 기록했어.

박제가의 『북학의』
실학자 박제가가 청나라의 풍속과 제도를 돌아본 뒤에 조선에 돌아와 쓴 책이야. 책 제목처럼 박제가는 청나라를 배워야 한다고 주장했어.

자들과 새로운 학문과 문물에 관한 의견을 주고받았어. 박제가는 조선을 부강한 나라로 만들기 위해 수레, 벽돌, 수차 등을 도입하고, 다른 나라와 적극적으로 교역해야 한다고 생각했어. 박제가는 청나라에서 받아들여야 할 내용을 정리해 『북학의』라는 책에 담았단다.

조선 시대에 지구의 자전을 발견했다고요?

평소 지적 호기심이 많던 홍대용은 하늘의 별을 관찰하고 우주를 깊이 연구하고 싶었어. 그래서 자기 집 앞에 작은 천문대를 만들어 우주를 관측했지. 하지만 그걸로는 부족함을 느끼던 홍대용은 천문학을 공부하기 위해 청나라로 갔어.

청나라에 간 홍대용은 망원경으로 태양을 관찰했어. 그리고 여러 종류의 천문 기구를 제작하고 사용하는 법을 배웠지.

또 서양 선교사를 통해 구한 서양 천문학 도서를 읽은 홍대용은 지구가 둥글고 스스로 회전한다는 사실을 알게 되었어. 이것은 정말 충격적인 이야기였어. 당시 조선 사람들은 세상이 나무판처럼 평평하고 한가운데에 중국이 있다고 생각했어. 그런데 지구가 둥글고 빙빙 돈다고 하니 믿기 힘들었지. 홍대용은 지진설을 통해 그동안의 세계관이 잘못된 것임을 밝히며 조선 사람들이 더 큰 세상을 보려면 중국 중심의 세계관에서 벗어나야 한다고 주장했어. 또 지구가 하루에 한 번씩 자전하기 때문에 낮과 밤이 생긴다는 사실을 사람들에게 알렸지.

홍대용은 이렇게 말했어.

"지구는 하루에 한 번 돈다. 어느 나라든 하루에 한 번 중심이 된다. 중국만이 지구의 중심이라고 볼 수 없다. 조선 또한 중심이 될 수 있다."

홍대용이 만든 혼천의

 밑줄 쫙! 은지의 한국사 노트

1. 조선은 □□을 통해 생산되는 것을 바탕으로 나라가 운영되는 국가였다. 그래서 백성 대부분은 □□이었다.

농업, 농민

2. 정약용과 유형원, 이익 등은 □□ 개혁을 통해 나라를 바로잡으려 한 실학자들이다.

토지

3. 박지원, 박제가 등은 □□□과 기술을 발전시켜 나라를 부강하게 만들자고 주장한 실학자들이었다. 이들은 청나라의 새로운 문물을 적극적으로 받아들이자고 주장했다.

상공업

4. 홍대용은 청나라 유학에서 지구가 둥글고 스스로 회전한다는 □□□을 깨달았다. 그는 이 이론을 바탕으로 더 큰 세상을 보려면 중국 중심의 세계관에서 벗어나야 한다고 주장했다. 또 지구가 하루에 한 번씩 자전하기 때문에 낮과 밤이 생긴다는 사실을 사람들에게 알렸다.

지동설